西班牙畫家格雷柯（El Greco,1541-1614）**作品**

這幅「背十字架的基督」名畫，大約作於1590年至1595年之間，現收藏於西班牙巴塞隆納「市立美術館」。

義大利畫家科西莫（Piero di Cosimo, 1462-1521）**作品**

這幅「聖靈感孕」（Immaculate Conception）名畫，大約作於 1485 年至 1505 年之間，現收藏於義大利佛羅倫斯「烏菲茲博物館」（Uffizi Museum）。

義大利畫家科雷吉歐（Correggio,1489-1534）**作品**
此一題名「膜拜聖嬰」名畫作於 1520 年，現收藏於義大利佛羅倫斯「烏菲茲博物館」
（Uffizi Museum）。

德國畫家杜勒（**Albrecht Dürer, 1471-1528**）作品

這幅名畫題名「東方占星師的朝拜」（Adoration of the Magi），約作於 1504 年。現收藏於義大利佛羅倫斯「烏菲茲博物館」（Uffizi Museum）。

比利時畫家凡歐萊（Bernard van Orley, 1488-1542）作品

這幅「聖家族」名畫作於 1522 年，現收藏於西班牙「普拉多博物館」（Prado Museum）。

義大利畫家科雷吉歐（Correggio,1489-1534）作品

這幅「聖嬰逃亡埃及途中休息」（Rest of the Flight into Egypt）名畫大約作於十六世紀，現收藏於義大利佛羅倫斯「烏菲茲博物館」（Uffizi Museum）。

義大利畫家達文西（Leonardo da Vinci,1452-1519）**作品**

此一「基督受洗」（Baptism of Christ）名畫大約完成於 1470 年至 1475 之間，現收藏於義大利佛羅倫斯「烏菲茲博物館」（Uffizi Museum）。

義大利畫家西格諾內利（Luca Signorelli，1441-1523）**作品**

這幅「耶穌和十二門徒」名畫，作於十六世紀。

義大利畫家丁多列托（Jacopo Tintoretto，1518-1594）作品

這幅「耶穌在馬大及馬利亞家中」（Jesus in the House of Martha and Mary）名畫大約完成
於1570年至1572年之間，現收藏於德國慕尼黑「古代美術館」（Alte Pinakothek）。

義大利畫家拉斐爾（Raphael,1483-1520）**作品**

這幅題為：「山上變貌」（Transfiguration）之名畫大約完成於 1519 年至 1520 年之間，現收藏於義大利「梵諦岡博物館」（Vatican Museum）。

西班牙畫家格雷柯（El Greco，1541-1614）**作品**

此一「基督潔淨聖殿」名畫。大約作於 1590 年至 1595 年之間，現收藏於英國倫敦「國家畫廊」。

作者未悉

這幅「叛徒猶大之吻」（The Kiss of Judas）名畫大約作於十四世紀初，現收藏於英國倫敦「大英博物館」（British Museum）。

義大利畫家西格諾内利（Luca Signorelli, 1441-1523）**作品**

這幅題為「被釘的基督和抹大拉的馬利亞」（Crucifixion with the Mary Magdalen）名畫約作於 1500 年至 1505 年之間，現收藏於義大利佛羅倫斯「烏菲茲博物館」（Uffizi Museum）。

義大利畫家卡拉瓦喬（**Merisi da Caravaggio,1573-1610**）**作品**

這幅題名「基督下十字架」（Deposition of Christ）名畫大約作於 1602 年至 1604 年之間，
現收藏義大利「梵蒂岡博物館」（Vatican Museum）。

德國畫家阿爾特多弗（**Albrecht Altdorfer,1480-1538**）**作品**
這幅「基督復活」（Resurrectio）名畫作於十六世紀，現收藏於奧地
利維也納「藝術史博物館」（Art History Museum）。

義大利畫家科雷吉歐（Correggio, 1489-1534）**作品**

這幅題為：「勿觸摸我」（Noli Me Tangere，即復活的基督對抹大拉馬利亞的發言）名畫，作於 1522 年至 1523 年之間，現收藏於西班牙「普拉多博物館」（Prado Museum）。

耶穌

上主聖國的政治家

董芳苑 —— 著
TONG, Fung-Wan

獻給 ──────────────

鄭天送董事長（1912-1999）
鄭陳水錦長老（1916-1994）

鄭董事長伉儷一生信靠耶穌基督的引導，
協助王守勇牧師開拓台北市「永樂教會」
留下佳美腳蹤令教會兄弟姊妹永遠懷念！

自序

每當基督徒閱讀《新舊約聖經》（The Holy Bible）這部「基督教」（Christiaity）經典之時，都會發現「舊約經典」（Books of the Old Testament）這一部份的內容，都在記述以色列選民的故事：自上主創世至族長史，民族救星摩西（Moses）領導以色列人脫出埃及（Egypt）為奴之地至創立「猶太教」（Judaism），自進佔迦南（Canaan）建立「士師時代」至「聯合王國」之形成，從王國分裂為「南王國猶大」至「北王國以色列」，以及各時代猶太諸先知之教導等等，可以說它是一部以色列民族的政治史。至於這部「新約經典」（Books of the New Testament）的內容，不外記載「四福音書」（馬太、馬可、路加、約翰）的「耶穌傳」、初代教會史（使徒行傳）、保羅（Paul）的十三封書信、及「公同書信」（包括「啟示錄」）等等，全部均在證言耶穌基督的「福音」（Gospel）內容。而「基督教」（Christianity）的「福音」內容，就是「上主聖國」（Kingdom of God）在地上之建立。「上主聖國」（「天國」或「上帝國」，是典型的政治用語，前者的 "天" 不是 "太空"，民主國家也不稱 "王" 稱 "帝"，故以「上主聖國」定名）可以說是「耶穌政治學」的救世內容，所以《新約聖經》正是一部「上主聖國」將要實現於地上人間的政治學。然而「上主聖國」的政治學是 "天地相連" 以及 "神人共通" 的，單單這點就和世俗的政治學不同。

　　這本以《耶穌：上主聖國的政治家》（Jesus: A Great Politician in the Kingdom of God）為書名的作品，是繼《耶穌：人類的導師》（Jesus: The Great Master of Mankind, 2010）及《耶穌：宗教重擔的釋放者》（Jesus: The Great Liberator of Religious Burdens, 2016）這兩本而寫。旨在凸顯耶穌的思想理念及教導，宗教改革行動，以及他做為「上主聖國政治家」的具體表現。關於寫作之立足點是「信徒神學」（Theology of the Laity），其方法是將深奧的神學論述予以簡化，藉以介紹耶穌於人類歷史上之「角色」及「貢獻」，期待使基督徒和教外人士都能夠接受。時下台灣社會的基督教宗派有一百個以上，卻絕大多數均主張"政教分離"，也即宗教信仰不能過問政治。因此言及《新約聖經》的內容（也是「福音」內容）即「上主聖國」的政治學這點，不但會受到排斥，更會被他們指為異端邪說。可是偏偏立足於台灣社會已有一百五十八年（1865年迄今）歷史的「台灣基督長老教會」，卻於台灣陷入於極度危機時代發表三次守護台灣的政治宣言：即1971年12月29日發表的「國是聲明」，藉以關心台灣前途之安危。1975年11月18日發表的「我們的呼籲」，抗議母語聖經被國民黨政府沒收。1977年8月16日發表的「人權宣言」，促使台灣成為新而獨立的國家。從此長老教會教團被政府認定為"台灣獨立運動大本營"。其屬下的教職人員因此被日以繼夜的監視，正式的禮拜聚會也被「國民黨政府」的特務深入坐鎮威脅。1979年12月10日世界人權日，全台黨外人士在高雄市聚集，訴求民主政治的遊行活動，結果落入國民黨政權早已預設的圈套而引發「美麗島事件」。一群由黃信介先生領導的民主鬥士悉數被補，並且以軍法處置（唯一死刑的軍法），他們面對審判也勇敢而不退縮。長老教會也有十多位青壯教職人員，因參與其中活動而被捕下獄。事件當晚台灣神學院學生袁主榮，因勇敢隻身阻擋鎮暴車而受傷最重，頭部被縫了十九針。他逃亡半年之後，才由筆者出面協助將他交保。他後來轉校於台南神學院才順利完成學業，成為東部太麻里教會傳道師。1980年2月28日台北市發生驚動國際的「林家滅門血案」，這件慘案分明是一件"政治謀殺"。是日苦主林義雄律師正在軍事法庭受審，林夫人也在場旁聽。林家孀孫四人竟然於光天化日下被殺手闖入家中用利刃加以刺殺，孀孫三人死亡，僅長女奐均重傷被救存活。凡是有邪惡政權存在，它什麼罪惡都做得出來，流亡台灣的中國國民黨政權便是如此！稍後林家凶宅經台南神學院教授鄭兒玉牧師的奔走募捐，再經高俊明牧師娘李麗珍女士，李勝雄律師（長老）、陳福住牧師及筆者等人協力將其購得，而成為今日台北市的「義光教會」（屬七星中會）。上主奇妙的安排，也使林奐均小姐於1998年7月25日下嫁宣教師Rev. Dr. Joel Linton成為牧師娘（可參照：林奐均著《你是我最愛：一個生命奇蹟的分享》，2004年出版這本書）。「凶宅」成為「聖會」，"被害者"成為"宣揚天父上主大愛之使者"，這就是神蹟！二十世紀末期台灣開始民主化，就如萬年國會被廢除使"老賊"下台，總統得以由人民選出，「中華民國」定位於"台澎金馬"（一中一台）。促使台灣民主化的功臣，就是基督徒的李登輝總統這位"正港的台灣人"。台灣進入二十一世紀也由台灣人陳水扁先生做了兩任總統，可惜"朝小野大"難以推動真正的改革。以後政黨輪替又使"無能親中"的馬英九做了八年總統，使台灣差一點被對岸的"共匪"（國民黨反共用語）併吞。幸而2016年再度政黨輪替，本土出身的蔡英文總統執政已七年多，使台灣各方面都有穩健的發展。可是台灣的民主化仍然被外來政權的殖民體制所綁架，以致走不出「中華民國」這個名存實亡的國號，又用「中國國民黨」的黨歌為國歌，黨旗為國旗。各大都市的街道名稱，盡都是中山、中正、南京、北京、山東、濟南等等，始終走不出大中國的陰影。甚至「北京語」（所謂「國語」）也取代各族群之「母語」，這真正是"台灣人的悲哀"！因此，台灣基督徒必須為保存自己的鄉土文化而努力，為將要實現的台灣建國工程而奮鬥。

這本拙作計收錄二十二篇文章，以〈耶穌：上主聖國的政治家〉這篇主題文章為書名及引論。書中內容分為：第一部「耶穌與政治」，收錄九篇文章。分別探討：做為「上主聖國政治家」的耶穌之角色及使命，「以馬內利」之福音意義，耶穌被認同為「猶太人的王」，鬼王的政治把戲，"輸輸仔贏"的福音，政治是人道之藝術，抗拒自由的奴性，以及台灣人如同「大衛與歌利亞」一樣以小搏大之奮鬥。第二部「基督徒與政治」，也收錄八篇文章。分別探討「長老教會」之信仰、宣教醫生馬雅各之貢獻，「二二八事件」之回顧，另一個「新二二八事件」（凶宅變聖會）之反思，以及台語（母語）羅馬字之歷史定位和建言，藉以能夠再次復興「教會母語」（白話字）。另外有「附錄」六篇，分別討論：台灣基督教宗派、天使之認識、及馬利亞崇拜問題。也論及《人為財死》的金錢誘惑、「聖別禮拜」和「神主牌」（公媽靈位）的宗教本質。而這些問題，台灣的基督徒個個均必須去面對。

　　謹將本書獻給筆者所尊敬的鄭天送董事長及陳水錦長老伉儷。他倆協助王守勇牧師（前淡江中學校長）開拓獨立的「台北市永樂長老教會」功不可沒。1955年11月20日這一上主聖會之開拓，係以“家庭教會”方式於鄭董事長的商家開始的。其特色是：一般的日子是商店，一到「主日」就成為信徒兄姊聚會的聖所，如此持續將近十年。因為這所“家庭式教會”座落於日治時代的永樂町（今日的南京西路），「永樂教會」因而得名。此後教會搬遷於台北市中山區遼寧街105巷37號現址，鄭先生從此擔任教會首任財團法人董事長一直到別世為止。鄭夫人擔任長老也始終如一事奉教會聖工，一直到安息主懷。鄭董事長伉儷生前的熱心服務教會及愛心之行止，的確令信徒兄姊永遠懷念！值得一提的是：時下新北市三芝的「偕叡廉紀念教會」，就是和「永樂教會」同時開拓的獨立長老教會。偕叡廉博士（Rev. Dr. George William Mackay, 1882-1963）係馬偕博士獨子，「淡水中學」開設者，也是王守勇牧師的老師。二次大戰結束後回台灣接收「淡水中學」，竟然被戰前接收加拿大母會「教士會」財產的那一群牧者與長老前後霸凌八年之久，迫不得已師生兩人才決心自力開拓這兩所教會，擺脫「北部大會」組織之綁架。

本書能夠順利出版，必須感謝林素清女士、吳欣鄖女士、及溫浩傑君的打字及排版，以及台北市「前衛出版社」林文欽社長和該社張笠先生以及工作團隊的協助訂正。由於大家的盡力合作，拙作才得以和讀者先進見面。世上沒有絕對完美的東西，拙作內容多多少少也有缺失之處，敬請讀者先進賜正。但願拙作所探討的問題能夠引發大家之省思，並且期盼天地相連的「上主聖國」能夠真正落實於台灣社會，是以為序。

董芳苑 謹識

2023年7月23日

目次

第 一 部
耶穌與政治

義大利畫家克里韋利（Carlo Crivelli,1430-1495）作品。這幅「抹大拉的瑪利亞」（Mary Magdalene）局部名畫，大約做於1487年，現收藏於荷蘭阿姆斯特丹的國家博物館（Rijksmuseum）

Ch.1　耶穌

上主聖國的政治家

"主耶和華的神在我身上。因為耶和華用油抹我，叫我傳好信息給謙卑的人，差遣我醫好傷心的人。報告被擄的得釋放，被囚的出監牢。報告耶和華歡喜的年，和咱上主報仇的日。安慰一切悲哀的人。"

（以賽亞書六十一：1-2）

"所以，你們祈禱要這樣說：我們在天上的父，願人都尊你的名為聖。願你的國降臨；願你的旨意行在地上，如同行在天上。"

（馬太六：9-10）

在台灣社會人士的印象中，「台灣基督長老教會」（Presbyterian Church in Taiwan）是一個最關心政治（尤其在台灣被對岸中國威脅的安危處境時）之教團。在二十世紀七〇年代台灣陷入存亡危機之時，發表過三次政治性宣言，即：1971年12月29日的「國是聲明」，1975年11月18日的「我們的呼籲」，及1977年8月16日的「人權宣言」（其中強調"促使台灣成為一個新而獨立的國家"），因而沖犯中國國民黨政權之大忌。問題是：「長老教會」關心政治之作風，被台灣多數基督教宗派不能認同（台灣有百個以上宗派）。他們強調："政治"與"宗教"互不干涉，必須分開。其實這是錯誤的說詞。君不見國際社會有著不少"政教不分開"的國家。就如英國以「基督教」（Chritianity）的"安立甘宗"（Anglician Church）為「國教」。沙烏地阿拉伯及伊朗兩國，分別以「伊斯蘭教」（Islam）的"遜尼派"（Sunni）和"十葉派"（Shiah）為「國教」。泰國以「南傳佛教」（Hinayana Buddhism）為「國教」。日本皇室與「神道教」（Shintoism）的"伊勢神宮"結合，因而崇拜「天照大神」（Amatelas Omi Kamisama）。台灣的「中國國民黨」為欲圖謀長期執政，因而創立「國家儒教」（以每年9月28日，祭祀孔子）。目的不外進行違反民主精神之"忠義教育"麻醉人民。台灣的「佛光山」、「中台禪寺」、「慈濟山林」，以及民間的著名廟宇，均淪為國民黨執政的各種選舉"柱仔腳"，至今仍然如此。影響國際政治的義大利「梵蒂岡」（Vatican），更是一個「羅馬大公教會」（Roman Catholic Church，即天主教）的「宗教國」。1848年起草「共產主義宣言」的德國社會主義領袖馬克思（Karl Marx, 1818-1883）及恩格斯（Friedrich Engels, 1820-1895），就曾經宣稱："「宗教」是人民的鴉片（麻醉品）"。諷刺的是：二十世紀奉行「共產主義」（communism）治國，如建立蘇聯的：列寧（Nikolai Lenin, 1870-1924）、史大林（Joseph Stalin, 1879-1953）、中國的毛澤東、北朝鮮的金日成等獨裁者，就將「共產主義」成為絕對化的"政治意識形態"

（political idedogy）。結果不但使「共產黨」變做一黨專政的政權來奴役人民，又是抹殺人民自由及人權之一種「政治宗教」。爲此，學者認爲「共產黨」的"政治意識形態"，是一種比鴉片更毒的"類似宗教"（quasi-religion）。因其麻醉億萬人的心靈，使他們失去人權及自由而被奴役難以自拔。廖超凡主教（Bishop Stephen Neill）在其：《基督教與其他宗教》（Christian Faith and Other Faiths, 1960）一書的第七章，就以「共產主義」的"宗教性"（religionity）與「基督教」做一比較，以〈馬克斯的福音與基督的福音〉爲題目加以論述。由此見之，「宗教」與「政治」如同"雙胞胎"（雙生子）一樣形影不離，特別是專制獨裁的"共產黨政權"，根本就是一種毒化人類心靈之「類似宗教」（quasi-religion），它從而淪爲奴役人類的一黨專政獨裁政權。其實台灣人自1945年「中國國民黨」這一外來政權殖民台灣以來，也以"政教不分"的「三民主義教」來奴役台灣人，進行"新皇帝崇拜"（孫中山爲「國父」、蔣介石是「救星」，週會、月例會都有三鞠躬拜拜儀式）。一直到了已經"政黨輪替"的今天，台灣政府仍舊以"黨歌"爲「國歌」、"黨旗"爲「國旗」（其實「中華民國」隨著1950年中國大陸淪亡，早就不存在，卻借屍還魂寄生於台灣。）。甚至還存留兩個"新皇帝崇拜"的紀念館：「國父紀念館」及「中正紀念堂」。而且這兩座紀念館，仍然持續在麻醉台灣人的心靈，「中國國民黨」其"政治宗教"之邪惡面由此可見！

一、關於引用之經文

　　研讀「舊約」的《以賽亞書》（六十一：1-2）及「新約」的《馬太福音書》（六：9-10）這兩處經文，來探討：〈耶穌：上主聖國的政治家〉之論題，旨在喚起基督徒對"政治"的關心。因為一國之"政治"是人類不可缺少的社會生活。其次是教基督徒認識："上主的政治"和"世俗的政治"這兩個層面之不同。因為前者是強調普世性的命運共同體（上主聖國），後者只是局限於民主或專制獨裁政治的人類社會現象。「長老教會」（Presbyterian Church）的政治神學，頗受古代北非拉丁教父聖奧古斯丁（St. Augustine, 354-430）之影響。因其神學名著：《上主之城》（The City of God，426）強調"世俗之城"（以巴比倫及羅馬帝國為象徵）不會永久，會被敵人攻陷。至於"上主之城"（以地上的基督聖會為代表）是永久的，因為是上主救贖之範疇。因此，耶穌做為〈上主聖國的政治家〉之論述，係屬於"上主之城"的一個命運共同體，即天地相連之「上主聖國」（《馬太福音書》作者稱其為「天國」，見：三：1-2，十九：23，二十：1）的建立及其對普世社會之影響。

（一）先知以賽亞的政治關懷

　　《以賽亞書》（六十一：1-2）的這段經文，根據舊約聖經學者的定位係歸類於《第二以賽亞書》（按一章至三十九章為《耶路撒冷以賽亞書》、四十章至六十六章為《第二以賽亞書》）之作品。其時代背景是主前539年至515年（B.C. 539-515）之間，即「波斯帝國」（Persia Empire）允許猶太人回國重建耶路撒冷聖殿（Jerusalem Temple）時代。為此，有些舊約聖經學者主張：六十章至六十六章應該重新歸類做《第三以賽亞書》，因為那時猶太人已經歸國。而這段經文，足以洞察這位先知之政治關懷內涵：

> "主耶和華的神在我的身上，因為耶和華用膏油膏抹我，叫我傳福音（好消息）給貧窮謙卑的人。祂差遣我醫好傷心的人。報告被擄者（亡國奴）得釋放，被囚禁的人（政治受難者）脫出監牢。報告耶和華的恩年（自由的年日），以及咱的上主報仇的日子（指上主將施行公義之審判）之來到。安慰一切悲哀的人（上主將平反那些冤屈之受害者）。"

　　從這段經文內容見之，就可以瞭解這位先知的政治關懷是整個以色列民族的前途，不是個人的命運而已，這點十分可貴。事實上，整部《舊約聖經》（計39卷）都是"以色列人的政治史"。其中言及：從脫出埃及為奴之地、進佔迦南、建設聯合王國，南北王國（以色列國和猶大國）分裂之經營及滅亡，回國建立自治區、重建聖殿及耶路撒冷城，以及大小先知之政治關懷等等，均是以國家民族之命運前途為重之歷史記述。而《以賽亞書》（第六十一：1-2）這段經文，正可以清楚看出先知以賽亞（Isaiah）之政治關懷內容。值得留意的是：耶穌進入公生涯宣揚「上主聖國」的福音時，就是引用這段經文做爲他進入公生涯宣揚「上主聖國」福音的“政治宣言”（見：路加四：16-19）。

（二）耶穌的政治宣言

十分明顯的，耶穌是古以色列先知的“政治關懷精神”之繼承者。根據路加（Luke）這位福音書作者所指，耶穌離開家庭進入公生涯開始傳道之年紀大約三十歲（見：路加三：23）。他選擇在其長大地方拿撒勒（Nazareth）的猶太會堂，趁著持守安息日之時打開當時的猶太教聖經，用《以賽亞書》（六十一：1-2）做爲他起步傳道宣教的「政治宣言」（但省去“上主報仇的日子”這句）。按照《路加福音書》（四：18-19）記述，其內容如下：

> “主的神在我身上，因爲祂用油抹我，叫我傳福音給貧窮的人。祂差遣我報告被擄的得釋放，瞎眼的得看見，那些受壓制（被奴役者）得自由。報告上主悅納人的禧年已經來到。”

耶穌的傳道出發點，就是秉承先知以賽亞的建國精神之「政治宣言」，藉以建設一個超越“猶太民族情結”的國度:「上主聖國」〔即馬太(Matthew)在其福音書中所稱的「天國」〕於普世。本文引用的第二段經文:《馬太福音書》(六:9-10),就是在敘述「上主聖國」這個"普世一家"的政治理念之重要經文:

> "我們在天上的父親,願人都尊你的名為「聖」,願你的「國」降臨,願你的「旨意」行在地上,如同行在天上一樣。"

這是「主禱文」(Lord's Prayer)開頭的一段經文(請比較:路加十一:2)。觀其內容,這個「國度」(Kingdom)的主宰者(君王)是一位"在天上的父親",他的名字是"神聖者"(不同於世俗君王)。建立此一「國度」之主旨,不外要將"天父旨意"行在地上人間,如同行在天上一樣。由此見之,耶穌所期望的「理想國度」是"天地相連"的,超越了猶太先知以賽亞(Isaiah)的政治關懷,即從亡國的命運中去重建以色列民族榮耀又人造的福利國。而且是以首都耶路撒冷(Jerusalem)為中心。雖然耶穌借用先知以賽亞的預言(見:六十一:1-2)來做他的"政治宣言",可是從《馬太福音書》(六:9-13,對照:路加十一:2-4)的「主禱文」內容見之,則可以發現耶穌的"政治學"內涵與前者之不同所在。現在先從耶穌的先驅:施洗約翰(John the Baptist)之使命談起。而後探討耶穌做為"上主聖國的政治家"這件事。

二、耶穌的先驅施洗約翰

施洗約翰（John the Baptist）於耶穌（Jesus）進入建設「上主聖國」（Kingdom of God）的公生涯之前，早就在約旦河沿岸的猶太曠野傳道。他大約比耶穌年長半歲。如果沒有施洗約翰做耶穌宣教之先驅（為主預備道路），掃除當代猶太教徒的心靈路障，耶穌欲建設「上主聖國」的偉大事工就不會那麼順利。

根據《路加福音書》（一：8-80）之描述，施洗約翰的母親以利莎伯（Elisabeth）和耶穌的母親馬利亞（Mary）兩人可能是表姊妹。以利莎伯的丈夫撒迦利亞（Zechariah）是耶路撒冷聖殿祭司，因懷疑其老妻被上主使者告知將要懷孕而變成啞吧不能言語。之後以利莎伯果然有孕，如同昔日希伯來族長亞伯拉罕（Abraham）老妻撒拉（Sarah）的懷孕一樣（其實這兩位老婦懷孕生子，都在象徵一個絕望之民族將要復興）。大約半年後，另一位孕婦馬利亞特地前來撒迦利亞的家庭問安以莉沙伯。兩位孕婦相見非常歡喜，就連胎兒也跟著雀躍。馬利亞和以莉沙伯同住三個月後，才返回拿撒勒家中（見：路加一：8-25，39-56）。

（一）施洗約翰的誕生

以莉沙伯產期到了，就生了頭胎兒子。其父祭司撒迦利亞就按照上主使者所指示給他命名：約翰（John）。這個名字具特殊的意義，雖然違反撒迦利亞家族的祭司代序（見：路加一：57-63），卻是一個「馬加比獨立運動」的英雄：約翰許爾幹一世（John Hyrcanus I, B. C. 135-104）的名字，而且是其父撒迦利亞同意者。嬰孩被命名為「約翰」之後，其父撒迦利亞也能夠開口說話。經上指出，撒迦利亞被聖神充滿就預言說：

> "以色列的上主是應當稱頌的，因為祂有眷顧以色列子民，為他們施行拯救贖回他們。在祂的僕人大衛家中，為咱興起拯救的角。正如上主自創世以來，藉著聖先知的口所說的話，就是拯救咱脫離仇敵，以及一切怨恨咱的人之手。……嬰孩啊，你將成為至高者之先知。因為你要行走在主的面前，來預備祂的道路。……"（見：路加一：67-76）。

這位將要"為主預備道路"的孩子，也在父母照顧之下長大。他身心強壯住在猶太曠野，並且學會原始生活之要領：身穿駱駝毛的衣服，腰束皮帶，喫的是蝗蟲及野蜜"（見：馬太三：4）。這位野人似的偉大先知，將於日後成為耶穌建設「上主聖國」之偉大先驅。

（二）施洗約翰的使命

施洗約翰傳道生涯之重要性，四本「耶穌傳」的福音書（馬太、馬可、路加、約翰）均有記載（見：馬太三：1-12、馬可一：1-8、路加三：1-18、約翰一：19-28）。他以"傳道者"的簡樸生活身份（穿駱駝毛衣服腰束皮帶，喫野地的蝗蟲及野蜜，因此有學者斷言他屬於"Essenes"的「猶太教」苦行派），在約旦河岸的猶太曠野傳道。因爲他的言論有力容易打動人心，所以他於下列的呼籲中驚醒當代的猶太教徒及耶路撒冷的祭司集團（見：馬太三：1-2）：

"天國（上主聖國）快要實現了（近了），你們應當悔改離棄罪惡。"

於是施洗約翰，就被當代猶太人認同爲先知以賽亞預言之應驗（見：馬太三：3，比較：以賽亞書四十：3）：

"在曠野有人喊叫說，預備主的道路，修直他的小路。"

在此明顯指出：施洗約翰的使命，在於"爲主預備道路"。這位大時代先知之呼聲，果然吸引猶太全地及首都耶路撒冷的眾人，到他那裡接受認罪悔改的"洗禮"。甚至連那些僞善的「法利賽人」（Pharisees）和祭司集團的「撒都該

人」（Sadducees）也前來接受悔改認罪的洗禮，而被他斥責爲
"毒蛇的種類"。從此這位大時代的先知，就被稱爲"施
洗約翰"（John the Baptist）。對當代猶太人而言，要掙脫異族
「羅馬帝國」（Roman Empire）高壓殖民統治的第一步，就是
民族心靈之淨化。藉著悔改的"洗禮"，重新與上主結連
（因「猶太教」是個民族宗教）。這點正是施洗約翰的「洗禮」之
所以吸引同胞的原因，目的不外期望民族之復興。爲此，耶
穌也按照信仰傳統接受施洗約翰的洗禮。不過施洗約翰非常
謙卑，當他名聲遠播，眾人擁護他爲領導民族的領袖之時，
他卻鄭重向同胞宣稱（見：馬太三：11-12）：

> "我是用「水」爲你們施洗，叫你們悔改。但那在
> 我以後的來者，其能力比我要大，我就是給他解開
> 鞋帶提鞋也不配。他要用「聖神」與「火」給你們
> 施洗，他手拿簸箕揚淨他的場，把麥子收入倉內，
> 將無用的糠用不滅的火燒盡。"

這段話足以印證：施洗約翰是"爲主預備道路"（開路
先鋒）之偉大先知，耶穌因爲他的引介，才得以順利進入公
生涯做「上主聖國」之政治家。

施洗約翰另一個偉大使命，就是做"大時代的見證
人"。他有相當敏銳的洞察力，因爲給耶穌施洗之後，一個
異像在他面前出現（見：馬太三：16-17）：

"耶穌受了洗從水裡上來，忽然天開。他看見上主的神彷彿鴿子降臨在耶穌身上，又有來自天上的聲音宣稱：「這是我的愛子，我所喜悅的」。"

原來"這是我的愛子"這句話，是君王就任時，大祭司代表上主對君王的祝福詞。而"我所喜悅的"祝福詞，是祭司就任時，大祭司代表上主的宣告。因此施洗約翰從這個異像，洞察耶穌正是上主所封立的「上主聖國君王」（政治家）及「上主聖國大祭司」（宗教家）。比這一證言更重要的事件，就是施洗約翰公開證言：耶穌是擔當世人罪孽的「上主羊羔」（見：約翰一：29、35-36）：

"次日施洗約翰看見耶穌來到他那裡，就宣稱：看哪，上主的羊羔，是背負（擔當）世人罪孽者。……再次日，施洗約翰同兩個門人站在那裡看見耶穌走來，就說：看哪，這是上主的羊羔！"

總而言之，施洗約翰的使命是"為主（耶穌）預備道路"，指出他是締造「上主聖國」的王者（基督）及大祭司。以及證言：耶穌是人類的"贖罪羊羔"（贖罪祭品）。只是這位"大時代的見證人"，最後因指斥當代執政者的罪惡而犧牲生命。

（三）施洗約翰的殉道

　　猶太先知之特色不僅做上主的代言人，更勇於指斥君王之罪惡及社會弊病。也就是說人所不敢說的，以身作則爲社會公義奮鬥。《新約聖經》的「福音書」記載，耶穌特別稱讚施洗約翰的偉大（見：馬太十一：11、路加七：28）：

> "我實實在在的告訴你們，在人間沒有比施洗約翰更偉大的人，但是在「天國」（上主聖國）裡最微小的一個都要比他偉大。"

　　這段話是兩個不同時代「舊約時代」與「新約時代」之比較，畢竟施洗約翰是代表"舊約時代"最偉大的先知。因爲他不但"爲主預備道路"，更是"大時代"（上主聖國降臨）的見證人。不過耶穌稱讚施洗約翰那時，這位偉大的先知已經被暴君希律安提帕（Herod Antipas, B.C. 21-A.D. 39）下在監裡，最後也被處死於獄中結束他悲壯之一生。

　　因爲施洗約翰的殉道是一件歷史大事，所以「共觀福音書」（馬太、馬可、路加三卷）均有所記載（見：馬太十四：1-12、馬可六：14-29、路加九：7-9）。根據經文的描述：懷有"講人所不敢講，做人所不敢做"先知性格的施洗約翰，目睹加利省分封王希律安提帕（Herod Antipas .B.C21-A.D.39）強佔其同父異母兄弟：腓力一世（Philip I, Iturea及Trachonitis兩地分封王）的妻子希羅底（Herodias）犯下亂倫之罪惡，即公然加以指責。結果被希律安提帕拘捕下監。本來希律安提帕因懼怕人民反感而無意處死他，然因希律安提帕於生日宴會中答應希羅底女兒爲母報仇之請求，而將施洗約翰砍頭。諷刺的是：施洗約翰生前未曾進入希律宮殿，死後入宮卻是他的一顆頭顱（見：馬太十一：10-12）。一位偉大先知之逝去，暴君當然良心不安。所以當希律安提帕聽聞耶穌在加利利省境內行神跡奇事時，即自我安慰相信那是施洗約翰之復活（見：馬太十四：1-2）。許多當代的猶太人更相信施洗約翰之出現，是古代先知以利亞（Elijah）的復活及再現（見：馬可六：15）。

三、耶穌是「上主聖國」的政治家

認同耶穌爲"上主聖國政治家"，並非誇大其詞。因爲《新約聖經》中的四卷「耶穌傳」（馬太、馬可、路加、約翰等「福音書」），都在證言這一事實。就像：耶穌誕生時有東方智者（波斯教的占星師）觀看伯利恆一地出現明星，得知有"新王"誕生。因此跋涉長途前來朝拜，並且獻上"黃金"（象徵「君王」）、"乳香"（象徵「祭司」）、"沒藥"（象徵「先知」之犧牲）爲禮物。結果大大驚動當代暴君希律王（King Herod），迫使他下令屠殺兩歲以下的嬰兒。約瑟（Joseph）與馬利亞（Mary）只好帶著嬰孩耶穌逃往埃及（Egypt）。等到希律死亡，才回到以色列地居住（見：馬太二：1-23）。作者路加（Luke）言及耶穌是弱勢人群之救星，因此將他誕生的好消息，首先由天使傳達給野地牧羊的牧者，又引導他們前往朝拜。目的是要將"平安"（和平）歸與地上一切上主所喜悅的人群，藉以彰顯上主的榮耀（見：路加二：8-20）。馬可（Mark）強調：耶穌是"福音"（上主拯救的好消息）之源頭。施洗約翰（John the Baptist）這位大時代的先知（也是耶穌的先驅），因此呼籲人要接受悔改的"洗禮"，因為真正的"救星"耶穌（Jesus）來了（見：馬可一：1-11）。約翰（John）用希臘哲學化的描述法，證言耶穌是太初上主的「道」（Logos）之化身，他與上主原本是一體的。他化身為人（道成肉身）住在人間，彰顯上主"獨生子"之榮光。因為他帶給人間"恩典"（救世真光）及"真理"（救世理念），可是卻受世人拒絕。然而也有為這"真光"做見證者出現，他就是施洗約翰（見：約翰一：1-14）。施洗約翰洞察這位帶給人間"恩典"及"真理"的"上主聖國政治家"，竟然是一位"為世人罪債"而犧牲的"上主羊羔"（見：約翰一：15-34）。因此作者做了一個重要的類比：「律法」（猶太教的教導）藉著摩西（Moses）傳授，而「恩典和真理」（基督教的福音）係來自耶穌基督（Jesus Christ）這位救世主。天父上主人類的肉眼不可見，唯有靠著「道」成肉體的耶穌基督將祂顯明出來（見：約翰一：17-18）。如此重要證言，成為耶穌建設「上主聖國」之基礎。

（一）耶穌的政治學

前已提及耶穌引用先知以賽亞的預言（見：以賽亞書六十一：1-2），做為他進入公生涯建設「上主聖國」的政治宣言（見：路加四：18-19）。這段宣言不但是耶穌政治學之引論，也是耶穌繼承猶太先知精神之表現。其中內容凸顯耶穌的人道主義使命：向貧窮的人傳福音，宣告被擄的（政治犯）得釋放，瞎眼者（指人性盲目）得光明，被欺壓者（被奴役沒有人權者）得自由，宣告上主拯救祂子民的恩年。雖然耶穌延續古以色列先知重建故國之人道精神，然而古先知的國度僅止於以色列民族。可是耶穌的政治宣言所指者，是一個"天地相連"的「上主聖國」，是普世一家的生命共同體。因為「主禱文」的內容就凸顯此一理念（見：馬太六：9-13）：

> "我們在天上的父親，願人都尊稱祂的名為聖。願祂的國降臨，願祂的旨意實現在地上，如同在天上一樣。我們的飲食今天給我們，赦免我們對祂的虧負，如同我們赦免虧負我們的人。不要使我們遇到誘惑！（考驗），救我們脫離那邪惡者的手。"（因為國度權柄，榮光歸於天父）。

耶穌降世目的，就是要建立一個"使天父上主旨意能夠行在地上如同行在天上"的天地相連國度，這是他的政治學之基礎。「主禱文」的內容是個與「猶太教」完全不同的信仰突破。下列之分析，即可以明白「上主聖國」的神觀及信仰生活之獨特性。

1.「上主聖國」的君王是天父

翻閱原「猶太教」經典的《舊約聖經》（猶太教稱為《律法、先知、文集》）所描述的造物主，不但禁忌人亂稱呼袖的名字（見：出埃及記二十：7），也是信徒只能靠著中保者祭司才能夠接近的神。甚至一般祭司僅於"聖所"為人獻祭，大祭司一年也只有一次能夠進入"至聖所"（Holy of Holies）向上主獻上贖罪祭（見：利未記十六：1-19）。至於"耶和華上主"這個聖名，於《創世記》（二：5-25）就開始使用。"耶和華"（Jehovah）其實是"萬主之主"的意思，袖是"自有永有者"（I am that I am，見：出埃及記三：14）。後期猶太教又稱呼上主為"萬王之王"，因其受亞述、巴比倫、波斯這些大帝國併吞眾多小國的影響，才會有此一政治性稱謂。至此，上主變成極權而難以親近之神，"萬主之主，萬王之王"這是「猶太教神觀」（也是《舊約聖經》神觀）之特色。

反觀「主禱文」的內容，耶穌一開始就教導人要稱呼上主為"天父"。這點可以說是「神觀」的大突破：上主如果是一位慈愛的"天父"，做為袖兒女的世人就容易親近。生活於民主國家的公民要面見總統都不容易了，將"上主"當做"萬主之主，萬王之王"當然更難以親近。然而做為「上主聖國」政治家的耶穌，卻教導人稱呼"上主"為"天父"。袖不是一位威風凜凜的獨裁專制君王，而是愛護世人又救拔世人之至高神格（見：約翰三：16）。《新約聖經》中詮釋"上主就是愛"的作者，就是約翰（John）。因為他的證言簡明有力（見：約翰一書四：10-12）：

> "不是咱愛上主，而是上主愛咱，差遣祂的兒子為咱的罪做贖罪債，這就是真實的愛。親愛的兄弟啊，既然上主這樣愛咱，咱也要彼此相愛。從來沒有人見過上主，咱若彼此相愛，上主就住在咱中間，祂的愛在咱中間得以完滿。"

這種天上人間的天父與兒女的倫理關係，不但超越「猶太教」的極權化神觀，也是「上主聖國」所宣示的偉大神觀之特色。

2.「上主聖國」的子民是親友

耶穌所創立的「上主聖國」是一個生命共同體（或命運共同體），國內的子民也都是親友（即兄弟姊妹）。而且不同於世俗國度，係由特定民族構成。因為「上主聖國」是一個天地相連的"地球村"，其中的公民種族多元。大家都是上主的兒女與兄弟姊妹，也都共同持守遵行天父上主旨意。有一次耶穌的母親馬利亞帶他的骨肉兄弟前來相找站立在外邊，有人轉告耶穌此事。耶穌做了如下的回應（見：馬太十二：48-50）：

"他（耶穌）卻回答那對他傳話的人說：「誰是我的
母親？誰是我的兄弟？」於是他伸手指著門徒說：
「看哪，我的母親，我的兄弟！凡遵行我天父旨意
的人，就是我的母親、兄弟、及姊妹。」"

「上主聖國」的子民都是親友，因爲他們都奉行天父
旨意。這個認知十分重要，所以其他兩卷「福音書」（馬可
三：31-35、路加八：19-21）都記載這件事。並非耶穌沒有親情而
不重視孝道，畢竟"遵行天父旨意"（孝順天父）爲優先，此
即「上主聖國」這個天下一家（生命共同體家庭）之規律。這
與重視個人家庭之"孝道倫理"是平行的，根本沒有衝突。
　　再者，「上主聖國」"要使天父旨意行在地上如同行
在天上"，就天父兒女之需求（特別是填飽飽肚子的飲食問題）
也必須顧及。因爲人一旦"餓肚子"，是無心敬拜天父上
主的。這句："我們的飲食今天賜給我們"（馬太六：11）的
話，指出聖國公民之需求及互相關懷，正是不容親友挨餓之
重要提醒。前英國「聖公會」大主教騰普（Archbishop William
Temple，1881-1944）就曾經說過："基督教是十分重視填飽肚
子的宗教"這句話。因爲祈求天父賜給人人日日飲食（需要
天國民的互助），人人才會有健康的身心善用生命與祂同工。
　　至於在人間生活的聖國公民，也難免有一些人性之弱
點。爲此需要向天父祈禱："赦免我們的虧負，如同我們赦
免虧負我們的人一樣"（馬太十一：12-13）。聖國公民有所糾
紛而不能互相赦免，與天父的倫理關係即不會正常。既然天

父都會赦免（饒恕）祂的子民了，聖國公民親友也理所當然要用愛心去包容虧負他們的人，人際關係之倫理才能夠正常。聖國公民要"學像天父的完全"（見：馬太五：48），這是不可忽略的一件事。

聖國公民另一個"人性弱點"，就是要面對社會上的各種"誘惑"。因此必須向天父上主祈求（見：馬太六：13）：

"別使我們遇見試探（原文為誘惑），拯救我們脫離那惡者的毒手。"

《馬太福音書》（四：1-11）記載，昔日耶穌的"人性"曾經在曠野遭受惡者（魔鬼）之三次誘惑：飢餓時用石頭變餅止飢的"食慾之誘惑"。用特技神跡自高處跳下也安然無恙的"能力之誘惑"。以及用武力得天下（打敗羅馬帝國殖民政權）的"政治權力之誘惑"。結果耶穌一一得勝，因而得以創設天地相連的「上主聖國」。用信仰語言加以說明，就是耶穌打敗人性中的"魔鬼律"，從而凸顯人性中的"天使律"。為此耶穌才有資格做上主的「基督」，人類的「救世主」。所以「上主聖國」的公民都要效法耶穌得勝人性之誘惑（試探），使「上主聖國」能夠"在地上如同在天上"一樣的完美！不過"人性"總是軟弱的，往往經不起「權力」（想做超人奴役同胞）、「金錢」（有錢就六親不認）、「女色」（男人的陷阱）的誘惑。為此要自我約束，才能夠得勝誘惑榮神益人。

3.「上主聖國」的領土是人心

耶穌所推廣的「上主聖國」是個超越世俗又天地相連之國度，"君王"就是天父上主，"公民"是實踐天父旨意的地球村親友，而"領土"正是人心。做爲「上主聖國」領土之"人心"若肯接受天父的治理，就能形成一個"生命共同體"的大家庭。《路加福音書》（十七：20-21）記載一則耶穌回應法利賽人的質問，可以印證此事：

> "法利賽人問：「上主聖國何時來到？」其時耶穌回答：「上主聖國的來到，不是人肉眼看得見的。人也不能這麼說：看哪在這裡。或說：看哪在那裡，因爲上主聖國就在你們心裡（人心）。」"

耶穌一生都在經營「上主聖國」。爲健全天父上主對"人心"之統治，耶穌就用心施行教育。而《馬太福音書》（五章至七章）的「山上寶訓」之重要教導，就是典型的實例。因爲耶穌教導：聖國公民要有"超然的幸福觀"的八福（馬太五：3-12）。要做"世光"與"地鹽"榮光上主（馬太五：13-16）。認識「上主聖國」之建立是"成全律法與先知"的猶太教經典（馬太五：17-20）。咒罵兄弟親友相等於犯下殺人罪（馬太五：21-26）。內心的淫慾也是淫亂（馬太五：27-30）。不可隨便離婚（馬太五：31-32）。不可隨意發誓，務要是非分明（馬太五：33-37）。要忍讓，不可懷恨報復（馬太五：38-42）。學像天父上主的完全，要愛你們的仇敵（馬太五：43-48）。要隱密從事慈善的施捨行動，天父才會獎賞（馬太六：1-4）。祈禱務要於密室進行，聖國公民的典型祈禱就是「主禱文」（馬太六：5-15）。虔誠禁食，不必故意使人看見蓬頭垢面（馬太六：16-18）。積財於天上勝過積財於地上（馬太六：19-23）。天父繁榮大自然生態做為〝生命價值〞之教育，所以勿為日常生活的飲食憂慮。一天的難處一天勇於擔當（別期待〝明天會更好〞的空頭支票）。最重要是追求「上主聖國」在人間之實現，使〝人心〞接受天父之統治（馬太六：24-34）。勿隨便評斷別人，以免被反咬一口（馬太七：1-6）。熱心向天父上主求討，必有所兌現（馬太七：7-12）。永生的門路很窄，但要努力進入（馬太七：13-14）。預防假先知的要領不外從他們的果子加以判斷，因為〝壞樹不會結好果子〞（馬太七：15-20）。那些只會用口稱呼〝主啊、主啊〞的人不能進入「上主聖國」，唯有那些以行動實踐天父旨意者才進得去（馬太七：21-23）。所以要做一個聰明的建築師，將〝信仰的房子〞建在磐石上，才能經得起風吹雨打及洪水沖打之考驗（馬太七：24-27）。明顯地，這些耶穌所詮釋的「上主聖國」之信仰生活及社會倫理，遠勝於「猶太教」的經學士之教導，因為他的教導帶有權威性（馬太七：28-29）。由此足見，耶穌的「山上寶訓」是贏得〝人心〞（上主聖國領土）的權威性教育，也是「耶穌政治學」之社會倫理內容。

4.「上主聖國」的金律是仁愛與公義

做為生命共同體的「上主聖國」，也有重要的金律（憲法）體制。因為耶穌的政治思想及教導，在在凸顯"仁愛"及"公義"之金律。而"仁愛"是人際關係之倫理規範，"公義"則是人與制度關係之準則。下面先論"仁愛"之金律，再談"公義"之金律，藉以探討「耶穌的政治學」不僅強調人際關係之博愛精神，也重視擁有權力的領袖對於制度之運作有否公平正義，以免使人間陷入於不公不義之苦難。

(1) 仁愛之金律

昔日耶穌是奉行「猶太教」（Judaism）信念的領導者，也認同「摩西律法」（Moses' Law）關於"愛上主"（見：申命記六：4-5）以及"愛鄰如己"（見：利未記十九：18）之信條，並且將其當做"律法與先知"即「猶太教經典」之總綱（見：馬太二十二：34-40、馬可十二：28-34、路加十：25-28）。不過耶穌認為聖國公民奉行之金律是超越"愛鄰如己"這類「互相之愛」（mutual love）的，而是要去愛敵對者那種「犧牲之愛」（sacrificial love）。「山上寶訓」可以看出耶穌如何重視"愛仇敵"的教導（見：馬太五：43-48），而"好撒馬利亞人"的故事（見：路加十：25-37）就指出聖國這一「犧牲之愛」的可貴。耶穌被羅馬帝國殖民政權釘於十字架上臨終前，也向天父祈禱赦免仇敵（見：路加二十三：34），實踐他所強調的「犧牲之愛」。當然「犧牲之愛」是人際間的社會倫理，不能應用於非人格的制度組織之上。聖國公民面對不公不義奴役人

民的制度（扼殺民主人權之體制）之時，就要以公義之金律加以
對抗。

（2）公義之金律

聖國公民另一個重要金律，就是維護"社會公義"。
也就是說，人間社會制度之是非係出自人為，再好的制度
（包括法律）若由心懷不軌的人運作也會變壞。為此要有公平
正義者出面加以制衡、糾正、監督。耶穌的時代「猶太教」
奉行"以牙還牙、以眼還眼"的「復仇法」（Lex Talionis），
耶穌卻以公平正義的態度加以反制（見：馬太五：38-42）。畢
竟"一報還一報"是惡法，"化解仇恨"不製造敵對才有
和平可言。當代「摩西律法」演變而出的不人道教條，就
如「安息日」不能醫病的惡法，耶穌公然加以反制（見：馬太
十二：9-14、馬可三：1-6，約翰九：1-17）。耶穌曾經拯救一位犯姦
淫罪的婦人現行犯從死裡逃生，因為按照傳統的摩西律法，
此罪是要"用石頭打死"的唯一死刑（見：約翰八：1-11，比較：
利未記十八：6-29，二十：10-16）。在耶穌看來，犯姦淫罪被處死
不但違反人權，根本是一種"惡法"。耶穌因此不理違反人
權的古董教條，教人必須正視"人性"之軟弱：那些自信沒
有罪（人性弱點）的人，才有資格處死同類。"惡法"也是法
律，它根本"沒有公義"可言。當然"仁愛"之金律，不能
適用於"惡法"而被濫用。因為濫用惡法者是破壞公平正義
擁有權力的惡人，所以不能像"愛仇敵"一樣去寬恕他們。
耶穌一生最後上耶路撒冷首府「潔淨聖殿」之公義行動，可
以說是對抗那些不公不義，"利用宗教剝削信徒"的祭司集

團之公義作爲。因爲那群祭司集團包庇奸商，壟斷祭牲之買賣，使「聖殿」變成阻礙人（尤其是窮人）入殿獻祭之"賊窩"。那時耶穌不得不以繩子爲鞭趕走奸商，淨化敬拜上主之殿堂（見：馬太二十一：12-13、馬可十一：15-19、路加十九：45-48，約翰二：13-22）。這次的「耶路撒冷事件」使耶穌付出犧牲的代價：被釘死於處置叛亂犯的十字架刑具之上，罪名就是"猶太人的王"。只是"暴政"處死不了耶穌，因爲三天之後耶穌從死裡復活（見：馬太二十八：1-10、馬可十六：1-10、路加二十四：1-12，約翰二十：1-10）。所以說："公義金律"永遠得勝，然而"公義行動"則必須付出犧牲之代價！

（二）耶穌政治學之推廣

《馬可福音書》（一：1）開宗明義證言："耶穌基督是「福音」的源頭"。所謂「福音」（Gospel）者，"好消息"的意思。因爲「福音」的內容，就是「上主聖國」之建立，是天地相連天父上主統治"人心"之開始。然而要推廣「上主聖國」建設一個以"上主爲天父，人類是親友"的生命共同體，一來需要與耶穌同工之人力，就是揀選門人。二來需要施行教育及愛心的行動，即設比喻教導「上主聖國」之內容以及行神跡醫病趕鬼幫助弱勢群眾。

1. 耶穌的門人同工

凡是偉大聖工之起始，均需要同工爲幫手。耶穌爲要推廣「上主聖國」之福音（好消息），即開始招收門人加以訓練。傳統上基督徒認同耶穌揀選十二位門人，其實不止此數。《路加福音書》（十：1-12）就清楚指出耶穌另外揀選七十二位門人參與推廣聖國福音事工。因為耶穌的"福音農場"需要工人協助，更清楚交代這七十二位門人的工作要領。不過耶穌的最親近同工，還是他親自選召的十二位跟隨者。他們與耶穌形影不離，也是合作無間的得力助手。十二門人出身於不同的地區及職域，起初跟隨耶穌的動機"非常政治"，即期待耶穌能夠成為領導他們推翻「羅馬帝國」殖民政權的彌賽亞（基督），共同拯救猶太同胞脫離外來統治者羅馬人之奴役。使徒西門彼得（Simon Peter）之告白可以為例，因為他認同耶穌就是猶太人所期待的「基督」（見：馬太十六：13-20、馬可八：27-30、路加九：18-21）。和耶穌有親戚關係的西庇太（Zebedee）之妻，曾經為她兩個兒子雅各（James）與約翰（John）前來向耶穌求官做。耶穌也明白指出：他的使命不是做世上的王者，而是要飲為世人犧牲之"苦杯"（見：馬太二十：20-28、馬可十：35-45）。當然耶穌故意選召"十二位門人"的用意，有著象徵"新以色列十二支派"之意義，目的是欲強調「上主聖國」是從"新以色列命運共同體"開始的。下列即耶穌十二位門人的名字：

（1）西門彼得（Simon Peter）：原名叫西門（Simon），漁夫。

（2）安德列（Andrew）：彼得之弟，漁夫。

（3）雅各（James）：綽號"雷之子"（Boanerges），漁

夫。

（4）約翰（John）：雅各之弟，綽號“雷之子”，漁
夫。

（5）腓力（Philip）：希臘化名字的門人。

（6）巴多羅買（Bartholomew）：懷疑論者、知識分子。
本名拿但業（Nathanael）。

（7）馬太（Matthew）：曾任稅吏、角頭兄弟。

（8）多馬（Thomas）：懷疑論者、知識分子。

（9）小雅各（Jacob）：亞力腓（Alphaes）之子。

（10）奮銳黨員西門（Simon the Zealot）：反抗羅馬帝國
殖民政權的游擊隊員。

（11）達太（Thaddaeus）：又名猶大（Judas），急進的愛
國主義者。

（12）加略人猶大（Judas Iscariot）：出賣耶穌的門人，投
機分子。

門人加略人猶大自殺死後，馬提亞（Matthias）被推選接
替他為使徒（見：使徒行傳一：21-26）。西門彼得被公認為十二
使徒之領袖（見：路加十二：41、二十二：31）。這個「十二使徒
團契」可以分為三組。他們均懷有救國救民的政治理念，期
待耶穌能成為猶太人的政治領袖（基督），藉以拯救猶太同
胞脫離異族羅馬人的奴役統治。第一組是加利利漁夫：西門
彼得與其弟安德列、雅各及其弟約翰四人。他們曾經是施
洗約翰門人，稍後才跟隨耶穌。其中西門彼得、雅各、與
約翰三人是耶穌的心腹（見：馬太十七：1-2、馬可九：2、路加九：

28）。第二組是：腓力、巴多羅買（拿但業）、多馬、與馬太四人。他們都是具社會經驗的知識分子及愛國主義者，也可能是十二使徒團契中的重要參謀。而且他們敬佩耶穌的先知性風範。第三組是：小雅各、達太、奮銳黨的西門、與加略人猶大四人。他們是急進的愛國主義者，主張以暴力革命推翻羅馬帝國殖民統治。耶穌收他們為門人，足以體會他也是關心世俗政治的領袖。跟隨耶穌三年多的加略人猶大，就是因為耶穌不以武力解放同胞被異族奴役因此失望才出賣其師，最後以自殺收場（見：使徒行傳一：15-19）。當然耶穌再三教育他們：招收他們之目的有比對抗羅馬帝國政權更重要的任務，那就是宣揚「上主聖國」的福音於普世（見：馬太二十八：16-20、馬可十六：14-18、路加二十四：35-49，約翰二十：19-23，使徒行傳一：6-8）。而且他們受派遣是一種冒險事業，如同"羊群進入狼群中"一樣，被仇敵迫害及犧牲是免不了的。所以要"機警如蛇蛭，純真如鴿"，更要"防備奸人出賣"才能夠脫險（見：馬太十：5-25、馬可十三：9-13、路加二十一：12-19）。也許耶穌於「山上變貌」之大事件中（見：馬太十七：1-13、馬可九：2-13、路加九：28-36）使門人改變初衷，因而決心跟隨其師去受苦犧牲。除了加略人猶大以外，他們也確實做到這點。歷史證明：這些門人除了約翰一人能夠善終外（他也曾經被放逐於拔摩海嶼），其他門人均為建造「上主聖國」而犧牲殉教，死得可歌可泣！

2. 耶穌推廣「上主聖國」

　　耶穌政治學的具體實現，就是推廣「上主聖國」。要推廣此一偉大國度的第一步就是"教育"，其次不外以"神跡權能"加以印證。耶穌是一位精明的教師，為要有教無類，使一般社會大眾明白「上主聖國」降臨之重要性，就用許多比喻加以啓發。他用"撒種的比喻"，要求群眾的心田如同好土地一樣接受福音種子，又能結實百倍（見：馬太十三：1-23、馬可四：1-12、路加八：4-10）。又以"雜草的比喻"教人防備仇敵之暗算（見：馬太十三：24-30、馬可四：13-20、路加八：11-15）。以"芥菜種和麵酵比喻"，說明「上主聖國」擴大之奧妙（見：馬太十三：31-43、馬可四：30-34、路加十三：18-21）。也用"尋找寶貝與珍珠比喻"，強調此一「上主聖國」是珍寶（見：馬太十三：44-45）。既然「上主聖國」有那麼多追求者，耶穌就用"撒網捕魚比喻"，強調網羅上來的不好魚類將全數被丟棄（見：馬太十三：47-50）。另外，耶穌也善用精彩的故事，詮釋「上主聖國」福音。為了強調人道主義重要性，他講起"好撒馬利亞人故事"闡明化解仇恨之人際間重要倫理（見：路加十：25-36）。他講述"牧者尋找迷羊故事"（見：路加十五：1-7、馬太十八：12-14）、"婦人找到失銀故事"（見：路加十五：8-10）、"父親期盼浪子回頭故事"（見：路加十五：11-32），來證言天父上主的大愛及寬恕。又以"無知財主故事"（見：路加十二：13-21）儆告目中沒有上主的守財奴，因為生命在上主手中不在於他的財富。"財主和拉撒路故事＂（見：路加十六：19-31），同樣在儆告富人和窮人死後是有差別報償的，因此生前必須要憐憫窮人。

　　耶穌是能說又能實踐大愛的教師，因而以＂醫病趕鬼神跡＂來推廣「上主聖國」。就如：潔淨被當代社會遺棄的麻瘋病人（見：馬太八：1-4、馬可一：40-45、路加五：12-16）。治好羅馬營中百夫長僕人的病痛（見：馬太八：5-13、路加七：1-10）。醫治西門彼得岳母及其他病人（見：馬太八：14-17、馬可一：29-34、路加四：38-41）。趕出兩個被惡鬼附身的加大拉居民獲得正常生活（見：馬太八：28-34、馬可五：1-20、路加八：26-29）。使癱瘓者行走（見：馬太九：1-8、馬可二：1-12、路加五：17-26）。治好猶太會堂管理員的女兒和重症女病患（見：馬太九：18-26、馬可五：21-43、路加八：40-56）。治好兩位盲人（見：馬太九：27-31）及一位盲乞（見：約翰九：1-41）。治好被鬼附身的啞巴人士（見：馬太九：32-34）。治好手萎縮患者（見：馬太十二：9-14、馬可三：1-6、路加六：6-11）。治好迦南婦人女兒及眾多患者的疾病（見：馬太十五：21-31、馬可七：24-30）。治好小孩子癲癇惡疾（見：馬太十七：14-20、馬可九：14-29、路加九：37-43）。由此足見，耶穌周遊各地市鎮村落，不但在各地「會堂」教導人民，又以愛心治好民間弱勢人群的各種疾病，旨在印證「上主聖國」已經在人類歷史上降臨。

（三）耶穌的政治作為

　　《約翰福音書》的作者用「希臘神話哲學」（Greek

mythical philosophy）之語句，描述耶穌是天父上主的"道"
（Logos）成肉身投胎降世的"眞光"（見：約翰一：1-5）。因爲
耶穌是上主本身位格的分化，所以作者證言（見：約翰一：17-
18）：

> "上主藉著摩西頒佈「律法」，可是「恩典」和
> 「眞理」是耶穌基督帶來的。從來沒有人以肉眼看
> 見上主，唯有天父心懷中的獨生子（耶穌）將祂啓示
> 出來。"

上列經文這句："天父心懷中的獨生子"（指「耶穌」）
之用語，係出自當代希臘人的傳統神觀之理解。原來古代
希臘人相信，眾神均由"誕生"而來的。太初宇宙創始之
時，大地之母界亞（Gaea）生下天神烏拉諾斯（Uranus）。兩
位大神結合之後，又生下泰坦（Titan）巨神族群（這六男六女12
位泰坦巨神族群掌管宇宙萬物）。繼第一組巨神族群之後，由丟
斯（Zeus）領導的奧林帕斯山（Olympus）第二組眾神出現（也有
十二位主神）。這個奧林帕斯山（Olympus）的眾神之王是多妻
主義大神宙斯（Zeus），除了和元配天后赫拉（Hera）生了許
多神類之外，又和其他女神生下許多神子神女。以上就是古
代希臘「多神主義」（Polytheism）的眾神來源，也即他們的
神類，均由大神雜交生產而出。必須留意的是：「基督教」
（Christianity）是道地「一神主義」（Monotheism）的宗教。當其
傳入希臘人城市之時，爲欲教導古希臘人（或受過希臘文化影響

的人士）能夠明白「基督教」“神觀”，所以特別用希臘哲學用語指出：耶穌是獨一眞神上主的「道」（Logos）之化身（道成肉體爲「人」）。又以希臘神話用語說明：耶穌是“天父的獨生愛子”，爲欲救拔人類及萬物而降世。他是唯一能夠使世人認識肉眼看不見的全能天父之救世主（見：約翰三：16-17）：

> “因爲上主將祂的獨生聖子賞賜「世間」（人類及萬物），使一切信祂的人不會沉淪會得永活，祂愛世間到如此！因爲上主差祂的聖子降臨世間，不是欲審判世間，是欲使世間因祂的來臨而得救”（台語經文）。

上列的經文使咱明白：「上主聖國」的政治家耶穌之政治作爲，就是“愛世間萬物以及拯救世人”，並且啓示天父上主的本相給人類認識（見：約翰一：18）。這點由耶穌與門人腓力（Philip）的對話：“已經看見我者，就是看見天父”這句話，即可以證明出來（見：約翰十四：8）。原來耶穌與天父合而爲一，因此約翰這位作者用“天父的獨生聖子”加以印證。既然耶穌這位「上主聖國」政治家爲“拯救世間”而來，其在世之政治作爲即具備“先知性格”（Prophethood）及“祭司性格”（Priesthood）。兩者的具體表現，可做如下的探討。

1. 耶穌的先知作為

做爲「上主聖國」政治家的耶穌，顯然承接猶太先知（Prophet）的精神爲弱勢人群仗義執言，指斥當代不公不義的社會罪惡，又以行動和惡勢力抗爭。就支持弱勢人群一事，見之於他同情當代被猶太同胞輕視的婦女及兒童。耶穌不但醫治婦女病症（見：馬太九：18-31、馬可五：21-43、路加八：40-56），治好外邦婦女的女兒（見：馬太十五：21-28、馬可七：24-30），並且教人向小孩子的純眞學習（見：馬太十八：1-5、馬可九：33-37、路加九：46-48），又祝福小孩子（見：馬太十九：13-15、馬可十：13-16、路加十八：15-17）。耶穌更拯救被判死刑的婦人逃過一死（見：約翰八：1-11），接納娼婦悔改（見：路加七：36-50）。耶穌的先知性作風難免受到當代猶太僞君子（經學士、法利賽敬虔主義者、拉比、祭司集團）的批評。於是他說了一句名言（見：馬太二十一：31）：

> "耶穌說：「我實在告訴你們，稅吏（當時的角頭兄弟）和娼妓，要比你們（指猶太僞君子）先進入上主聖國。」"

耶穌對於那些當代宗教領袖的僞善以及不公不義，當然公開加以指斥。因爲耶穌沒有中國儒家那套"隱惡揚善"的作風，所以對於「猶太教」神學家的經學士與外表虔誠的法利賽人僞君子，當然毫不留情加以指斥。查閱《馬太福音書》（第二十三章）的記述，耶穌公然指斥他們七種罪惡，即：使宗教信仰變成猶太教徒的重擔（見：二十三：1-4），又自高自大（二十三：5-12）。關閉「上主聖國」門戶，不容許人進入（二十三：13）。引人進教，卻使人變成地獄之子（二十三：14-15）。如同瞎子引著瞎子一樣，教人亂發誓言（二十三：16-22）。只重外在祭品，卻忽略公義、憐憫、與信實的社會倫理（二十三：23-24）。只重視外表虔誠，底子裡都是勒索及放蕩（二十三：25-26）。外表如同粉飾的墳墓好看，內中盡都是偽善及不法（二十三：27-28）。他們是昔日殺害先知的徒子徒孫，如同"毒蛇之類"一樣，如今繼續不斷殺害先知及義人（二十三：29-36）。為此，耶穌只好為殺害諸先知的「猶太教」首府耶路撒冷（Jerusalem）悲嘆，因為他於日後將成為荒場（二十三：37-39）。如前段所提，耶穌一生最激進的先知性行動，就是"潔淨聖殿"之革命性作為（見：馬太二十一：12-17、馬可十一：15-19、路加十九：45-48、約翰二：13-22）。原來「猶太教」的唯一"聖殿"（Temple）是在耶路撒冷首府，猶太教徒於每年的三大節期（逾越節、五旬節、住棚節）都要前往耶路撒冷聖殿巡禮朝聖，其時都有獻祭（動物祭牲有牛、羊、鴿子）之習慣。因為祭司集團包庇商人壟斷祭牲的買賣，又故意刁難來自遠途朝聖客指他們自備之祭牲有瑕疵，從而只好被迫賤賣。結果這些牲畜又流入聖殿商人手中。於是變成朝聖客只好向商人買祭牲，才會被祭司集團檢查認為"無瑕疵"而被放行。這就是耶穌稱當代耶路撒冷「聖殿」為"賊窩"的主要原因（見：馬太二十一：13、馬可十一：17、路加十九：46）。當耶穌面對這類既欺騙上主又剝削朝聖客的長久積弊之時，忍不住用繩子爲鞭趕逐那些奸商出殿。這件事也惹來祭司集團的陷害，最後迫使"加利利省拿撒勒的先知耶穌"（見：馬太二十一：11）走上十字架的苦路而犧牲生命。

2. 耶穌的祭司作為

「猶太教」的核心人物就是"祭司"（Priest），他們長駐於耶路撒冷「聖殿」爲信徒進行祭祀儀式，爲朝聖客獻上贖罪祭。他們成爲神人之間的中保者，專責於「猶太教」各種祭典任務。耶穌雖然不是祭司族出身〔按利未人（Levites）爲祭司族，專責於「聖殿」祭祀〕，然而《希伯來書》（七：27-28）卻介紹耶穌就是"大祭司"（High Priest）：

> "他（耶穌）不像那些大祭司每日必須爲自己的罪，後爲百姓的罪獻祭。因爲他只一次將自己獻上，就把這事成全了。律法所立的大祭司本是有弱點的人。但在律法以後，上主以起誓的話立了兒子（耶穌）爲「大祭司」，使他成爲完全直到永遠"。

身爲「上主聖國」政治家的耶穌被認同是"大祭司"的原因，不外他爲世人贖罪（非只有猶太民族而已）而自我犧牲成爲祭品。也即施洗約翰所證言：耶穌是擔當世人罪債的"贖罪羊羔"（見：約翰一：29、36）。爲了建設天地相連的「上主聖國」，耶穌一生的"祭司作爲"（Priesthood）積極又悲情。從積極面言，耶穌選召十二位門人參與「上主聖國」建設事工，是其祭司作為的第一步。所以他儆告其門人：這個偉大事工極具危險性，如同"羊群被送進狼群中一樣"（見：馬太十：16）。而且會到處樹敵，甚至被親人出賣（見：馬太十：21-23）。因此勿誤認：耶穌的祭司事工會帶給世上和平，而是帶來刀劍（指大迫害）。畢竟跟隨「上主聖國」的政治家耶穌，是要付出莫大代價的（見：馬太十：37-39）：

> "那些愛父母勝過愛我者，不配跟從我。愛兒女勝過愛我者，不配做我的門人。不肯背自己的十字架（指苦難與犧牲）跟從我者，也不配做我的門人。凡偷生得生命者要喪失生命，為了我而失去生命者反而要得到生命"。

由此足見，「上主聖國」的建置是一種拼命的事工，跟隨這位偉大跨世俗的政治家耶穌，是要付出受苦與犧牲代價的。為此，耶穌曾經多次預告他的受難及犧牲，而且被殺之後將於第三天復活（見：馬太十六：21、十七：22-23、二十：17-19。馬可八：31~九：1、30-32、十：32-34。路加九：22-27、43-45、十八：31-34）。十二位門人跟隨耶穌大約有三年半時間，他們也都甘心樂意和其師共飲苦杯接受派遣（見：馬太十：5-15、馬可六：7-13、路加九：1-6）。只因耶穌未能建立推翻羅馬人的世俗帝國，而被門人加略人猶大出賣（見：馬太二十六：47-56、馬可十四：43-50、路加二十二：47-53、約翰十八：3-12），又被愛徒西門彼得於耶穌被捕的危機中三次不認其師（見：馬太二十六：69-75、馬可十四：66-72、路加二十二：56-62、約翰十八：15-18、25-27）。可是歷史證言：這一群門人於耶穌從死裡復活之後，即牢記並且實踐赴世界各地宣揚「上主聖國」的"福音"之託付（見：馬太二十八：18-20、馬可十六：15-18、路加二十四：46-49、使徒行傳一：8）。至於，耶穌的"祭司職"（Priesthood）就是由這一群使徒加以傳承，「上主聖國」的地上模式：「基督聖會」，於使徒西門彼得領導之下也在耶路撒冷建立（見：使徒行傳二：14-47）。由於耶穌的自我犧牲（成為"上主的羊羔"）而成為世人永遠的贖罪祭品，從此"祭司職"自「猶太教」脫胎換骨，使所有跟隨主耶穌的信徒皆「祭司」，負有宣揚「上主聖國」普及於人間社會之使命。《彼得前書》（二：9）因而證言：

> "你們是受揀選的一族（指基督徒），是王家（指「上主聖國」）的「祭司」，聖潔的國度（指生命共同體之聖國），上主的子民。上主召你們離開黑暗進入祂輝煌的光明中，來宣揚祂奇妙的作為（即「祭司」之使命）"。

十六世紀宗教改革家馬丁路德（Martin Luther, 1483-1546）所喊出的三大改革口號之一的"信徒皆祭司"（其他兩個是："唯奉《新舊約聖經》"及"因信稱義"），即根據這段經文而來。目的在於宣示：「上主聖國」之推廣非限於教會聖職人員

（神父、修士、修女）而已，是每一位基督徒之使命。因為始終
活著與信徒同在的耶穌基督，曾經有重要的交托（見：馬太
二十八：19-20）：

> "你們要往世界各地，使萬民做我的門人，要奉聖
> 父、聖子、聖神的名給他們施洗。凡我所喚咐你們
> 的，都要教他們遵守。記住，我會時常與你們同
> 在，直到世代之終結。"

結語：

做為「上主聖國」政治家的耶穌，其一生的年日只有
三十三年半。然而他於人類歷史上之影響力相當深遠，超越
其短暫的人生及其悲情之結局。儘管耶穌締造這個"天地相
連"的「上主聖國」，已經被歷史學者定位是一個"宗教"
（Religion），即所謂的：「基督教」（Christianity）。兩千年
來也已經演化為：「羅馬大公教會」（Roman Catholic Church，
即華人所稱的「天主教」）、「東方正統教會」（Eastern Orthodox
Church）、及十六世宗教改革出現的「改革教會」（Reformed
Church, or Protestant Church，後者形成宗派最多的教團）等三大分支。
更有地球上總人口三分之一的信徒，可說是當今世上最大的
宗教社團。不過「基督教」曾經於歷史上被「羅馬帝國」

（Roman Empire）前後迫害近三百年，最後羅馬皇帝康士但丁大帝（Constantine the Great, 288-337）才甘心降服跪在十字架下認罪。之後「基督教」又被接納爲國家宗教。由此可見，「基督教」是一個"輸輸仔贏"（先輸後贏）的教團，此即「上主聖國」之特徵！事實上，「基督教會」（Ecclesia，非指建築物的禮拜堂）就是一個以"上主爲天父，人類是兄弟姊妹"的天地相連之生命共同體，也是「上主聖國」存在於地上人間之表徵。這個神聖國度雖然處身於世界萬國之中，卻凌駕於世界萬國，此即耶穌基督這位「上主聖國」的政治家之偉大勝利。使徒保羅的「基督論」（Christology），可以說是對這位「上主聖國」的政治家之最佳介紹（見：腓立比書二：5-11）：

> "你們當以耶穌基督的心爲心：他本有上主的形像，卻不堅持自己與上主同等，反倒虛己，取了奴僕的形像，成爲人的樣式。已經有了人的樣式，就謙卑自己存心順服以至於死，甚至死在十字架上！所以上主把他升爲至高，又賜給他那個超越萬名之上的名。使一切在天上的、地上的、和地底下的，因爲耶穌的名字眾膝都要下跪，眾人都要宣認，稱呼「耶穌基督是主」，來歸榮光給天父上主。"

2023年1月15日完稿

Ch.2 「以馬內利」是福音

"因此，主自己要給你們一個兆頭，必有童女懷孕生子，給他起名叫以馬內利"。

(以賽亞書七：14)

"這一切事的發生是要應驗主藉先知所說的話：「有童女將懷孕生子，他的名字要叫以馬內利。」（「以馬內利」的意思就是「上主與我們同在」。）。"

(馬太福音書一：22-23)

台灣基督徒於習慣上都用 "以馬內利"（Emmanuel）此一意謂： "上主與吾人同在"（見：以賽亞書七：14，八：8，馬太一：22-23）之語句為祝福的話,委實值得探究。在《新舊約聖經》中，這一用語只出現於上列的經文。一為主前八世紀的先知以賽亞（Isaiah）之預言，另者係作者馬太（Matthew）引用先知以賽亞的預言，來印證耶穌基督（Jesus Christ）的誕生，正是 "以馬內利" 之應驗。為此，這一用語和耶穌的誕生有關，也就是指出 "上主與人類同在" 的事實及好消息。那麼先知做此 "以馬內利" 的預言有什麼時代背景？為何

《馬太福音書》的作者引用它來印證耶穌基督的降生呢？下面就來一一加以討論。

一、先知以賽亞預言之時代背景

舊約《以賽亞書》（總共66章）是一卷多位作者所輯成的作品，而且每位作者各有其不同的時代。因此聖經學者將《以賽亞書》分為：

1. 第一以賽亞書（一章至三十九章）
2. 第二以賽亞書（四十章至五十五章）
3. 第三以賽亞書（五十六章至六十六章）

甚至有些學者主張本書可分為九卷，也就是：1.一章。2.二章至五章。3.六章至十二章。4.十三章至二十三章。5.二十四章至二十七章。6.二十八章至三十五章。7.三十六章至三十九章。8.四十章至五十五章。9.五十六章至六十六章。其理由是各卷的作者都不同，時代背景也有異。不過絕大多數學者只將其分為兩大段落，也成為習慣上之認知：

A.自一章至三十九章稱為上卷

這個段落是"耶路撒冷以賽亞"（Isaiah of Jerusalem）之作品。其時的歷史背景是南王國猶大尚未滅亡，首都耶路撒冷還屹立沒有陷落。

B. 自四十章至六十六章稱為下卷

這個段落被認為"第二以賽亞"（Deutero Isaiah）之作品。其歷史背景是南王國猶大已經於主前586年滅亡，猶太人被擄赴巴比倫為奴。主前547年波斯帝國征服巴比倫，波斯王古列（King Cyrus the Great, 600?-529 B.C.）釋放猶太人回國重建故土。這段經文就是這個時代的代表作。

據此而論，《以賽亞書》（七：14及八：8）之經文，就是耶路撒冷先知以賽亞的預言。其時正值南王國猶大君王亞哈斯（King Ahaz, B.C. 741年登其為王）統治時代，國家正處於外敵侵略之嚴重危機，此即先知預言之背景。

（一）國家危機與先知角色

對猶太民族而言，"先知"（Prophet）之角色不能以漢文的"未卜先知"此一望文生義的文字障方法去理解。猶太民族的"先知"者，是上主之代言人，也是國家命運的守望者。因此猶太先知擔負著政治責任，也即提醒君王有否背離上主之托付。同時指斥政治腐敗對選民命運之影響，以及社會罪惡造成不公不義之嚴重性，亦正告國家所面臨的危機。同時提出展望未來的預言，提醒猶太同胞在國難之時切勿失去希望，因有"以馬內利"（上主與吾人同在）之兆頭出現。

原來這位耶路撒冷的先知以賽亞時代，正當亞哈斯王（King Ahaz, B.C. 741-725在位執政16年）統治南王國猶大（Judah）。

耶穌──上主聖國的政治家

根據聖經所指，這位君王係前王約坦（King Jotham）之子，20歲登基。他沒有效法先祖大衛王（King David）敬畏上主的好榜樣，一味迷信異邦偶像。甚至在國家危機之際，將自己兒子獻為祭牲給迦南的假神，行為相當可憎（見：列王記下十六：1-4）。當亞蘭國（Aram，即Syria）君王利汛（King Rezin）會同北王國以色列（Israel）君王比加（King Pekah）圍困南王國猶大（Judah）首都耶路撒冷（Jerusalem）之時，先知以賽亞勸告亞哈斯王必須信靠上主的拯救，勿向亞述（Assyria）君王提革拉比列色（King Tiglath-pilesser）討救兵。因為上主將和他們同在，也即"以馬內利"之兆頭將會出現（見：列王記下十六：5-6，以賽亞書七：14）。可惜昏君亞哈斯不接受先知勸言，以致南王國淪為亞述帝國附庸，而任憑其宰割，並且又引進亞述帝國的異教迷信（見：列王記下十六：17-18）。此即先知以賽亞預言"以馬內利"即將降生，又將成為嬰孩名字之歷史背景。而且也凸顯先知之角色及任務。

(二)"以馬內利"之預告

南王國君王亞哈斯在國家遭遇外敵入侵的最危機時刻，非但不信靠列祖之神上主，反而去相信亞蘭國（敘利亞）的神明，關閉耶路撒冷聖殿，到處設置異教偶像之神壇，甚至將自己的兒子獻做祭牲，忤逆耶和華宗教之人道教義（見：歷代誌下二十八：22-25）。就在亞哈斯王驚惶失措之時，先知以賽亞受上主指示前往提醒亞哈斯王，言及亞蘭王利汛和以色列王比加的侵略行動不會成功。為此務要有堅強之信心及堅持，就可渡過危機（見：以賽亞書七：1-9）。於是上主要求這位背叛祂的亞哈斯王求一個記號，王因害怕而拒絕（見：以賽亞書七：10-12）。其時先知以賽亞向王宣告：上主將賜給他一個記號，就是年輕的婦人要懷孕生子，並給兒子取名叫 "以馬內利"，意思是： "上主與吾人同在"，（見：八：8）。因為上主將保護猶大國土及人民，在這個兒子能辨別是非以前，那兩個侵略者的國土（以色列國及亞蘭國）將要荒廢（見：以賽亞書七：13-16）。然而昏君亞哈斯不聽先知勸言。他非但迷信外邦神道，又向亞述王提革拉比列色求援，以致淪為附庸。並且一味討好亞述王而年年向他進貢（見：列王記下十六：10-18）。所以先知以賽亞預告：上主將要降災於南王國猶大，埃及（Egypt）大軍將會像蒼蠅一樣飛來蹂躪全國。再加上亞述大軍壓境，而使全國人民痛苦不堪（見：以賽亞書七：17-25）。這就是抗拒 "上主與吾人（選民）同在" 之後，也即拒絕 "以馬內利" 之結局。明白這段歷史背景，而後再來思考 "以馬內利" 兆頭如何應驗於數世紀以後的新約時代，才能夠凸顯其重要意義。

二、「以馬內利」──大時代的記號

《馬太福音書》的作者馬太（Matthew）特別證言：主前八世紀的耶路撒冷先知以賽亞有關 "以馬內利" 的預告，

不但是一個大時代的記號，也正是耶穌（Jesus）這位救世嬰孩（大時代的"以馬內利"）降生於大衛王城伯利恆（Bethlehem）之應驗（見：馬太一：22-23）。值得留意的是：只有這本福音書作者馬太證言耶穌的降生（他由"童女"馬利亞懷孕所生的嬰孩），正是"以馬內利"（上主與吾人同在）預言之應驗，其他三本福音書：《馬可福音書》（Mark the Gospel）、《路加福音書》（Luke the Gospel）、及《約翰福音書》（John the Gospel），都沒有提及。原因不外馬太這位作者的猶太民族意識強列，處處均以早期猶太先知有關基督（彌賽亞）降生及民族命運的預言是否應驗著想。畢竟"以馬內利"是大時代的記號，上主將親自與吾人同在，委實是歷史上的大事件！

（一）當代猶太人期望的「以馬內利」

馬太著作其福音書的時代，大約是主後80年至90年（A.D. 80-90）之間。那個時候，基督教會已經陷入內外兩方面的迫害：對內是「猶太教」領導階層及信徒之抗拒，對外則有羅馬帝國殖民政府的壓迫。就歷史背景言，其時「猶太教」的政教中心耶路撒冷已於主後70年被羅馬帝國的將軍提多（Titus, A.D. 40-81，主後79年至81年為羅馬皇帝），因清剿猶太游擊隊（奮銳黨徒）而被徹底毀滅，猶太人被強迫流亡國外。身為流亡於國外的《馬太福音書》作者，及其時的基督信徒莫不期望上主選民"猶太民族"之解放。因而確信主前八世紀

（B.C. 8th Century）耶路撒冷先知以賽亞之預言，已經應驗於耶穌身上。這位主前4年誕生於猶太省伯利恆（大衛王城）的嬰孩，也是由童女馬利亞（Mary）所生的耶穌（Jesus），即當代猶太基督徒所期望的"以馬內利"（上主與選民同在之應驗）。也可以說，"以馬內利"正是上主救拔猶太選民的時代兆頭，是彌賽亞（基督）降世之記號，此即作者馬太之證言。再者，作者目的為要向猶太基督徒證言："以馬內利"已經應驗於耶穌身上，所以才會將他的出生、生長之地、生平言行、受難與死亡，以及從死裡復活等等事件，均證言是早期猶太先知預言之應驗，也是上主為要成全猶太選民的"新約"（New Covenant）記號。

（二）信仰的基督即「以馬內利」

人應該特別留意一件事，就是《馬太福音書》的作者在敘述耶穌降生故事時，一開始就稱呼這位"以馬內利"名字的新生嬰孩做"耶穌基督"（Jesus Christ，見：一：18）。原來「耶穌」（Jesus）這個名字，是上主的使者所指示的命名（見：馬太一：21），這和《舊約聖經》中摩西（Moses）的繼承人約書亞（Joshua）名字相同，具"拯救者"的意思。而「基督」（Christ）則是和猶太人所期待的和平仁君「彌賽亞」（Messiah）同一意義的希臘文稱謂。這一"耶穌基督"的組合名字，誠然指出耶穌降世之信仰意義，以及"信仰的基督"即「以馬內利」（上主與吾人同在）的基督教神學

（Christian Theology）。二十世紀著名的人道主義者，也是1952年諾貝爾和平獎金（Nobel Peace Prize）得主：史懷哲博士（Dr. Albert Schweitzer, 1875-1965），在其經典作品：《歷史的耶穌問題》（The Quest of the Historieal Jesus, 1910）一書所指，強調《新約聖經》（New Testament）所證言的"耶穌"已經缺乏歷史性。他已經是"信仰的基督"，而不是"歷史的耶穌"。因為在《新約聖經》中，實在看不到耶穌於拿撒勒（Nazareth）故居從童年至青年時期的家庭生活。因此馬太這位福音書作者於介紹耶穌誕生之時，就稱這位聖嬰孩為"耶穌基督"，藉以凸顯「以馬內利」（上主與吾人同在）就是"信仰的基督"，並非"歷史的耶穌"。

（三）童女降誕與「以馬内利」

主前八世紀（8th B.C.）耶路撒冷的先知以賽亞預告（見：以賽亞書七：14）：

"因此主要親自賜給你們一個兆頭：有閨女要懷孕生子，給他取名叫「以馬内利」"。

值得留意的是：這段用「希伯來文」（Hebrew）寫成的經典文字，其中的"閨女"不是指"童女"，而是指"年青婦女"（少婦）。一直到主前三世紀（3th B.C.）於埃及亞力山大城（Alexandria）由72名「猶太教」學者從「希伯來文」

經典翻譯爲「希臘文」（Greek）經典之時，就將其中的"閨女"一詞改譯爲"童女"。而這部「猶太教」的希臘文經典也被史家稱爲"Septuagint"（簡寫即LXX），也即基督徒所接受的希臘文《舊約聖經》。明顯地，馬太這位福音書作者就是引用希臘文經典爲根據，因而出現"童女降誕"用語，來證言「以馬內利」正是這位新生嬰孩的耶穌基督。再就基督教會以"童女降誕"爲信仰告白，來證言耶穌即"信仰的基督"這件事，只有《馬太福音書》和《路加福音書》（見：路加一：26-35）這兩卷「耶穌傳」有所記載。最早的《馬可福音書》（作於主後65年至70年之間）及最晚的《約翰福音書》（作於主後90年至95年之間），卻沒有記載耶穌係由"童女"（在室女）馬利亞（Mary）所生這件事。也就是說，馬可（Mark）和約翰（John）這兩位「福音書」作者，並不接受「宗教學」上所稱的"童女降誕感生神話"（處女生子的信仰語言），所以才沒有記載。問題是："耶穌基督是由童女馬利亞所生"（童女降誕）這件事，已經是古今基督教會之認信，「使徒信經」（Apostles' Creed）及「尼西亞信經」（Nicene Creed）均如此載明。因此筆者如果強調耶穌由"童女降誕"（Virgin Birth）是一則"感生神話"的話，那在中世紀時代就會被「羅馬大公教會」（Roman Catholic Church，即「天主教」）之「異端裁判所」（Inquistition）以異端罪名處以"火刑"而喪生。

三、「以馬內利」是福音

　　最早出現於歷史上的《馬可福音書》，其介紹耶穌之時，直指「福音」（Gospel）的源頭就是耶穌基督（見：馬可一：1）：

　　"上主的兒子，耶穌基督福音的起頭"。

　　這等於證言：耶穌基督降世目的，就是帶來"上主國度"（Kingdom of God）此一"人類生命共同體"（上主是天父，人類都是兄弟姊妹）的「福音」。因為耶穌基督降世，就是「以馬內利」（上主與吾人同在）之事實，是先知預言之應驗。所以「以馬內利」就是上主與吾人同在，藉以救拔軟弱的罪人之「福音」，可以說完全符合事實。

(一)「以馬內利」之神學意義

　　基督教最精彩的教義，就是上主的"道"（Logos，聖言）成為肉身（一位人格）來訪問人間（見：約翰一：1以下），使世人能夠因看見耶穌基督這位成為肉身的救主，而認識上主本相這件事（見：約翰一：18）。也就是說，上主藉著耶穌降世（道成肉身）訪問人間，正是「以馬內利」（上主與吾人同在）之有力證明。約翰（John）這位福音書作者，特別指出其中的神學意義，那就是上主愛這個問題世界（人類及其中萬物）之具體表現（見：約翰三：16-17）：

> "上主那麼愛這世界萬物（不僅是世人），甚至賞賜祂的獨生愛子（指道成肉身），要使所有相信祂的人不至於滅亡，反而得到永恆生命。因爲上主差遣愛子到世上來，不是要定世界的罪，而是要使世界萬物因祂而得救。"（按照希臘文原文譯述）

這段經文充分指出「以馬內利」（上主與吾人世界同在）之神學意義。也即指明它的來臨使此一有限的人間及缺憾的世界，藉著信仰上主就能夠獲得永恆的生命（指肉身雖然死去，也將因著信祂而獲得永恆生命之意）。這就是「以馬內利」的福音，也是耶穌降生的真正意義。爲著是主耶穌的來臨，不僅向世人彰顯上主本相（約翰一：18，十四：9），更明白證言上主是「博愛之神」（見：約翰一書四：7-10、16）。

(二)「以馬內利」使人間平安

根據《路加福音書》（二：8-20）所記載：耶穌誕生那夜，上主使者向伯利恆（Bethlehem）野外的一群牧羊人顯現。並且告訴他們，耶穌基督已經誕生於大衛王（King David）王城的好消息。其時，有一大隊的天軍出現頌讚上主（見：路加二：14），宣稱：

"在至高之處願榮耀歸於上主，

願地上和平 (平安) 歸給祂所喜愛的人"。

此一宣告等於指出：「以馬內利」（上主與吾人同在）是人間平安（和平）之來源！耶穌基督的降生是上主主動訪問人間之作為，而且要將"平安"（和平）賜予世人，這可以說天大的福音。歷史上的人間太欠缺"平安"（和平），諸如：國家為戰爭苦惱，人民期望"和平"之到來。個人也為物質及精神上的需求愁煩，所以追求"平安"過好日子。在台灣民間的宗教人習慣前往廟宇及神壇求平安、添福壽，以至靠道士、法師、童乩消災解厄。只是「基督教」所宣告的"地上和平"（人間的平安），也就是耶穌誕生時天上使者所宣告者，卻不同於台灣民間宗教信仰那一套凡俗又只求自私自利的"平安"。應該說是一種教人與主一同受苦，能夠勇於背負十字架跟隨基督的"平安"（見：馬太十六：24-26）。這正是一種能夠"超越世上苦難"，又能夠"苦得起"的內在真平安（見：約翰十四：27）：

"我（耶穌）留下平安給你們，我將自己的平安賜給你們。我所給你們的和世人所給的不同。因此你們內心不要愁煩，也不必害怕"。

耶穌更進一步指出：凡信靠他和他結連的人，就可以克服苦難，擁有內在的平安（見：約翰十六：33）：

> "我將這件事告訴你們，是要使你們因和我連結而擁有平安。在世上你們有苦難，但是你們要勇敢、放心，因為我已經克服了世界"。

據此而論，「以馬內利」（上主與吾人同在）所帶給人間的"平安"（和平），是超越性的內在安寧，是事先學習"苦得起"的人間功課，也即肯背負十字架跟隨耶穌才能夠獲得的。所以說，「以馬內利」給人間的平安，是一種逆證（paradox）的真理。也就是從學習苦難的功課中畢業，才能夠獲得的平安！

結語

就上面之探討，可見「基督教」有關"上主與吾人同在"（即「以馬內利」）的神觀之獨特性。反觀台灣民間所信奉的"人鬼神類"，始終是不主動親近人的。其親近人的管道就是靠"巫術"（magic），也就是靠道士、法師之召請（念咒），才會附身於童乩來替這些人鬼神類作乩示助人（童乩是代神鬼發言之巫師）。此一驅使神鬼為信者服務之神觀，即「巫術宗教」（magico religion）之所屬（人是主，神是僕的宗教信仰）。可是《新舊約聖經》所證言的真神天父上主，則是主動親近人間的「以馬內利」。藉由耶穌基督之降世，使"上主與世人同在"的「福音」因此成為事實。「基督教」沒有"人是主，神是僕"的「巫術宗教」色彩。因此「基督教」是真真正正的"神是天父，人類都是兄弟姊妹"之健全信仰。耶穌基督就是「以馬內利」（上主與吾人同在）的「福音」，正是人間真正"平安"之來源，所以值得宣揚及信靠。

2016年11月27日

Ch.3 猶太人的王

耶穌

"耶穌和門徒將近耶路撒冷，到了伯法其，在橄欖山那裏。耶穌就打發兩個門徒，對他們説：「你們往對面村子裏去，必看見一匹驢拴在那裏，還有驢駒同在一處；你們解開，牽到我這裏來。若有人對你們説甚麼，你們就説：『主要用牠。』那人必立時讓你們牽來。這事成就是要應驗先知的話，説：「要對錫安的居民説：看哪，你的王來到你這裡，是溫柔的，又騎著驢，就是騎著驢駒子。」門徒就照耶穌所吩咐的去行，牽了驢和驢駒來，把自己的衣服搭在上面，耶穌就騎上。眾人多半把衣服鋪在路上；還有人砍下樹枝來鋪在路上。前行後隨的眾人喊著説：「和散那歸於大衛的子孫！奉主名來的是應當稱頌的！高高在上和散那！」耶穌既進了耶路撒冷，合城都驚動了，説：「這是誰？」，眾人説：「這是加利利拿撒勒的先知耶穌。」"

（馬太二十一：1-11）

根據「基督教」（Christianity）的「教會曆」行事，每年的 "棕樹主日"（Palm Sunday）都會閱讀這段有關耶穌光榮進入耶路撒冷城被民眾擁戴為 "奉主名來的王"（the King who comes in the name of the Lord，見：路加十九：38）或 "以色列的君王"（the King of Israel，見：約翰十二：13）。雖然《馬太福音書》（二十一：9）及《馬可福音書》（十一：9）之記載用 "奉主的名來的那位"（he who comes in the name of the Lord），而不用 "君王"（King）加以稱呼，但明指耶穌就是 "大衛的後裔"（Son of David）這點，正認同他就是 "猶太人的王"（the King of Jews）。事實上，耶穌在世時未曾做過任何政治上的君王，因為他的國度不屬於這個凡俗世界（見：約翰十八：33-37）：

> "彼拉多（Pilate）又入總督府內召耶穌來，問他：「你是猶太人的王嗎？」耶穌回答：「你問這話是出於你自己，或是耳聞別人說的呢？」彼拉多回答：「我豈是猶太人嗎？是你本國的人和祭司長及其集團將你交給我的。到底你做了什麼事？」耶穌的回答是：「我的國度不屬於這個世界。如果我的國度屬於這個世界，我的臣民一定會為我戰鬥，使我不至於落在猶太人手裡。不，我的國度不在這個塵世！」彼拉多又問：「那麼，你就是王了？」耶穌回答：「我是王者」這是你說的。我的使命是為真理做證。……"

由此可見，耶穌被認同為"猶太人的王"不是屬於塵世之王者，是另有更深一層的宗教意義。下面的探討，就能夠明白其之於「基督教」的信仰有何意義。

一、耶穌以王者姿態進入耶路撒冷城

　　關於耶穌以王者姿態進入當代首都耶路撒冷（Jerusalem）事跡，四本「福音書」均有記載（見：馬太二十一：1-11，馬可十一：1-11，路加十九：28-40，約翰十二：12-19）。在此根據《馬太福音書》之記述，來回顧當時耶穌最後一次進入耶路撒冷城的情形。

（一）耶穌以王者姿態進城（馬太二十一：1-11）

　　經文記載耶穌領導門人走近耶路撒冷，到達橄欖山（the Mount of Olives）的伯法其（Bethphage），就派兩位門人前往前面的村莊，就會立刻看到一匹驢和一匹小驢栓在一起，將牠們解開牽過來給他。如果有人問他們要做什麼用，就回答他："主需要用牠們"，主人一定會允許的。作者馬太（Matthew）特別引用舊約先知撒迦利亞（Zechariah）的預言（見：撒迦利亞書九：9）說道：

　　　"錫安的女子要歡喜快樂，耶路撒冷的居民要歡呼！看，你的王來了，凱旋親近你，謙卑騎著驢子和一匹小驢。"

　　門人就按照耶穌的吩咐去做，將驢子和小驢牽過來，又將自己衣服搭在驢子背上。之後，耶穌騎著驢子向耶路撒冷前進。一大群的人見狀立即激發出內心的政治期望，紛紛將自己的衣服鋪在路上。也有一些人將砍下的棕樹枝鋪在路上，讓騎驢的耶穌從中走過。那時，前行後隨的群眾開始大聲歡呼："大衛的後裔，和散那！（即求救的呼喊），奉主的名來的那位，和散那！願至高者得到稱頌！"耶穌一進入耶路撒冷城時，全城轟動，因為他公然以王者姿態進城又接受群眾歡呼！於是有人質問："這個人是誰？"眾人回答："他就是來自加利利的拿撒勒先知耶穌。"

　　為何耶穌會如此公然以王者姿態騎驢進耶路撒冷首都接受群眾歡呼呢？以往有門人彼得公然指稱他就是"彌賽亞"（Messiah），也就是王者"基督"（Christ）時，為什麼禁戒門人不可吐露此一秘密？（見：馬太十六：20）。其原因不外：耶穌要求門人守密勿公開言及他就是"基督"之理由，係因時日未到。其次是在羅馬帝國殖民政府當政時期，視自立為"基督"（君王）者是一種觸犯內亂唯一死刑（被處死於十字架上）的叛亂罪。現在時機已經到，耶穌必須如此被擁戴並且決心犧牲生命，所以才會不懼一切後果，公然以王者姿態騎驢進城。儘管耶穌的"王權"不在此一塵世，是在於"上主國度"（Kingdom of God），最後還是要被冠以"猶太人的王"這個叛亂犯罪名被處死於十字架上。此一事實，耶穌早就向門人提過（見：馬太十六：21）：

> "從那時候（彼得告白耶穌是「基督」）開始，耶穌清楚指示門徒說：「我必須上耶路撒冷去，在猶太教長老、祭司長、和經學士手下受盡種種苦難，並且被殺害。但是在第三天我將復活。」"

當代的猶太人不僅用"和散那"（Hosanna）此一求救口號認同耶穌是王者（基督）之外，也給他一個"從加利利省拿撒勒來的先知"（見：馬太二十一：11）之封號。根據馬太這位福音書作者之描述，從耶穌進入耶路撒冷以後的這一段"走向十字架苦路"的時間，的確發揮了他勇敢無比的先知行動。

（二）耶穌的先知行動

當代猶太社會被公認為"先知"（Prophet）這種角色，可說是一位上主的代言人以及民族命運的守望者。所以不同於時下華人社會那一類 "未卜先知" 的稱謂，即算命、相命、占卜、堪輿（看風水）、擇日等等的江湖術士一類人物。猶太先知之使命就是"說人所不敢說的，做人所不敢做的"那一種大公無私，為轉型正義而奮鬥之大無畏事業。他們指斥宗教家（「猶太教」祭司集團及猶太會堂的拉比、經學教師）的貪婪及高傲，法利賽人（敬虔主義者）之僞善，希律黨人（政治人物）之專制，以及猶太同胞（以色列族人）之無知及現實。爲此，猶太先知必須具備完美人格及無比的勇氣，甚至犧牲生命也在所不惜。當耶穌最後一次進入耶路撒冷城時，除了被群眾擁戴爲"大衛子孫的王者"（猶太人的王）外，更被群眾公認爲：來自加利利省的"拿撒勒先知耶穌"（the Prophet Jesus from Nazareth of Galilee）。自從耶穌於"棕樹日"（以王者身份被群眾擁戴之日）往後的行事，的確是一種大無畏的先知行動。根據《馬太福音書》之記述，耶穌的先知行動，就有下列代表性之一連串作爲。

1. 潔淨聖殿（二十一：12-17）

「猶太教」唯一的聖殿位於首都耶路撒冷。它由祭司集團把持，主導一年當中各大節期的祭典。因爲祭司集團包庇聖殿入口的商人壟斷祭牲販賣，久而久之演變成剝削信徒之行止，即故意使他們自己帶來的祭牲（牛、羊、鴿子）以瑕疵爲理由無法通過檢查，非要向聖殿商人購買祭牲才行。結果自己帶來的祭牲只好賤賣，從此又流入聖殿商人手中。這就是耶穌將聖殿看做"賊窩"（a den of robbers），進而潔淨聖殿（驅逐聖殿商人）之理由。可是此一"耶路撒冷事件"終於惹來殺身之禍，祭司集團非要將耶穌置之於死地不可！

2. 咒詛無花果樹（二十一：18-22）

耶穌於次日回耶路撒冷路上，看見一棵枝葉非常茂盛卻不會結果子的無花果樹（fig），立即加以咒詛使其永遠不再結果子。這個動作旨在諷刺猶太人的宗教生活外表好看，只會持守節期，卻不懂珍惜去結公義及友愛的果實。所以耶穌用"咒詛無花果樹"之行動，來描繪上主的震怒（參照：詩篇一〇五：33，耶利米書八：13，何西何書二：12）。

3. 回應納稅問題（二十二：15-22）

當代猶太人於羅馬帝國殖民政府統治下，必須繳納三種稅金：土地稅、所得稅（每人收入的百分之一）、及人頭稅（男子14歲至65歲，女子12歲至65歲必須繳納工人一天的工資）。這類稅收稱做"該撒的東西"（the things that are Caesar's）。那時法利賽人會同希律黨人（Herodians）故意用納稅問題："向羅馬皇帝納稅是否違背摩西律法？"來陷害耶穌。為了避免被入罪（叛國罪），耶穌以："將該撒的東西給該撒，將上主的東西給上主"，以做回應。

4. 斥責經學士和法利賽人（二十三：1-36）

經學士和法利賽人是當代影響猶太社會相當大的宗教領袖人物，很少有人敢加以挑戰及批判。然而耶穌卻公開指斥他們是偽善的宗教人，以他們犯了七大罪狀：能說不能行、好坐高位、阻礙人進入天國、瞎眼的嚮導、隨便發誓言、斤斤計較宗教細節、外表好看內在腐敗。因此他們必將遭受天譴。為此，那穌為耶路撒冷這個「猶太教」宗教中心哀哭（二十三：37-39）。

5. 預告耶路撒冷聖殿毀滅 (二十四：1-2)

耶路撒冷聖殿是「猶太教」神聖的宗教中心，耶穌眼見宗教領袖的腐化必定導致聖殿之毀滅。主後70年耶穌的預言應驗，羅馬將軍提多 (Titus，40 ?-81，主後79-81為羅馬皇帝) 因對抗猶太游擊隊而攻陷耶路撒冷，聖殿被拆毀，只剩下一面 "哭牆"。猶太人也因此被迫流亡於國外。

6. 最後的逾越節晚餐 (二十六：17-35)

耶穌和門人於拜四晚在馬可 (Mark) 家中和十二位門人守「逾越節晚餐」(猶太人紀念祖先出埃及的傳統大節)。其時他用 "無酵餅" 和 "葡萄酒" 象徵自己的先知性犧牲 (成為上主的羊羔，見：約翰一：29)。是夜耶穌被門人猶大 (Judas) 出賣，於客西瑪尼園祈禱時被捕。經過祭司長及羅馬總督彼拉多審判，很快於拜五被釘死於十字架上，罪名即 "猶太人的王" 這個叛亂犯罪名。至此，耶穌不但完成其先知性使命，更成為 "上主的羊羔" (以十字架為祭壇)，因而完成其救世功業。

二、猶太人的王 —— 耶穌

基督徒於習慣上以 "耶穌基督" (Jesus Christ) 來稱呼這位救世之主，此一稱謂事實上已具有 "王者" (彌賽亞王) 的意義。馬太這位福音書作者在記載耶穌誕生的故事時，儘管上主使者指示約瑟（Joseph）要為新生兒命名為"耶穌"（Jesus），卻仍然以"耶穌基督"全名加以介紹，旨在凸顯此一意義（見：馬太一：18-21）。在那個猶太民族被羅馬帝國殖民政權壓迫的時代，他們始終期待能夠從大衛的子孫中出現一位君王，來拯救他們掙脫外來政權。因此耶穌的誕生成為猶太民族的期待，所以才會有耶穌最後一次進入耶路撒冷城時，群眾用衣服舖地舉著棕樹枝歡呼之熱鬧場面（見：馬太二十一：9）：

"前行後隨的群眾大聲喊：「和散那，歸於大衛的子孫（王家），奉主名來的，是應當稱頌的。和散那，至高的上主。」"

這樣的呼喊不但指出耶穌就是猶太人所期望的王者（基督），更期望他的拯救。也就是說，耶穌在那個時代已經被聚集於耶路撒冷預備守「逾越節」的群眾（包括本地及外地僑民），認同為"猶太人的王"（基督）。

（一）耶穌被認同為君王

傳統上，猶太人相信"彌賽亞王"（基督）必須出自大衛王家（大衛子孫）。而當代猶太人用希臘文（Greek）的"基督"（Christ），來明指此一民族之拯救者。對於當代猶太人而言，他們已經受不了羅馬帝國殖民政權的高壓統治，因此多麼期望有一位來自大衛後裔的「救世主」（基督）出現。而當代的猶太人就認同耶穌就是這個角色。下列之例子可以印證這一事實。

1. 東方星象家前來朝拜聖嬰

《馬太福音書》（二：1-12）記載有一群來自東方的星象家（「波斯教」的祭司 "Magi"）因發現猶太地伯利恆（Bethlehem）出現"一顆"新生王星，而特地走很遠的路途前來朝拜這位新生王。他們來到耶路撒冷時，隨即打聽這位新生王的下落（馬太二：2）問眾人說：

> "那位出生要做猶太人的王者在何處？我們在東方觀星望斗看見一顆新生王星，特地前來朝拜他。"

星象家（占星師）在伯利恆找到嬰孩耶穌，即向這位新生王獻上三件禮物：黃金、乳香、沒藥。「黃金」是君王之象徵，「乳香」與「沒藥」分別象徵這位嬰孩耶穌的大祭司及其先知之身份。

2. 施洗約翰的發現

耶穌大約三十歲時接受施洗約翰（John the Baptist）的「洗禮」。當耶穌受洗從約旦河上來之時，即有來自天上的聲音說道（馬太三：17）：

"這是我親愛的兒子，我所喜愛者。"

這句"這是我親愛的兒子"的話，是大祭司為君王加冕之時，代表上主宣告的祝福詞。而"我所喜愛的人"正是大祭司為祭司與先知按手祝禱時所說的話。這等於是說，施洗約翰在當時就發現耶穌就是「君王」、「祭司」、及「先知」的三重角色。他將成為猶太民族之希望。

3. 西門彼得的告白

一次耶穌帶領十二位門人來到該撒利亞腓立比（Caesarea Philippi）境內，向他們問及自己的角色為何。十二位門人先是用猜測口氣說到猶太人的見解，說他是先知以利亞（Elijah）或先知耶利米（Jeremiah），以至施洗約翰（John the Baptist）再世。其時唯獨西門彼得直接指出耶穌就是「基督」（君王），真活上主的兒子（見：馬太十六：13-16）。雖然耶穌認同彼得的告白，但當他阻止耶穌預告自己將會犧牲被殺之時，耶穌稱彼得是"撒旦"，因為他所告白的「基督」是世俗的政治性君王，才會有如此失望的反應（見：馬太十六：21-23）。

4. 耶穌於山上變貌的啟示

《馬太福音書》（十七：1-8）記載耶穌在山上變貌，其時他公然表露自己就是「基督」的故事。有一次耶穌帶著三位愛徒：彼得（Peter）、雅各（James）、和約翰（John）上了高山，就在他們面前變化自己的容貌。並且和摩西（Moses）、以利亞（Elijah）這兩位以色列民族救星同列，場面充滿燦爛榮耀。並且從雲彩中發出："這是我的愛子，我所喜悅的"（十七：5）的聲音，證言耶穌就是「基督」（和摩西、以利亞平行的「彌賽亞」）。可惜三位門人對於耶穌的王者角色，尚停留於世俗政治認知之中。

5. 西庇太妻子為兒子求官

西庇太（Zebedee）兒子雅各和約翰始終相信耶穌一定會登基建國，並且為猶太民族的君王。於是藉著他們母親（西庇太的妻子），公然向耶穌求官（見：馬太二十：20-21）：

> "求你（耶穌）答應，在你為王的時候，讓我這兩個兒子，一個坐在你的右邊（右相），一個坐在你的左邊（左相）。"

耶穌當然不會答應，因為他的「基督」之角色所嚐的是為世人犧牲的"苦杯"，何況坐不坐高位是天父上主之安排（見：馬太二十：22-24）。其實門人個個都是抱著這樣的期望來跟隨耶穌的，加略人猶大（Judas Iscariot）就是因為做不到高官才出賣其師耶穌。

（二）天國君王是耶穌

　　「基督教」雖然信奉"猶太人的王耶穌"，其實他真正的角色不是騎戰馬威風凜凜又獨裁專制的世俗君王，也不是征服萬國政治性質之"萬王的王，萬主的主"，而是一位"天國君王"（The King of Heaven）。因為在耶穌所處的時代君權體制盛行，「基督教會」此一以"上主為天父，人類都是兄弟姊妹"的生命共同體（普世性大家庭），不得不借用「君權」（Kingship）與「王國」（Kingdom）為代名詞來加以說明。所以說，耶穌在基督徒的心目中是"天國君王"，也是"宇宙基督"（Cosmic Christ）。"天國"（上主國度）就是耶穌的「理想國」。它不同於古希臘哲人柏拉圖（Plato, 427-347 B.C.）之大作：《共和國》（The Republic）所標榜的"貴族政治"體制，也不同於十六世紀英國貴族托瑪斯摩爾（Thomas More, 1478-1535）那種不可能實現之《烏托邦》（The Utopia）國度。可是耶穌所指的「天國」是實現於天上與人間之實體，不是柏拉圖與托瑪斯摩爾的「共和國」和「烏托邦」那類僅限於理想（想像）的國度。「基督教」是一種信仰是"三位一體論"〔即：聖父、聖子（耶穌基督）、聖神（真理之神）〕的宗教，在神學上之用語是出於希臘哲學思惟的"三而一"（Trinity）神觀。這點正如希臘人言及"人"（Human being）之時，用"神"（spirit）、"魂"（mind）、"體"（body）加以涵蓋一樣。這等於是說："人"也是三位一體之生物，其"靈"、"魂"、"體"不可分割。為此，當證言："天國君王是耶穌"之時，也即直指"天父上主"及"聖神上主"和"聖子上主"（耶穌），均是不可分割三位一體的「天國君王」。如果以「神學的人類學」（Theological Anthropology）用語來分析上主的"三位一體"功能時，可做如下之說明：天父上主是天國君王，耶穌基督是天國建造者，聖神上主是天國經營者。至於「天國公民」就是普世人類（非只是基督徒）、「天國領土」就是人心，凡信靠天父上主者「天國」就在他們心內。「天國金律」就是"仁愛"（人與人之間的倫理）與"公義"（人與制度之間的倫理）。由此足見「天國」（上主國度）是超越人間的王國體制的，只有普世基督教會（不是教堂建築物，而是基督徒之神聖共同體），才是人間可見之「天國」（上主國度）模式。

1. 耶穌是受苦的王者

　　基督教會永遠紀念耶穌受苦及犧牲之歷史，因此於「教會曆」之中才會特別安排"受難週"，藉以紀念上主（聖子基督）為救拔人類而犧牲之偉大事跡，使基督徒明白：上主是一位"苦得起"的神。耶穌是"受苦的王者"，是有歷史依據的。前已言及，當耶穌被帶到羅馬總督彼拉多（Pilate）面前受審時，他明白表示自己的國度不屬於這個世界（見：約翰十八：36）。很不幸地，耶穌最後還是被冠上："拿撒勒人耶穌猶太人的王"這個叛亂犯罪名，被羅馬帝國當局及「猶太教」祭司集團，聯手處死於十字架上（見：馬太二十七：32-44，馬可十五：21-32，路加二十三：25-43，約翰十九：

16-37）。有關耶穌是"受苦君王"（受苦的基督）一事，施洗約翰早期就預言過，並且直指耶穌是贖罪祭品：上主的羊羔（見：約翰一：29、36）。耶穌本身也曾經向他的門人告白過（見：馬太十六：21-28）。於是羅馬帝國用以處死外國殖民地叛亂犯的刑具："十字架"，就成爲耶穌犧牲自我，藉以救贖人類免於做人性罪惡奴隸之"祭壇"。這就是「基督教」最獨特的拯救觀！上主必須藉著化身成肉的耶穌基督做爲祭品犧牲，才能夠贖回人類之"人性軟弱"（原罪），從而與上主和解。使徒保羅對於這樣的教義，的確有充分發揮（見：羅馬書五：1-11，加拉太書五：24-25）。所以說，耶穌是締造「天國」（上主國度）的"受苦王者"，這是相當奇特的宗教眞理！

2. 耶穌是勝利的王者

廿世紀上半瑞典信義會神學家及主教：奧連（Bishop Gustaf Aulen, 1879-?）有一本探討基督教贖罪論的經典性作品：《勝利的基督》（Den Kristna Forsoningstanken，1930, A.G. Herbert之英文譯本名爲：《Christus Victor》，1934）一書。其結論言及：贖罪事工是上主本身於"基督裡"（受苦的王者）完成的，使上主因此與世界和好。它彰顯贖罪事工，是上主戰勝那綑綁人類的惡勢力。邪惡勢力將耶穌處死於十字架上，然而他三天後從死裡復活，耶穌從此成爲"勝利的基督"（戰勝死亡而勝利的天國君王）。世界上沒有一個宗教有像「基督教」那樣強調上主爲救贖世人而自我犧牲，從而成爲"贖罪祭"的「福音」（Gospel）。爲此，「基督教」拯救觀的教義，是一種台灣人俗語所謂："輸輸仔贏的福音"。回顧「基督教」的教會歷史，在它出現於歷史上的兩、三百年間，深深受到「猶太教」信眾以及羅馬帝國政府的大迫害。然而最後的勝利者是耶穌基督。主後313年羅馬帝國皇帝康士但丁（Constantine the Great, 288-337）頒佈「米蘭詔諭」（Edict of Milan），正式承認「基督教」爲國家宗教。此後羅馬皇帝必須跪在十字架下謙卑認罪，受苦受難的王者耶穌從此成爲"勝利的基督"。

使徒保羅在其《羅馬書》（五：6-11）的一段話，可以說是「基督教」拯救觀的最佳註解：

"當我們還軟弱的時候，基督就按照上主特定的日子爲罪人而死。爲義人死是少有的，爲好人死或者有人敢做。可是上主爲我們顯出無比的愛，當我們還是罪人的時候，基督已經爲我們而死！由於他的死，我們現在得以跟上主有合宜的關係（復合）。他的死，更要拯救我們脫離上主的義憤。我們原是上主的仇敵，但是藉著他兒子（耶穌）之死，使我們成爲他的朋友。既然成爲他的朋友，我們不更要藉著基督的生而得拯救嗎？不但這樣，基督已經使我們成爲上主的朋友，我們因此藉著他以上主爲喜樂！"

這就是上主的"受苦王者"耶穌基督所傳達之"輸輸仔贏的福音",是世上其他宗教所沒有的拯救觀。

2017年4月8日

Ch.4　鬼王的把戲

"耶穌進了一個屋子,眾人又聚集,甚至他連飯也顧不得吃。耶穌的親屬聽見,就出來要拉住他,因為他們說他癲狂了。從耶路撒冷下來的文士說:「他是被別西卜附著」;又說:「他是靠著鬼王趕鬼。」耶穌叫他們來,用比喻對他們說:「撒但怎能趕出撒但呢?若一國自相紛爭,那國就站立不住;若一家自相紛爭,那家就站立不住。若撒但自相攻打紛爭,他就站立不住,必要滅亡。沒有人能進壯士家裏,搶奪他的家具;必先捆住那壯士,才可以搶奪他的家。我實在告訴你們,世人一切的罪和一切褻瀆的話都可得赦免;凡褻瀆聖靈的,卻永不得赦免,乃要擔當永遠的罪。」這話是因為他們說:「他是被污鬼附著的。」才使耶穌做了回應"

(馬可三：20-30)

就近代史的觀點言,二十世紀人類最大的悲劇不外經歷兩次的世界大戰,即1914年到1917年的「第一次世界大戰」,以及1939年至1945年的「第二次世界大戰」。兩次的世界大戰使生靈塗炭似人間地獄，母親失去兒子、妻子失去丈夫、兒女失去父親，戰場上死去的都是年青人！建築物及其他物資損失有如世界末日，連歷史性古跡也因此被毀。其中「二次世界大戰」的德國「納粹主義」（Nazism）大獨裁者：希特勒（Adolf Hitler, 1889-1945），更一手屠殺610萬的猶太人。從而使猶太人因禍得福，於1948年5月14日建立自己的國家：「以色列國」（Israel）。可是人類進入二十一世紀，國際上仍然受一個政治意識形態：「共產主義」（Communism）形成的專制政權所威脅及奴役，這些國家就是俄羅斯（Rusia）、中國（中華人民共和國）、北朝鮮（北韓）、及緬甸。他們除了以高壓政策奴役人民外，俄羅斯更於一年前（2022年）入侵烏克蘭（Ukraine），因而威脅世界和平。所以用"鬼王的把戲"來形容「戰爭」及「專制意識形態」（主義式政治信仰）的邪惡面，是十分妥切的。其實"鬼王的把戲"（magic by the prince of demons）此一用語，就是昔日法利賽人（Pharisees）誣陷耶穌倚靠鬼王施行醫病權能神蹟的說辭。將這一用語為題，來思考時下台灣基督徒面對有關信仰與政治之處境，是很有意義的一件事。

一、鬼王的把戲：宗教層面之思考

《新約聖經》的「共觀福音書」（馬太、馬可、路加三卷）記載：昔日耶穌施行神跡權能，為眾多民眾治好病痛（當代的人相信趕鬼治病），卻因此被法利賽人誣賴他是"靠著鬼王趕鬼的"（見：馬太九：34）。而這位「鬼王」就是別西卜（Beelzebub），是「撒旦」（Satan）此一惡靈之首（見：馬太十：25）。

（一）關於鬼王「別西卜」

鬼王「別西卜」（Beelzebub）於《舊約聖經》中只有出現一次，但被稱做「巴力西卜」（Baalzebub），即非利士人（Philistines）的國神"蒼蠅王"（見：列王紀下一：2-3、6、16）。原來《列王紀下》（一：1-16）記載：北王國以色列君王亞哈謝（Ahaziah）從樓上跌下受傷，就差派使者前往以革倫（Ekron）找神明「巴力西卜」（Baalzebub）求治。先知以利亞（Elijah）獲悉，就找上使者加以反對。因為「北王國以色列」國中已經有上主可以投靠，何須求助於異教邪神。同時預告：君王亞哈謝一定活不了，此事果然應驗。而《新約聖經》的「耶穌傳」（福音書）所指的「別西卜」（鬼王），就是前者的「巴力西卜」（蒼蠅王）。這個"鬼王"於「福音書」中出現八次（馬太九：34、十：25、十二：24、27，馬可三：22，路加十一：15、18、19）。當代猶太人迷信鬼王「別西卜」能驅邪壓煞、醫治各種重病。因為在醫學尚未發達的那個時代，人一旦罹患病痛，都歸咎於邪神惡鬼作祟所使然。因此治病就必須驅鬼制煞，如同現今的台灣民間信仰一樣。耶穌因為到處宣揚「上主聖國」的好消息（福音），同時施行"醫病

趕鬼 ”的神跡來印證上主的愛，才會被法利賽人視爲他係靠鬼王「別西卜」巫術驅邪治病之結果（見：馬太九：34）。

（二）耶穌和「別西卜」(鬼王)

《馬可福音書》（三：20-30）這一則 “耶穌和「別西卜」”的故事，同樣可見之於馬太（Matthew）及路加（Luke）這兩位作者的「福音書」作品之中（見：馬太十二：22-32，路加十一：14-23、十二：10）。不過內容有些不同：馬太及路加的作者言及耶穌治好一位被鬼附身又瞎又啞的人引起群眾驚奇，因而被法利賽人誣陷他是靠鬼王「別西卜」的巫術才有如此能力。由此可見，當時猶太人的社會也有異教的驅鬼巫術（exorcise magic）在流行〔參照：巴克萊（William Barclay）、《馬太福音注釋》（中譯本），下冊，方大林、馬明初譯，1991年訂正版，pp.40-43，“猶太的趕鬼者”這一段落〕。馬可（Mark）在下列這段經文之記述比較特別，因他指出：耶穌回到拿撒勒（Nazareth）家中時，有一大群人聚集過來，使他和門徒忙到連吃飯的時間也沒有，因爲一方面傳道一方面醫病趕鬼的緣故。可是耶穌的家人因聽到來自耶路撒冷（Jerusalem）的經學士閒言閒語，說：耶穌被鬼王「別西卜」附身，又倚仗其邪惡的能力趕鬼治病。又說他發瘋，因此眾人才出面阻止他（見：馬可三：21-22）。於是耶穌向他們說了一個比喻加以辯明：使人罹病又帶給人苦難的撒旦（魔鬼）怎能夠內亂互相驅逐呢？「鬼國」一旦內亂而自相紛爭，必然站立不住而自取滅亡。家庭也一樣，一旦紛爭必然破碎而不成家。沒有人能隨便進入武士的家中奪取財物，除非他先把武士綁起來才能夠洗劫。明顯地，這個比喻正可以說明：耶穌不是靠著"鬼王的把戲"（別西卜巫術）趕鬼治病的。所以作者路加補上一句耶穌重要之教導："我若靠著上主的能力趕鬼，這就是「上主聖國」臨到你們的明證"（見：路加十一：20）。這句有力的詮釋，使人明白鬼王「別西卜」的巫術勢力敵不過上主的能力。因為邪不勝正，人不可隨便胡亂比較，又作無知的毀謗。因為"褻瀆聖神的人永遠得不到赦免，所以別毀謗耶穌是被污鬼附身行神跡者"（見：馬可三：29-30）。其實"鬼王的把戲"（別西卜的勢力）不但對抗上主旨意，也於人類歷史中不斷出現擾亂人間。

（三）基督教界也有"鬼王的把戲"

台灣的基督徒都視"拜偶像"（信奉「民間信仰」）的善男信女是不能得救的異教徒，是"魔鬼仔子"。當然那不過是主觀之認定，畢竟傳統宗教的「台灣民間信仰」，不但廟宇眾多，也和風俗習慣結合。說妥切點是一種牢不可破的宗教文化，不能主觀的一語加以否定。不過「台灣民間信仰」的"多神主義"（polytheism），確實也有許多"鬼王的把戲"存在。就如：神佛偶像三教（儒、道、佛）不分，又都是來自對岸中國，所以始終被所謂"血濃於水"的宗教文化所統戰。而且神鬼不分，平時祭拜神類及公媽、農曆七月普渡

鬼類"好兄弟仔"。此一「巫術宗教」（magic religion）具備
"人是主、神鬼是僕"，互相利用又任意驅使之特徵。台灣
民間信眾一旦看神鬼不靈驗，它們的偶像就加以疏離丟棄。
所以台灣到處都有"落難神"存在。斯土的神鬼實在難為，
非要聽命於信眾的祈求不可！另外，台灣民間的著名廟宇，
多數是「中國國民黨」大小選舉時的"柱仔腳"（支持者），
又被黑道角頭把持（大甲媽祖廟的董事長顏清標即其中之一）。媽祖
婆、大道公、王爺公、上帝公，都被黑道角頭利用及奴役，
不斷在"變鬼王的把戲"。台灣民間那些無知的信眾何其不
幸。

　　話說回來，台灣的基督教界也不乏有"鬼王的把戲"
之演出，而且又出現不少的怪力亂神。「基督教」的宣教運
動十分積極，為此難免有強烈的排他性。所以引起異教信眾
誤會，也始終無法與他們和平共處。其實這點已經違反"使
人和平的人有福了"的耶穌教導（見：馬太五：9）。因為異教
徒也是上主的兒女，天父上主是期待"浪子回頭的"（見：
路加十五：11-32）。而最使斯土社會人士詬病的一件事，就是
台灣的「基督教宗派」實在太多（有一百個以上之派別），使人
難以分別那個宗派比較健全，想要走進禮拜堂聽"正統的基
督教道理"都很困難。為此，要引導親友入信「基督教」成
為基督徒，一旦走錯了「教會」將難以自拔。導致如此現
象的原因其來有自，因十六世紀路德馬丁（Martin Luther, 1483-
1546）的「宗教改革」（Reformation）喊出的三大口號："唯奉
《新舊約聖經》為上主真道"、"因信稱義"、及"信徒皆

祭司"，而使後代基督徒因此可以"自由釋經"、又忽略"信仰品質"之維護。更製造"沒有神學素養的人可任教職"（信徒皆祭司）。難怪基督教新宗派不斷於歷史上出現，到處引人誤入歧途，害人靈魂墮落。這類現象不能不說是"鬼王的把戲"！

關於台灣基督教的教派問題，可以「二次世界大戰」之前後段爲歷史分野。在此來做一簡要之探討。

1. 戰前的教派問題

滿清治台時期，有「基督教」兩個教派入台佈教，即1859年來台設教的「羅馬大公教會」（天主教）及1865年設教的「台灣基督長老教會」。兩者均於台灣南部佈教成功。雖然兩者信仰傳統有別，教派問題在那時也算單純。及至日本帝國治台時期的1926年3月間，台南市太平境教會吳道源長老（醫生）自中國帶領「眞耶穌教會」的張巴拿巴、高路加、郭多馬來台佈教。他自己也入信，並且改名吳約翰。這個中國自創的靈恩運動教團一進入台灣，因爲主張"講方言"（基督教的"童乩語"），又攻擊「長老教會」不屬靈"無法得救"，隨即引起「長老教會」分裂。許多原爲「長老教會」信徒從而被迷惑入信而脫離教會，大大造成「長老教會」內部紛亂。主耶穌只有一位，那會有"眞耶穌"及"假耶穌"之分？這不能說是基督教界的"鬼王把戲"，它使當代的「長老教會」分裂又誤人靈魂不得安寧。

2. 戰後教派相當混亂

1945年終戰之後，日本帝國自台灣撤退，中國接收台灣。1949年中國大陸被共產黨佔據，中國國民黨帶著軍民流亡來台。為避共產黨政權迫害，中國基督教的「聖公會」、「衛理公會」、「浸信會」、「信義會」、「聚會所」（召會）等教團紛紛入台立足佈教。再加上一些標新立異的「基督復臨安息日會」、「靈糧堂教團」、「新約教會」，以及類似基督教（俗稱 "異端" 教門）的「摩門教」、「耶和華見證人」（兩者來自美國），「統一教」、「攝理教」（兩者來自韓國），又專門誘惑正統基督徒入信（俗稱 "偷牽羊"），委實變得十足的混亂！因為 "類似基督教"（quasi-Christianity）徒具「基督教」之名，並無「基督教」之實。就如：《新舊約聖經》以外，他們也有自己的「經典」，耶穌基督以外，他們更標榜創教者是 "救世主"，這類現象實在是十足的 "鬼王把戲"！1995年更有一位中國人余奕榮來台宣傳：中共政權將於該年攻台，"神將刑罰台灣，台灣末日近了" 的謊言。害得許多怕死的基督徒出走海外，大批移民貝里斯（Belize）。國際上更有一些 "教棍" 製造人類的自我毀滅之悲劇，就像1978年美國教棍鍾士（Jimmy Jones）所創的「人民廟堂」（People's Temple），於南美洲的蓋亞那（Guyana）毒死信徒909人，其中三分之一是兒童。1993年另一位創設「大衛教團」（Branch Davidian，由「安息日會」衍生而出）的教棍，在美國德州（Texas）的瓦可（Vaco），因武力抗拒「美國聯邦調查局」（FBI）的調查，結果燒死信徒87人。這類"假基督教"所引發的悲慘事件，正是道道地地的"鬼王把戲"！

二、鬼王的把戲：政治層面之批判

　　台灣基督徒因爲歷經三個專制政權之統治（即滿清帝國、日本帝國、中國國民黨流亡政權），從而變得不敢過問「政治」之是非。更強調「宗教」應該與「政治」分開，才有純正之信仰。其實這是非常錯誤的觀念。畢竟主導「政治」的官方以至被統治的人民，均生活於「政治」氣氛中（不管是獨裁專制或民主自由之政治）。就歷史過程言，「基督教」在台灣佈教始於十七世紀初期。1624年荷蘭（Holland）來台建立遠東貿易根據地，並且於1627年引進「荷蘭歸正教會」（Dutch Reformed Church）進行佈教及教化南部新港七社平埔族原住民。荷蘭駐台前後38年（1624年至1662年），佈教35年的成績顯著。另外於1626年西班牙（Spain）也佔據台灣北部，是年從其殖民地菲立賓（Philippine）傳入「羅馬大公教會」（Roman Catholic Church，即俗稱之「天主教」）的「道明會」（Dominican Order），佈教對象同樣是平埔族原住民。1641年西班牙在台灣北部的勢力被荷蘭逐出，16年之久的佈教隨之結束。必須留意的，荷西治台時代，「台灣」（Formosa）並非「支那」（China，那時尚無「中國」之名稱）的領土。

　　戰爭引起的改朝換代，正是"鬼王的把戲"。1661年

「支那」海盜鄭芝龍之子鄭成功（外國人士因他標榜"反清復明"而以「國姓爺」稱呼他）圍困台灣荷軍，1662年荷軍撤退就開始佔領台灣建立鄭朝（建立「東寧王國」）。鄭成功於1624年在日本九州平戶出生，母親田川氏是日本人，信奉「天主教」。因此他小兒時期受過洗禮，取名福松。據台之後也和菲立賓「天主教」有所來往，特使就是道明會神父李科羅（Fr. Victorio Ricci）。可是並沒有在台推廣「天主教」，這可能和鄭成功死於1662年6月有關。鄭朝的「東寧王國」僅在台灣建國22年，1683年即被降清叛將施琅打敗而滅亡，另一個"鬼王的政治把戲"又開始了。滿清帝國佔領台灣前後持續212年（自1683年至1895年），其間福建及廣東沿海一帶的漢人大批入台。滿清帝國懼怕台灣成爲漢人"反清復明"基地，因而頒佈「渡台禁令」。只因"台灣錢淹腳目"（錢好賺之意）仍然偷渡不絕，終於導致漢人移民群多過在地人（平埔族和山地人原住民）之局面。到了清朝末葉的1859年，「天主教」再度入台。1865年及1872年「長老教會」（Presbyterian Church）分別於台灣南北兩地設教。當初這兩個教團入台頗不受官方及百姓歡迎，因而受盡迫害和凌辱。若不是「樟腦事件」（發生於1868年5月）那些不平等條款之庇蔭，他們很難立足於台灣社會。1895年清朝結束212年的台灣統治。根據「馬關條約」，勝利的日本帝國開始統治台灣。日本治台期間，「基督教」（天主教及長老教會）在台灣有相當大的發展，官方對於長老教會促進台灣社會之現代化（教育、醫療、盲人福利、痲瘋救治）也十分肯定。直到日本帝國的"軍國主義"

興起，「基督教」開始受逼迫打壓，日本「神道教」的神社巡禮及皇帝崇拜（日本天皇）深深影響台灣基督徒的信仰生活，連長老教會《聖詩》（1939版）第192首都列入「日本國歌」（Kimigayo）。可是有良心的日本基督徒學者矢內原忠雄（1893-1961）不但公開反對日本軍國主義及殖民主義（1929年出版《日本帝國主義下的台灣》，又致力為被壓迫的台灣人發聲，以致於1937年被迫離開「東京帝國大學」教席，（戰後才恢復教職，1951年至1957年擔任帝大校長）。1945年日本戰敗離開台灣，可是一個史無前例的“鬼王大把戲”卻隨著中國蔣介石軍隊接收台灣，以及1949年中國國民黨政權流亡來台之後正要開始。

（一）1945-1987的“鬼王把戲”

日本帝國統治台灣五十年間，的確使台灣成爲一個等同於日本內地的現代化殖民地。只因其“軍國主義”的高壓專制統治，而使台灣人始終有個“祖國夢”。1945年二次世界大戰結束，日本帝國無條件投降。遠東盟軍統帥麥克阿瑟將軍（Douglas Mac Arthur, 1880-1964）下令中國戰區的蔣介石佔領台灣。台灣人民欣然接受，以爲是來自“祖國”之光復。筆者小學時代有一首歌頌「台灣光復」的歌謠，至今還記得吟誦：

“台灣今日慶昇平，享受青天白日情，
　　六百萬民同快樂，壺漿簞食表歡迎”。

可是當台灣人發現入台殖民的中國官民（尤其是軍人），其生活水準非但比不上日本人，也難以和教育普及的台灣人相比，因而大失所望。一年過後不但動搖了"祖國夢"，更感嘆：

　　"一個死屎的去，換一個滲屎的來"（一個不如一個之意）。

　　因這一新族群之行止，不出於"騙、佔、偷、搶"，令斯土斯民至為反感！於是將上列的「光復歌」改唱如下：

　　"台灣今日真不幸，中國軍民來佔領，
　　　六百萬民心悲哀，祖國夢破誰人知？"

　　獨裁專制的殖民政策，說它是"高明的騙術"一點也不錯。凡是"阿斗管秀才"的政權，都會造成嚴重的歷史悲劇是意料中的事情。既然邪魔到處亂跳亂舞，"鬼王把戲"終於上場。1947年「二二八事件」發生，這個外來政權對台灣人毫不留情的大屠殺（將近兩萬人死亡），社會菁英均被除盡。單單「長老教會」信徒就有：林茂生博士（台灣大學文學院院長），張七郎醫師（首屆國大大表、花蓮縣議會議長、教會長老）及其兩位醫師兒子張宗仁和張果仁，陳能通校長（淡江中學），以及蕭朝金牧師（高雄岡山教會）被殺。而許水露牧師（當時擔任高雄市政府民政局長，高俊明牧師岳父）的獨生子（高雄中學學生）也被殺。同時被害屈死的基督徒，真是不計其數。其時我國小四年級（10歲），對這一慘案的印象永遠記住。原來殖民台灣的中國官民將台灣人當做"日本皇民"看待，才會以「南京大屠殺」的"仇日"手段來對付台灣人，也才會出現有「二二八大屠殺」之事件。至此，台灣人的"祖國夢"徹底破滅！

1949年中國共產黨於內戰中勝利，中國淪陷，蔣介石帶著「中國國民黨」敗逃來台，建立"反攻大陸"復國基地。是年因中國內戰影響，台灣經濟崩盤，舊台幣四萬換新台幣一塊錢。繼而宣佈長達38年的「戒嚴」，實行軍事統治。台灣於"白色恐怖"之下，又有數不清的人屈死或成為政治良心犯（其中知名的政治犯，即發表〈台灣人民自救運動宣言〉的彭明敏教授及其門人謝聰敏及魏廷朝）。1971年名存實亡的「中華民國」被踢出「聯合國」（United Nations）、1975年「教會母語聖經」被警總沒收，1977年美國承認「中華人民共和國」，其時「長老教會」均為台灣之安危發佈三次政治性宣言。結果不但沖犯國民黨專制政權之大忌，更被視為"台獨大本營"而受到長期監控。1979年12月10日「國際人權日」在高雄市發生「美麗島事件」，許多異議菁英被捕並依軍法審判，「長老教會」總會要人高俊明牧師（總幹事）同時被捕下監。1980年2月28日林義雄律師於軍法審判當天全家被滅門：母親及三個女兒被殺，僅長女一人被救活。此一"鬼王把戲"是明顯的政治謀殺，這是台灣人命運之縮影！雖然

1987年終結長達38年的「戒嚴」（軍事統治），“白色恐怖”的氣氛直到如今仍然揮之不去。

(二)1988年以後的 “鬼王把戲”

1988年1月13日蔣經國去世，台灣人李登輝接任總統。因爲李總統的執政，使兩蔣（蔣介石及蔣經國）的專制威權統治結束。他被國際人士尊稱爲“民主先生”，委實名正言順。在他主政之下，來自中國的“老賊”（千名立委及國代）悉數下台，結束“萬年國會”。總統直接民選，也使台灣人的陳水扁當選總統執政八年（自2000年至2008年），以及有政黨輪替機會。開放兩岸（中國與台灣）交流，也促使台商大膽西進，協助中國經濟開發。並且大膽定位「中華民國」領域，僅及於“台、澎、金、馬”。所謂：“反攻大陸，收復河山”之騙局，也從此告終！“台灣中國，一邊一國”也成爲「野百合學生運動」之口號，陳水扁總統也同樣如此主張。可是政治的“鬼王把戲”依舊在搬弄，始終沒有停止過。

1992年10月間海峽兩岸進行「辜汪會談」，因此使蘇起發明了所謂“九二共識”。它是國共兩黨所主張的“一個中國”之藉口，犧牲了台灣人自決獨立建國之奮鬥。從此，台灣就成爲共產中國不可分割的一部份，還制訂“反分裂法”及“留島不留人”的文攻武嚇來對付台灣人民。親中的國民黨，竟然不加以指斥及反抗。令人憂心的是：戰後殖民台灣的統治階級和多數中國人至今還有“中國情結”，他們同樣認為「台灣」是「中國」所有。所依據者是根本找不到文件的「開羅宣言」。其實台灣地位歸屬之有力依據是1951年9月8日由48個國家在美國簽署的「舊金山對日和約」。此即"台灣地位未定論"之由來。

1. 馬英九執政使台灣成為中國統戰破口

2008年政黨輪替，國民黨的馬英九當選總統。這位國際公認的"阿斗"（Bumbler）當了八年的台灣總統（2008-2016），不但終止"反共的中華民國"前途，更附和共產中國主張統一的"九二共識"。從而引發「中華人民共和國」對台灣的政治、經濟、文化、旅遊、宗教、及婚姻之各種"統戰"。因為鼓勵台商大膽西進（錢進中國）、放任在台中國人回鄉（回共產中國）探親及中國人來台做間諜，使台灣陷於"內臣通外鬼"的危險境地。若非出現"太陽花學生運動"阻止賣台貿易，台灣早被彼岸的中共併吞。何況馬英九謊言連篇，非但"六三三政治承諾"沒有兌現，薪水也沒有捐出一半。所以他的政績只有"九趴"（9%）。公義的天父上主愛台灣，使蔡英文打敗"親中"的韓姓草包當選總統執政以來（自2016年迄今），斯土免於受中共併吞，又成功對抗"武漢肺炎病毒"（Covid 19）。2023年3月27日至4月7日，不甘寂寞的馬英九宣佈回他的祖國（中國）祭祖兼通敵。一到中國，他的"前台灣總統名號"變成「這個」，這是對選他為總統的台灣人民極大的侮辱！難怪4月4日王國論律師在「自由廣場」的一篇評論這麼說：

"「他馬的」新台灣人爬回去祭祖,秒變中國人。卻多事「為給世人一個驚喜」,給台灣人添一驚嚇,突改行程,增加參訪武漢抗疫行程,去擁抱禍延全球的世界罪人。惡質的是,自己要死,還拉台灣人墊背,指怪台灣當時的「武漢危機」造成中國困擾。意思是台灣人怎麼沒有跟他一般Bumbler,還深以為天下人的馬臉,都跟牠一樣長。……難怪這趟掛羊頭賣狗肉的祭祖行,「他馬的」會如此賣力演出「這個」。"

奉勸馬「這個」尊重台灣人自由建國之意願,勿老是用中國"九二共識"的統戰來併吞台灣。如果自由民主的台灣住的不自在,就請馬「這個」回去祖家安居樂業。

2.「中華民國」在台灣陰魂不散

政治的"鬼王把戲"在台灣搬了七十八年(自1945年至2023年),到現在尚未停止 。早在1949年中國大陸淪陷於中共,蔣介石逃難來台時即公開表明「中華民國」已經滅亡,台灣成為"反攻大陸、收復河山"的寄居基地。1950年韓戰爆發,救了台灣免被中共侵略佔據。因為美國第七艦隊開始協防台灣海峽,也留住「中華民國」在「聯合國」(UN)的地位。可是好景不常,1971年「聯合國」以2758號決議案,接納「中華人民共和國」(PROC)為會員國,將寄生台灣的「中華民國」（ROC）逐出這個國際組織。1977年美國正式承認中共，邦交國隨之一一斷交。從此「中華民國」不被國際承認，對岸的＂共匪＂（國民黨用語）開始宣稱台灣屬於中國領土，所以非要＂統一＂不可。其實＂共匪＂根本沒有統治過台灣一天。「舊金山和約」也證明台灣不屬於中國。從此台灣參與奧林匹克世界運動大會，只能用＂Chinese Taipei＂這類名不正言不順的＂無國之名＂。問題是：「中華民國」在台灣始終陰魂不散，以致使國人＂國家認同錯亂＂。加上國人的＂中國情結＂濃厚，國民黨及不少高階退伍軍人開始連結亡其國的＂共匪＂。明明＂共匪＂的戰機和戰艦天天威脅台灣，國民黨非但閉口不敢抗議，反過來指斥維護台灣主權的「民進黨」政府。時下的「中國國民黨」的確＂很中國＂，既＂親中＂又＂疑美＂。在台灣到處手持＂黨國旗＂，吶喊抗議執政的「民進黨」背叛「中華民國」。可是中國國民黨一到「共產中國」就像縮頭烏龜一樣，不敢揮其旗說出「中華民國」大名，真正是精神錯亂！事實上他們是依賴此一已經不存在的「中華民國」而生存的。台灣人執政的政府也不得不用「中華民國台灣」（R.O.C.Taiwan）來維持國格，外國人反而用「台灣隊」（Team Taiwan）或＂Formosa＂來加以定位。然而現狀的台灣仍然被虛無的「中華民國」奴役：「國歌」是國民黨＂黨歌＂，「國旗」是國民黨＂黨旗＂（原為軍旗），所以真無奈！莊勝榮律師於2023年3月31日「自由廣場」的一篇：〈中華民國＝台灣之靈活運用〉的文章，說出台灣的政治現狀：

"台灣經過七次總統直選，絕對不同於孫文時期的中華民國。……現在中華民國的內涵及價值已經改變，形成與台灣命運牽連，而與中國脫離無關了。台灣等於中華民國，中華民國等於台灣，現階段靈活運用，以後時機成熟再改名換姓，大家別被共產黨利用、分化了！"

台灣既然不屬於中國，「中華民國」卻借屍還魂於台灣，致使彼岸的"共產中國"一天到晚文攻武嚇。親中的「中國國民黨」又內臣通外鬼"親中仇美"，不斷搬著"鬼王的把戲"愚弄斯土斯民。難道這就是台灣的歷史宿命？

結語

上面兩大段的內文，已經探討"鬼王的把戲"有關其「宗教」（尤其是「基督教」）及「政治」（特別是「中國國民黨政權」的遺毒）這兩個層面。當下的問題是：如何下架「宗教」及「政治」的"鬼王把戲"，使台灣的基督徒和善良的台灣人民免被霸凌及奴役，獲得真正的自由、自決，知道實踐人權與社會公義的重要性。「基督教」要下架"鬼王的把戲"，就必須重視正統的神學教育。教職人員以及平信徒都要不斷自我檢討及訓練，懂得堅持健全的信仰才能夠避免受

邪靈惡魔之誘惑。至於台灣的未來是否能夠安全存在，一來
是：必須"去中國化"，並且走向"國際化"。唯有如此才
能夠擺脫中國"文攻武嚇"之霸凌，以及被統一。下架鬼王
中國黨把戲之要領，不外台灣人民要有獨立建國（尤其是「制
憲」）做自己國家主人之決心。「台灣」與「中國」一邊一
國，不容"親中仇美"的"鬼囉囉"在台灣到處搬戲，更不
容"共匪"威脅台灣"留島不留人"的帝國主義統戰。台灣
人要擺脫被統治及被奴役之悲情，就得要有同心協力團結起
來，有建立自己國家之決心。但求"主佑台灣"。

2023年4月25日

"輸輸仔贏"的福音

"我不以福音為恥,這福音是上主的大能,要救一切
相信的,先是猶太人,後為希臘人。因為上主的義正
在這福音上顯明出來;這義是本於信,以至於信。如
經上所記:「義人必因信得生。」。"

(羅馬書一:16-17)

普世「基督教」(Christianity) 有三大傳統,就是:西方
的「羅馬大公教會」(Roman Catholic Church,即「天主
教」)、「東方正統教會」(Eastern Orthodox Church,即「東正
教」)、及十六世紀宗教改革出現的「抗議教會」(Protestant
Church, or Reformed Church,俗稱「新教」)。這個國際上最大教
團的宣教行動,自稱為"傳「福音」"。所謂「福音」
(Gospel) 者,即專指:"耶穌基督降世拯救世人的好消息
(佳音)"。因為耶穌基督 (Jesus Christ) 這位上主 (God) 之
聖子,正是"「福音」的起頭"(源頭及開端),這是馬可
(Mark) 之證言 (見:馬可一:1)。為此,《新約聖經》中的
四本「基督傳」(馬太、馬可、路加、約翰),就稱做「四福音
書」(或做「四福音傳」)。

「基督福音」能夠傳播於國際，可以說得力於兩位猶太僑民：一位是僑居於安提阿（Antioch）的善士：巴拿巴（Barnabas），另一位就是僑居於小亞細亞大數（Tarsus in Asia Minor）的保羅（Paul，原名叫Saul）。後者保羅的國際宣教，係巴拿巴之引介（見：使徒行傳十三：1，十四：28）。之後兩人分手，繼續進行國際宣教：巴拿巴帶著馬可（Mark）坐船前往塞浦路斯（Cyprus），保羅帶著西拉（Silas）走遍敘利亞（Syria）及基利家（Cilicia）等地傳福音堅固眾教會（見：使徒行傳十五：36-41）。後來保羅的宣教足跡遍及於小亞細亞（Asia Minor）、希臘（Greece）及羅馬（Rome），其國際性之宣教成就均記載於《使徒行傳》這部初代教會史之中。值得留意的是：保羅原本是一位迫害「基督教」的「猶太教」（Judaism）信徒，其歸信基督接受「福音」的經歷，見諸於《使徒行傳》（八：1-3，九：1-30）。保羅是法利賽黨（Pharisees）的敬虔主義者，當然會反對此一出自「猶太教」傳統的新興宗教（基督教）。何況耶穌又是被羅馬帝國（Roman Empire）殖民政權處死於十字架上的猶太人，由他而出的新興基督教當然可憎，此即保羅當初迫害「基督教」的理由所在。可是當保羅受活活的主親自揀選以後，即奉獻其一生拼命宣揚耶穌基督此一 "輸輸仔贏"（以輸為贏）的「福音」。為此，保羅才會於《羅馬書》（一：16-17）做如下的信仰告白：

　　"我不以「福音」為恥，因為「福音」本是上主的大權能，要救一切相信的人，先是猶太人，後是希臘人。因爲上主的義，正從這「福音」的內容顯明出來。這義是本於信，以至於信。如經上所記 (哈巴谷書二：4)：「義人必因信得生」。"

按《羅馬書》係保羅作於主後57年至59年之間，也是他向「羅馬教會」(首都教會) 自我介紹之重要書信，所以才自稱爲："耶穌基督的奴僕，受召爲「使徒」傳揚上主的「福音」"(見：羅馬書一：1)。這封書信強調：「基督教」正是「猶太教」之傳承，而且是勝過摩西 (Moses) 所傳承的「律法」之眞正「福音」。那麼此一"輸輸仔贏"的「福音」有何重要教導？下列的三段分析即足以明白。

一、「福音」的記號──十字架

使徒保羅曾經向「羅馬教會」信徒告白："不以「福音」爲恥"(見：羅馬書一：16) 的話。爲什麼說，宣揚「福音」是"可恥"的呢？因爲其中言及：耶穌基督被釘死於「十字架」此一羅馬帝國殖民政權處死政治犯的刑具之上，十字架也成爲拯救人類之"贖罪祭壇"。「十字架」既然是羅馬帝國獨裁政權處死"政治犯"之刑具，耶穌被其當做政治犯處死於「十字架」上，當然被人視爲"可恥"。使徒卻要求當代的社會人士相信耶穌是以「十字架」爲祭壇

的 "贖罪羊羔"（見：約翰一：29、36），當代有識之士誰會相信？這一於當代社會出現之 "新宗教" 所宣揚的教義，不但使猶太人及外邦的希臘人難以相信，更被他們取笑是 "愚笨的教導"。保羅於主後55年至57年之間寄給「哥林多教會」（Church of Corinth）首封書信的話（見：哥林多前書一：18），大家可以領會：

> "因為十字架的道理，在那些滅亡的人之理解是愚拙。在我們得救的人而言，卻是上主的大能。"

保羅又說（見：哥林多前書一：22-25）：

> "猶太人要的是神跡，希臘人求的是智慧，我們所傳的卻是被釘十字架的基督。這種道理對於猶太人言是絆腳石，對於外邦人來說是愚拙。但是對於那些蒙召的信徒言，不論猶太人或希臘人，基督的十字架就是上主的大能及上主的智慧。因為上主的愚拙總比人智慧，上主的軟弱總比人強壯。"

保羅於上列經文之證言，明白指出「福音」的記號就是「十字架」（象徵 "上主的軟弱"）。在保羅看來，十字架的道理是上主拯救世人的大能力。可是上主藉著耶穌基督在十字架上的犧牲，於世人的眼光看來是 "上主的愚拙"（投胎降世為 "有限的人類" 犧牲救世）。在保羅及普世基督徒之認知上，卻是拯救世界"輸輸仔贏的「福音」"。耶穌基督以"贖罪羊羔"的祭品方式，犧牲於"十字架祭壇"之上來救贖罪人，不但顯出上主的智慧，也凸顯上主的大愛。所以《約翰福音書》（三：16-17）作了下列之證言：

> "因為上主將祂的獨生愛子賞賜世間，使一切信祂的人不至於沉淪，會得到永活（生），祂愛世間到如此。因為上主差子來到世間，不是要審判世間（定罪世界），是欲使世間從他得到拯救"。（台語口譯）

為此，普世基督徒勿以「十字架福音」為恥，要認同這是上主拯救"世間"（包括人類及萬物）的記號。時下世人可以看到「羅馬大公教會」（天主教）的"苦像十字架"（十字架上有被釘的基督）、「東方正統教會」的"聖三一十字架"（十字架有代表聖父、聖子、聖神的三一記號），以及「改革教會」的"永恆十字架"（十字架中心有象徵永恆上主的圓圈），在在都在彰顯「十字架福音」的榮耀。何況今日世人已經將「十字架」做為美麗的裝飾品，這正可以印證保羅這句："我不以「福音」為恥，因為是上主拯救世人的大能"之榮耀記號。

二、「福音」的內容——上主聖國

比使徒保羅晚期的《約翰福音書》作者，又提出另

一類"輸輸仔贏"的「福音」。那就是：全能無限上主的
「道」（Logos，天主教譯做「聖言」）化身爲有限的「人類肉
身」（「道」或「聖言」）訪問人間，帶來恩典與眞理（見：約翰
一：1-14）。而這位"道成肉身"的神人耶穌，協助人類能夠
認識肉眼看不見又是無限的上主（見：約翰一：18）：

> "從來沒有人見過上主，只有在天父心懷裡的獨一
> 兒子（耶穌）將祂表明（彰顯）出來。"

　　神人耶穌自己也告白：他就是引導人類通往天父那
裡的「道路」，也是「眞理」與「生命」的化身（見：約翰
十四：6）：

> "耶穌對他（多馬）說：我就是道路、眞理、生命。
> 若不藉著我，沒有人能到天父那裡去。"

　　神人耶穌既然是上主"虛己成肉"的偉大角色，必然
於人間負有建立「上主聖國」（Kingdom of God）之使命。其
實「福音」的內容就是：「上主聖國」。耶穌於《馬太福
音書》（六：9-13）的「主禱文」，就教導門人祈禱說（見：
9-10）：

> "我們在天上的父親，願人都尊你的名爲聖。願你
> 的「聖國」降臨，願你的旨意行在地上，如同在天

上一樣。"

　　共觀福音書（即：馬太、馬可、路加這三卷）都提及「上主聖國」（馬太作者慣稱「天國」）的比喻，來闡明真理。就像：撒種的比喻（馬太十三：18-22、馬可四：13-20、路加八：11-15）、芥菜種的比喻（馬太十三：31-32、馬可四：30-34、路加十三：18-19），誰最大的比喻（馬太十八：1-5、馬可九：33-37、路加九：46-48）、喜宴的比喻（馬太二十五：1-14、路加十四：15-24）、十童女的比喻（馬太二十五：1-13）、受托的比喻（馬太二十五：14-30、路加十九：11-27）、迷羊的比喻（馬太十八：12-14、路加十五：1-7）、失錢比喻（路加十五：8-10）、及浪子的比喻（路加十五：11-32）等等。然而更重要者，是「上主聖國」（「天國」或「上帝國」）的構成。因為基督福音的內容，就是「上主聖國」。下列的分析，有助於認識其重要的內涵。

(一)「上主聖國」的君王是"天父"

　　雖然耶穌用"王國"（Kingdom）這個政治用語來闡明「福音」內容，旨在強調「上主聖國」是個"上主統治的大家庭"。因為上主是"天父"，祂不同於世俗的專制君王。所以耶穌才教導門人祈禱說："我們在天上的父親（慈父），願人都尊祂的名為聖"（見：馬太六：9）。倘若上主是一位"天父"，不是威嚴絕頂之神，人人就容易親近也可以向祂求討（見：馬太七：7-12）。其實人類就是「上主聖國」這一"天父大家庭"中的"兄弟姊妹"，人類也理所當然敬拜"獨一眞神"天父上主。值得注意的是：上主是"天父"之認知，若與《舊約聖經》所啓示的神觀比較，可說是一個大突破：舊約「猶太教」（Judaism）所啓示的上主（耶和華），唯有大祭司一年一次於耶路撒冷「聖殿」的至聖所才可以接近。所以說天父上主是世人可以親近之神這點（父親容易親近，專制威權之神難以接近），正是《新約聖經》的重要內容。

(二)「上主聖國」的領土是"人心"

一國成立之條件必須要有「領土」，而「上主聖國」的領土就是"人心"。因爲如前所指：「上主聖國」是一個："上主是天父、人類是兄弟姊妹"的大家庭（也可以說是命運共同體的「地球村」），所以不同於世俗之國度。凡誠心實意告白"上主是天父"的信徒之心地，均接受天父上主治理（統治）。爲此，耶穌才教導人說：「上主聖國」就在你們心中（見：路加十七：20-21）：

> "法利賽人質問「上主聖國」何時來到？耶穌回答：「上主聖國來臨不是眼睛看得見的」。人也不能說：「看哪，在這裡！」或說：「在那裡！」因爲「上主聖國」就在你們心中。"

也就是說：當"人心"肯接受天父上主的救世福音之

時，天父上主對於"人心"的統治就已經開始。其時基督徒的心中就有「上主聖國」，洞察仁愛與公義的真理。這是世人肉眼看不見的奧妙經驗。

(三)「上主聖國」的國策是 "仁愛" 及 "公義"

世上的國度都有其「國策」（或法律及憲法），做為天父大家庭的「上主聖國」當然也有，而且是建立於"人際關係"和"事際關係"的社會倫理之上。簡要來說，「上主聖國」的基本國策就是"仁愛"的人與人關係之社會倫理，以及"公義"此一人與制度（事）關係之社會倫理。關於"仁愛"的人際關係倫理，可以從「山上寶訓」（見：馬太五章至七章）的教訓去體會。因「基督教」是"仁愛"（博愛）的宗教，而"仁愛"的內涵除了"彼此相愛"之外（見：約翰十三：34-35、十五：12-14），也包含"愛仇敵"（見：路加六：35-36、十：25-37）這種無條件的愛。至於"公義"這種人與社會制度關係之倫理，可見之於耶穌在耶路撒冷（Jerusalem）首府"潔淨聖殿"的改革行動（見：馬太二十一：12-17、馬可十一：15-19、路加十九：45-48、約翰二：13-22）。畢竟人間的機構、組織、制度、法律是非人格的東西，而且運作者有好人與壞人，為此需要用"公義"（公平）之手段加以制衡或改革才不至於腐敗。「上主聖國」的國策以人權民主倫理見長，目的是欲使此一偉大的國度（天父的大家庭）實現於人間！

三、「福音」的大能 —— 因信稱義

基督福音最可貴之處，不外"人性"（human nature）之改造，軟弱的人性從此得以"重生"（見：約翰三：3）或"新造"（見：哥林多後書五：17）。只是人性之改造不是靠"人爲的功德"，而是信靠耶穌基督這位「救世主」的拯救。這就是使徒保羅所強調的"因信稱義"（義人必因信得生，羅馬書一：17）之福音，因爲「福音」是上主拯救人類的大能。請留意保羅作《羅馬書》的時代，「基督教」算是當代的新興宗教，基督教會及其信徒，均處於被羅馬帝國（Roman Empire）與「猶太教」徒眾大力迫害的對象。保羅所謂："義人必因信得生"的「義人」，正是那些勇敢甘冒生命危險信仰耶穌基督的信徒。他們因信奉被釘死於十字架上的耶穌基督而被當代的人取笑，又被視爲傻瓜（憨人）。這點正是保羅所說："我不以「福音」爲恥"（羅馬書一：16）之理由所在。此一事實也投射於保羅寄給哥林多教會的書信之中（見：前引哥林多前書一：22-25）。以及保羅對哥林多教會信徒之勸勉（見：哥林多前書一：26-29）：

> "弟兄們，想一想，你們受召按照一般人的觀點言，有智慧者不多，有能力者不多，有尊貴地位者也不多。但是上主揀選世上愚拙者爲了使有智慧的人羞愧。又揀世上軟弱者，使強壯的人羞愧。上主

也揀選世上卑賤者、被人厭惡者、以及那些一無所有者，爲要廢掉那些樣樣都有的人。使凡有血、肉之軀者，在上主面前一個也無法自誇！"

由此足見，初期教會的信徒（義人）均是弱勢的一群，他們也都處身於被迫害的局面，那時的「基督教」是"輸"的宗教。當然就那個時代來看，這群被迫害的基督徒是"輸得走投無路"。可是他們（義人）卻"因信得生"（因信稱義），經歷了"輸輸仔贏"的「福音」洗禮而得救，成爲"新造"的人（見：哥林多後書五：17）。此一認知，於古今的基督教會歷史已得到印證。

（一）從輸到贏的基督教

就教會歷史見之，「基督教」出現於第一世紀時，即受到「猶太教」以及「羅馬帝國」無情的迫害。前者之迫害理由，不外：「基督教」一反「猶太教」的"摩西律法"（Moses' Law）以及列祖之遺傳，是一個反傳統又叛逆的新興宗教。因此初代教會的使徒雅各（James）被希律王（Herod Agrippa）這位分封王所殺害（見：使徒行傳十二：1），成爲首位殉教使徒。之前也有執事司提反（Stephen）被猶太教徒用石頭打死（見：使徒行傳七：54-60）。對於「羅馬帝國」加諸於基督徒的迫害更爲殘忍，先是耶穌被以妨礙帝國統一的"叛亂罪"被處死於十字架上。隨後更有眾多的使徒及基督徒被以各種的刑具及酷刑處死，包括被送往大型競場被猛獸咬死殉教。如此嚴酷的迫害持續兩三百年之久。基督教會非但沒有被外力消滅，信徒卻不斷增加。這個“輸輸仔贏”的「基督教」終於在主後313年（AD313）被「羅馬帝國」皇帝：康士但丁（Constantine the Great, 288-337）所接納，並發佈「米蘭上諭」（Edict of Milan），正式承認「基督教」為帝國宗教。此後的羅馬皇帝，都要跪在十字架下受封立及悔改認罪。歷史證明：「基督教」真正是個“輸輸仔贏”的偉大宗教！

（二）義人因信得生

十六世紀德國宗教改革者馬丁路德（Martin Luther, 1483-1546）喊出的三大口號：唯有聖經是上主的話語、信徒皆祭司、及因信稱義。其中的「因信稱義」（Sola fide）就是依據《羅馬書一：17》這句：“義人因得生”（義人對信來活）的保羅神學用語而來。前已提及，那個時代的所謂：“義人”都是一群弱勢的社會邊緣人，尤其他們是被猶太教徒及羅馬帝國政府迫害之對象。保羅證言：這群信徒將“因信得生”，此即“輸輸仔贏”的「福音」所發揮之大能。反觀「英國長老教會」宣教師將基督福音傳入台灣的南部（1865年）及北部（1872年）之時，其不但被視為“番仔教”，也被台灣人抗拒及迫害。就如莊清風於1868年4月間在左營被殺害（年僅29歲），成為台灣第一個殉教者。1873年12月間許銳傳道師在獅潭底被生番殺害，身首異處。1884年「清法戰爭」期間，北部教會信徒數十人也被仇教的鄉人殺害。1895年的「麻豆教案」也有十九人被殺，其中三人非信徒。此外更有數不盡言語上的霸凌、譏諷："落教死亡無人哭"、"落教背祖無好尾"、"落教無公無媽"、或"祈禱、祈禱，一尾魚被貓咬去無處討"等等。可是經過一百五十多年來，台灣基督教已經從"輸"的局面翻身，單單「台灣基督長老教會」就已經有1296所教會（根據2021年統計），耶穌基督的「福音」已經"贏"得台灣人的人心！

大家應該知道，座落於台北市信義路三段的"義光教會"（屬七星中會）之由來。這座教會原係林義雄律師的居宅，家中成員有林律師伉儷、母親游阿妹女士，以及三位女兒奐均、亮均及亭均。1980年2月28日林義雄律師因「美麗島事件」被中國國民黨獨裁政權設置的軍事法庭受審時，在林宅發生驚動全台的滅門屠殺慘案：其母及兩位雙生女兒被殺身亡，只有長女奐均重傷存活（長女奐均現已成為美籍牧師Rev. Joel Linton的賢內助）。這件針對台灣人殺雞儆猴的"政治謀殺"，兇手迄今依然逍遙法外。明顯的是：當權者故意用"2月28日""林家滅門血案"來恐嚇台灣人，使他們憶起1947年2月28日「二二八大屠殺慘案」來阻止反抗政府的行動。其實「美麗島事件」以及「林家新二二八事件」並沒將台灣人民的自主反抗意識擊倒，反而從他們被壓制又"輸的局面"站起來，才會有今日台灣人主政的"贏的局面"。尤其是林義雄律師並沒有被他悲劇性的命運所擊倒，他繼續爲台灣的人權、自由、民主奮鬥。特別是他於擔任「民主進步黨」黨主席任內之時，成功協助陳水扁律師成為台灣反對黨的首任總統，壓制"毒蛇之類"邪惡政黨之勢力，領導台灣人民走向"出頭天"的第一大步！而原林家這座悲劇性的民宅（台灣傳統觀念的"凶宅"），如今已經**"輸輸仔贏"**（以輸為贏）的成為發揚基督福音光明面之「聖宅」——義光教會（「上主聖國」的地上模式）。促成成立「義光教會」的推手，就是台南神學院教授鄭兒玉牧師。之後由七星中會「三一教會」的陳福住牧師擔任小會議長，李勝雄長老，高俊明牧師娘，及筆者組成籌備委員會完成「義光教會」之購置及籌設。當時購置金額為新台幣六百萬，竟然募得約九百萬之多。事實上，這座「聖宅」也是台灣人化悲憤為力量，以及寬恕與和解之紀念碑。當然也在不斷訴說，又宣揚台灣人永遠不會被魔鬼以及"毒蛇之類"的外來政權所擊倒！

結語

探討"輸輸仔贏"的「福音」這一論題，可以協助咱洞察天父上主是一位"輸得起的神"，為此祂才會"「道」（聖言）成肉身"投胎降世拯救世間人類及萬物（見：約翰一：1-18、三：16-17）。同時也瞭解耶穌基督採取虛己方式以"仁愛"濟世（親近弱勢人群又醫病趕鬼），又以"公義"行動潔淨耶路撒冷聖殿。為欲救拔世人而使自己進入"輸"的局面，被惡勢力的猶太教祭司集團以及羅馬帝國當局釘死於十字架上。隨後凡跟隨他的人，都被迫害又死於非命。雖然這樣的苦難持續兩、三百年，教會卻到處設立，不怕死的基督徒依舊不斷增加。最後終於征服「羅馬帝國」，使皇帝也悔改認罪皈依基督，又超越「猶太教」而流傳普世。所以說，「基督福音」永遠是："輸輸仔贏"的。這點正啟示台灣人：在漫長的台灣歷史上雖然受盡外來政權的壓迫、凌辱、殺害、奴役，只要上主干預歷史及民族自覺，終會有"輸輸仔贏"進而出頭天的時日。2022年3月24日，俄羅斯（Russia）大獨裁者普丁（Putin）以大軍侵略烏克蘭（Ukraine）。世人目睹弱勢的烏國總統澤倫斯基（Volodymyr Zelenskiy）領導人民勇敢奮力抵抗俄軍，又於歐洲議會的視訊演講說出："生命終將戰勝死亡，光明終將戰勝黑暗"的名言而令人動容！其實俄羅斯大軍之入侵，已經使世人看到烏克蘭勇敢軍民"輸輸仔贏"的奮鬥。這點委實對當今台灣人的處境，有莫大的啟示及鼓勵！

2022年3月13日講於
台北市「義光教會」

Ch.6 政治是人道之藝術

> 「主耶和華的靈在我身上；因為耶和華用油膏我，叫
> 我傳好信息給謙卑的人，差遣我醫好傷心的人，報告
> 被擄的得釋放，被囚的出監牢；報告耶和華的恩年，
> 和我們上主報仇日子。安慰一切哀傷的人。」
>
> *(以賽亞書六十一：1～2)*

　　台灣基督教教界時常提醒信徒堅持單純信仰就可，不必關心「政治」，畢竟「政治」是一種"高明的騙術"。乍聽起來似乎言之有理，因為處身於台灣社會的人群，已經習慣於一些無稽空洞的統治者政治口號。就像「中國國民黨」執政半世紀多以來，什麼"反攻大陸（中國），收復河山"、"光復大陸（中國），解救同胞"等，均始終無法兌現。什麼"明天會更好"口號，自二十世紀七〇年代起喊一、二十年，結果是"你我都沒有公平正義的明天"，還是今天繼續忍耐來得實際！2020年6月6日憤怒的高雄人，用近於94萬（939,090票）之選票，將"口水治市"的政客韓國瑜市長（被譏諷為"草包"）罷免掉。因他於2018年年底全國市長選舉時，用欺騙口吻大喊"高雄市又老又

窮"、"民進黨是貪腐政黨"。又宣稱："貨賣得出去，人進得來，高雄發大財"、"莫忘世上苦人多"。繼之又大開"愛情摩天輪"、"太平島挖石油"、"旗津（旗後）博奕賽馬"、"岡山彌陀新國際機場"、加上"建迪士尼樂園"等等無一兌現的政治口水騙局，執政一年多後才會落得如此被罷免的下場。因此前立法委員朱高正所說："政治是高明之騙術"，是有其道理的。問題是：惟有專制獨裁的政權，才會利用「政治」（politics）做爲"高明之騙術"，因爲其政治體制是"人治"而非"法治"，法律只是被專制獨裁者利用而已。2020年6月30日152人的「中國人代」全數通過使香港進入末日的「國安法」可以爲例。政治是一種維護人類社會秩序之制度，此一組織性制度（institution），誠如美國社會倫理學者尼布爾教授（Prof. Reihold Niebuhr, 1893-1971）所說，是"必然的惡"（necessary evil）。理由無他，因「政治」是中性的，其運作之是非在乎人爲。具有民主基礎之「政治」因可受公民監督，而有人權及公義。只有獨裁專制之中國國民黨政權因"黨。國不分"，「政治」便淪爲"高明之騙術"去奴役人民。公元前六世紀的先知「第二以賽亞」（Deutero-Isaiah）就曾經被擄往「巴比倫帝國（Babylonian Empire）」，親身經歷被奴役的亡國奴生活。爲此展望一個充滿人權、人道、及社會公義屬於自己的國家出現。他強調：「政治」應該是一種"人道之藝術"（見：以賽亞書六十一：1-2）：

"主耶和華（上主）之神臨到我，因爲耶和華用油抹我，使我傳福音給喪凶（貧窮）的人。差我醫好傷心的人。報告受掠者（被擄往異國的政治犯）得著釋放，被監禁者出監牢。報告耶和華歡喜之年，與咱上主報仇之日。安慰一切悲哀的人"（白話字經文）。

值得留意的是：上述預言，就是一位被「巴比倫帝國」欺壓的弱勢族群之先知的政治展望。因為他期待未來的國家，應該是充滿"公義"、"人權"與"自由"的樂土。使窮人有吃得飽的福音。使家破人亡的傷痛者得到醫治。使政治犯得釋放。使關在牢裡的冤屈者獲得自由。這樣的「政治」理念，可說是一種"人道之藝術"，足以安慰一切悲傷的人民，也是上主禧年之降臨！難怪這一偉大的"政治信息"，會成為五百年後耶穌於進入公生涯宣揚上主國度福音那天，在故鄉猶太教會堂所做的「政治宣言」（見：路加四：18-19）。

一、從先知之時代背景說起

這段經文（以賽亞書六十一：1-2），屬於公元前六世紀（B.C. 6thC.，距今兩千六百年前）的猶太先知：「第二以賽亞」（Deutero-Isaiah）之預言。按照舊約聖經學者說法，《以賽亞書》可分為「耶路撒冷的以賽亞」（第一章至第三十九章）之作品，及「第二以賽亞」（第四十章至第六十六章）之著作。甚至有舊約聖經學者主張：這是返回故國的先知「第三以賽亞」之作品。因為《以賽亞書》(五十六章至六十六章)，被視為這一位先知之著作。十分明顯的是：這位先知經歷被擄住「巴比倫帝國」淪為亡國奴之痛。他也因「波斯帝國」打敗「巴比倫帝國」之後，波斯王古列 (Cyrus the Great, B.C. 600-529) 欲協助被擄的猶太人復國而懷抱希望。不過先知也深受「第二以賽亞」的影響，為此展望有其自由及充滿公義人權之政治品質，能實現於未來新國家及新政府之中。

(一) 改朝換代對先知之啓蒙

猶太先知偉大之處，不外憂國憂民，因為他們是國家及民族命運之守望者。被稱為「猶太人」(Jews) 的以色列民族 (Israelite)，於歷史上飽經被異族凌辱及壓制之苦難。他們被偉大民族救星摩西 (Moses) 救出埃及 (Egypt) 為奴之地以後，先是在西乃曠野 (the wilderness of Sinai) 流浪四十年，由此足見 "自由的代價" 是另一個極端之苦難。待另一位領袖約書亞 (Joshua) 佔據迦南地 (Cannan) 之後分配給十二支派：流便 (Reuben)、西緬 (Simeon)、利未 (Levi)、猶大 (Judah)、西布倫 (Zebulun)、以薩迦 (Issachar)、但 (Dan)、迦得 (Gad)、拿弗他利 (Naphtali)、亞設 (Asher)、約瑟 (Joseph)、便雅憫 (Benjamin) 等族群，各有自己領地。接著由宗教兼軍事領袖的「士師」(Judges) 長期領導抵抗周圍異族之後，才由士師撒母耳 (Samuel) 建立「聯合王國」對抗非利士人（Philistines）。可惜「聯合王國」只經歷掃羅王（King Saul）、大衛王（King David）、及所羅門王（King Solomon）三代即告瓦解。繼而分裂為「北王國以色列」（Israel，the North Kingdom）及「南王國猶大」（Judah，the South Kingdom）兩國。「北王國以色列」於公元前721年（B.C. 721）被「亞述帝國」（Asyrian Empire）滅亡，「南王國猶大」也於公元前586年（B.C. 586）被「巴比倫帝國」（Babylonian Empire）所滅。歷史指出：世上再強的帝國，也會改朝換代。就在公元前538年（B.C. 538）「波斯帝國」（Persian Empire）興起，終於將「巴比倫帝國」滅亡。僑居（其實是被擄移居該國）巴比倫（Babylonia）的猶太人，從此看到回國重建耶路撒冷（Jerusalem）之曙光。此一轉機，使先知稱讚波斯王古列（Cyrus the Great，?-527B.C.又譯作塞魯士）釋放被擄於異邦的猶太人政治犯是一種德政。又證言古列王是上主（耶和華）所膏立來統治列國，憑其公義所興起的君王（見：以賽亞書四十五：1-4，13）。就是此一上主興起波斯王古列以及改朝換代（亞述及巴比倫覆亡）歷史之事件，啟蒙先知「第二以賽亞」悟出上主是"普世之主"及"列國之神"。同時悟出以色列選民在漫長歷史上受苦受難之意義，以及日後以色列政府施行人道主義政治品質之重要性。

（二）先知的「受苦神學」與「政治藝術」

要瞭解《以賽亞書》（六十一：1-2）的教導，必須先予認識先知的「受苦神學」（苦得起神學），才可以明白"政治是人道之藝術"這個主題之重要性。「第二以賽亞」這位先知，於詮釋"義人受苦"之意義時，就是用四首「僕人詩歌」（四十二：1－五十三：12）來加以說明。

1. 第一首：僕人之苦難彰顯上主公理 (四十二：1-4)

強調僕人之苦難，是要彰顯上主之「信實」及「公理」。因為上主始終扶持選民（見：四十二：3-4）：

"壓傷的蘆葦他不折斷，將殘的燈火他不吹滅。他憑真實，將「公理」傳開。他不灰心也不喪膽，直到他在地上設立「公理」。海島卻在等候他的訓誨。"

可見上主用苦難磨煉僕人，旨在使他學習「公理」。而後將「公理」彰顯普世。此為先知之偉大展望！

2. 第二首：僕人受苦彰顯上主救恩 (四十九：1-6)

言及「受苦僕人」自母胎即蒙召為先知來服務世界，其目的為要彰顯上主「救恩」（見：四十九：6）：

"你做我（上主）的僕人，使雅各眾支派復興。使以色列得保全及歸回尚為小事，我還要使你做外邦人之光，叫你施行我的「救恩」，直到地極（普世）。"

先知展望以色列（雅各眾支派）經歷一連串苦難之後將要復興，從而成爲上主使者光照萬國，藉此彰顯上主普世「救恩」。

3. 第三首，受苦僕人忍辱負重（五十：4-9）

這位受苦僕人受教於上主，從此忍辱負重宣揚上主眞理，受盡壓迫也不退縮，因爲上主幫助他（見：五十：6-9）：

> "人打我的背，我由他打。人拔我的鬍鬚，我由他拔。人辱我吐我，我不掩面。主耶和華必幫助我，所以我不抱愧。……稱我爲義的與我相近。誰與我爭論，可以與我一同站立。誰與我作對，可以就近我來。主耶和華要幫助我，誰能定我有罪。"

由此可見，這位受苦僕人教導咱接納敵人，接受外界凌辱。他實在不愧是一位和平使者。

4. 第四首：受苦僕人擔當苦難與犧牲
（五十二：13 – 五十三：12）

這是一首強調「義人受苦」問題之神學傑作，指出"無罪的義人"（受苦僕人）時常爲同胞擔罪，以至被同胞出賣、凌辱，甚至犧牲生命。可是義僕之犧牲，卻是上主爲有罪世界所做的一種"贖罪方式"（見：五十三：4-9）：

"他誠然擔當我們的憂患，背負我們的痛苦。我們
卻以為他受責罰，被上主擊打苦待。那知道他為了
我們的過犯受害，為了我們的罪孽壓傷。因他受的
刑罰，我們得到平安。因他受的鞭傷，我們得到醫
治。我們都如羊走迷，各人偏行己路。耶和華（上
主）使我們眾人的罪過，都歸在他身上。他被欺壓，
在受苦的時候卻不開口。他像羊羔被牽到宰殺之
地，又像羊群在剪毛人手下不出聲，他也同樣不開
口。……至於他同世代的人，誰會想到他受鞭打，
從活人之地被剪除，是因我百姓的罪過呢？他雖然
不行強暴，口中也沒有詭詐，人還是使他與惡人同
埋。"

　　的確此一"以「輸」為「贏」"的義人受苦犧牲行止
以及為救援同胞忍苦受辱成為罪犯（政治犯）之精神，大大鼓
勵了歷史上無數被壓迫者及處身於苦難中的民族及個人。同
時也培養出「人道主義的政治藝術」：向窮苦者報佳音，醫
治傷心的人。促使被擄者（政治犯）得釋放，被壓迫者（次等
國民）得自由。宣揚上主的禧年將至，公平正義將要伸張。
這就是先知「第二以賽亞」的偉大理念！

二、先知的理念影響深遠

　　先知「第二以賽亞」因有上列的時代背景，從而培養出「受苦僕人」之神學，來鼓舞猶太同胞的信心。同時強調「人道主義的政治藝術」，以及對於普世和平之展望。聖經學者指出：先知所言及的"受苦僕人"，包含個人（諸如：政治人物、宗教家）及以色列選民（猶太民族）。而這些"受苦僕人"是上主揀選之「遺民」（remnant），日後將以人道主義之政治理念服務萬國，建立"新天新地"的「地球村」（global village）。那個時代一旦來臨，其情況的描述，可見之於《以賽亞書》（六十五：19-20，25）所闡明的內容。由此可見以色列「遺民」（即"受苦僕人"）之使命，是要做世界的希望，使「政治」成為"人道之藝術"。如此的神學思想，委實影響《新約聖經》的作者至巨！

（一）對耶穌的影響

　　路加（Luke）這位「福音書」（耶穌傳）作者，特別介紹耶穌進入公生涯（走入猶太社會宣揚天國福音）的第一次發言，就是在他生長之地拿撒勒（Nazareth）的猶太會堂（synagogue）。而且特別引用《以賽亞書》（六十一：1-2）做為他宣教的開場白（見：路加四：18-19）：

"主的神在我身上，因爲祂用膏油抹我，叫我傳福音給貧窮的人。祂差遣我宣告：被擄的得釋放，瞎眼的得看見。叫那些受壓制的得自由。宣告上主悅納人的禧年到來。"

耶穌引用先知「第二以賽亞」的宣告（省略："上主報仇的日子"這句）來做他宣揚「上主國度」的政治性赦世宣言，顯然受到他的深遠影響。原來耶穌宣揚的福音內容，就是「上主國度」之建立。「上主國度」（Kingdom of God）正是耶穌的「理想國」（「天國」）。耶穌既然以政治性用語：「上主國度」（理想國），來闡明他所宣揚的"福音"內容，可說是一種創舉，也可以說是耶穌的"政治藝術"。因爲耶穌強調：這個「上主國度」的君王是一位慈悲的天父，不是嗜血的獨裁君王。普世人類都是天父子民，也是祂的兒女。「上主國度」之領土就是"人心"。因爲"人心"（人性）具有選擇「善」與「惡」之自由意志，爲此"人心"若肯接受天父上主的統治，「上主國度」就在人的內衷（心中）。主後三世紀時代的亞力山大學派（Alexandria school）教父特士夏（Tertullian 160－220），即持此見解。不過主後四世紀的北非教父奧古斯丁（Augustine,354-430）在其名著《上主之城》（City of God ,426）乙書，則強調今世基督教會也是「上主國度」之代表。當然「上主國度」也有其重要金律（憲法），那就是「愛」與「公義」之強調。凡是「上主國度」之公民，均有"愛上主"及"愛人群"之倫理要求，愛上主（人與上主的倫理關係）即信仰生活之表現，愛人群（人與人的倫理關係）即表現於社會生活。關於「愛上主」及「愛人群」之倫理教導，可見之於《約翰福音書》（十三：34，十四：21，十五：9-10，12-13），及《約翰壹書》（四：7-12，16-21）之。記述值得留意者，此一「愛之金律」也包括 "愛仇敵"，也就是 "犧牲之愛"（Sacrificial love）之社會倫理（見：馬太五：43-48）。耶穌所說的「好撒利亞人」故事（路加十：25－37），正是 "愛仇敵" 的最好說明。耶穌於十字架上臨終前的祈禱："父啊！赦免他們，因為他們無知於自己之作為"（路加二十三：34），更顯出他 "愛仇敵" 的表現。由此足見，"愛上主、愛人群、愛仇敵"，正是「上主國度」講究 "愛的金律" 的真正內涵。

另一條金律就是人與社會制度關係的 "非人格" 法則：「公義」（公理）。人類社會各種「制度」（institution）由人所設立，其中有好有壞。昔日耶穌就認為在「上主國度」裡，不應該有 "以牙還牙，以眼還眼" 那種猶太教（Judaism）的「復仇法」（LexTalionis），以及犯 "姦淫罪" 用石頭打死的惡法存在（見：馬太五：38-42及約翰八：1-11）。對於「安息日」不可為人治病的不人道教條，耶穌也公開抗拒（見：馬太十二：9-14，馬可三：1-6，約翰九：1-17）。由此可以看出，耶穌無法接受「摩西律法」（Moses' Law）那些違反 "人權" 及 "社會公義" 的不合乎時代之惡法。令猶太教領袖最難以接受的一件事，就是耶穌潔淨「耶路撒冷聖殿」之事件（見：馬太二十一：12-13，馬可十一：15-19，路加十九：45-48，約翰二：

13-22）。其理由是：管理聖殿的祭司集團包庇奸商，壟斷牲畜祭品買賣，使「猶太教」唯一的聖殿淪爲"賊窩"。如此阻礙信徒自由敬拜上主的不公不義行止，耶穌也只能以犧牲之精神採取不流血革命來潔淨聖殿。他也因此步上十字架苦路，爲人權及公義犧牲生命。所以說，「公義」的改革行動，是「上主國度」的另一條重要金律。當然爲"社會公義"爭取人權，必須付出犧牲之代價，如同舊約先知眼中的「受苦僕人」一樣。明白以上的討論，就可以領會耶穌爲何引用《以賽亞書》（六十一：1-2）的話，做爲他進入公生涯的「上主國度」之政治宣言。目的爲要強調「愛」與「公義」的人道主義政治藝術，來符合「主禱文」祈求的"願你的國降臨，你的旨意行在地上，如同行在天上"（見：馬太六：10）之政治理念。

（二）給台灣人之啓蒙

　　號稱「以色列民族」（Israelite）的猶太人（Jews），可說是世界史上最奇特的族群。因爲世上找不到像他們這樣亡國兩千多年，又受盡那麼多苦難，還能夠在1948年5月14日重建祖國（以色列國）於巴勒斯坦（祖先所稱的「迦南美地」）地區。促使這個民族復興之關鍵，不外「猶太教」的信仰。它教分散世界各地的猶太人，能夠因其民族宗教之信仰而永遠團結。當然也加上許多猶太先知先覺，於歷史上長期之啓蒙所使然。而先知「第二以賽亞」的人道主義政治教導，就是其重要因素。所以探討上述先知的教導，委實給台灣人的"建國夢"有諸多啓蒙。

　　「台灣人」若有所定位的話，就是認同本土，追求自由民主，展望獨立建國的四大族群（原住民族、賀佬人、客家人、外來新住民）。回顧歷史，台灣本島曾經有過不少外來勢力的殖民統治。就像：荷蘭人（1624-1661）、西班牙人（1626-1641）、鄭成功政權（1661-1683）、滿清帝國（1683-1895）、日本人（1895-1945）、中國人（1945-至今）等等。而這些外來政權，有些帶來東、西方的文明，有些帶給台灣人許多苦難。當然台灣人對這些外來政權也有所反抗。就如：1652年郭懷一反抗荷蘭政權的農民革命。1721年號稱"鴨母王"的朱一貴、1786年台灣「天地會」北路領袖林爽文、1862年八卦會領袖戴潮春等人，均進行"反清復明"的革命。1895年號稱抗日三雄的簡大獅、柯鐵虎、林少貓起義，反抗日本帝國佔領軍。1915年余清芳、羅俊、江定的「西來庵日事件」，1930年莫那魯道領導抗日的「霧社事件」，都是官迫民反"抗日"之例。1945年二次世界大戰日本戰敗退出台灣，來自中國的蔣介石國民黨軍隊開始接管。其時使我這個做過八年"日本皇民"（生於昭和十二年，即1937年）的孩子之印象是：中國軍民爲何如此沒有水準？來自中國的這群"草鞋兵"怎能戰勝有紀律的日本兵呢?兩年後的1947年終於爆發中國人屠殺台灣人的「二二八事件」慘案，死傷多達兩萬多人。長老教會的精英林茂生博士、張七郎醫生及張宗仁、張果仁兩個醫生兒子，陳能通校長、蕭朝金牧師，均被殘忍至極的中國兵槍殺。台灣人的「祖國夢」也從此完全破滅，不禁感嘆：〝一個炁尿者去，另一個滲屎者來〞，十分無奈感嘆！1949年獨裁者蔣介石在中國被共產黨徹底打敗，帶著六十萬軍民流亡來台。為使台灣成為反攻中國大陸基地，即實施38年之久的「戒嚴」（軍事統治）。在其「白色恐佈」統治之下，有許多政治犯被殺及判刑。1979年12月10日（世界人權日）這個外來政權又製造高雄市的「美麗島事件」，導致許多反對黨人士被捕下獄。1987年7月15日台灣終於〝解嚴〞，結束警備總部對台灣人民的長期監控。

　　1988年台灣人的李登輝（1923-2020）繼任蔣經國為總統。1996年他成為首屆民選總統，台灣政局從此開始轉變。就像他接受1990年「野百合學生運動」建言，結束〝老賊〞的「萬年國會」，釋放牢中的政治犯，廢除警備總部，終止金門、馬祖的戰地政務，及總統直接民選（1996年）等等，對於台灣民主政治影響及貢獻甚大。2000年民進黨籍的陳水扁當選總統。其時由李前總統主導之政黨輪替得以和平轉移，實在功不可沒。李前總統以基督徒之良心及勇敢之精神治國。1994年日本名人司馬遼太郎訪問他，於交談中他大膽指出「中國國民黨」是外來政權，並且自嘆〝身為台灣人的悲哀〞（如同舊約先知所指的〝受苦僕人〞一樣）。對於台灣國際地位問題，他也反對在台中國人的想法：〝台灣只是大中國的一省，所以要被中國統一〞。1999年7月9日「德國之聲」的記者訪問李總統時，他說台灣與中國（兩岸）是〝特殊國與國的關係〞。這等於是說：「台灣」、「中國」，一邊一國

（這是1990年學生運動訴求）。所以李總統又說，「中華民國」的領土，只有台灣、澎湖、金門、馬祖。記得1995年6月李總統訪問美國，接受母校「康乃爾大學」（Cornell University）邀請向畢業生發表演講，所取題目爲：「民之所欲，長在我心」（I do it with the people in my heart）。這就是基督徒政治家的治國理念，因爲李總統強調「政治」即一種人道藝術！可見李登輝前總統被譽爲"台灣民主之父"，其名正言順是可以理解的。李總統知交黃崑虎先生憶及：這位基督徒政治家一旦面對治國困境時，就會同夫人讀經祈禱，以基督教信仰去解決問題。我相信李前總統一定讀過《以賽亞書》（六十一：1-2）及《路加福音書》（四：18-19）這兩段經文，才使他勇於走過"台灣寧靜革命"的冒險路。如今李總統已於2020年7月30日走完人生98個年日安息主懷，其一生留下基督徒政治家人道主義風範，永遠使人懷念。同時散發基督徒關心政治之重要性，才能夠使人權與公義伸張。期盼蔡英文總統也同樣受到啓蒙，以人道主義政治理念治國，勇放抗拒共產中國及在台灣親中國內鬼出賣台灣之威脅及欺騙。"（大家啊）拜託、拜託了，「台灣」欲交給你們喔。"這是李登輝前總統最後的叮嚀。

結語：

儘管台灣歷史上有過兩次本土政黨輪替：陳水扁總統

執政時期（2000-2008年，朝小野大政令難伸），蔡英文總統執政時期（2016年始迄今持續改革）。可是多數縣市仍然是國民黨執政，「親中」（主張和中國統一）勢力尚在。問題是：國民黨這個"外來政權"於時下台灣社會，不管是老、中、青三代，均無法掩飾他們"親共、反美、仇台、罵台獨"之本質。難怪反共政論作家曹長青會說："最壞中國人在台灣"（見：2020年8月12日「自由廣場」A20版予則章文，其中馬英九，江啓臣、楊志良都在列）。近日「聯合報」董座王效蘭又開口大罵："台灣人可惡透頂"及"你們台灣人真可惡"。68歲女戲子鄭惠中也前往「台北賓館」潑漆李登輝總統遺像。自稱"高等外省人（中國人）"的郭冠英，罵台灣人是"台巴子"。退休將領吳斯懷、許歷農、陳廷寵不但是親共之台灣內鬼，更貶低台灣軍隊保國衛民之能力，敵視蔡英文總統及台灣人的政黨。這群"最壞的中國人"自1950年逃難來台，又被台灣人養了七十多年，到今天還不懂感恩，夫復何言?可是斯土基督徒寬恕他們，也展望人道主義及健全民主之人道政治品質能夠在台灣社會實現。

2020年10月7日

Ch.7　抗拒自由的奴性

"利未的曾孫、哥轄的孫子、以斯哈的兒子可拉，和呂便子孫中以利押的兒子大坍、亞比蘭，與比勒的兒子安，並以色列會中的二百五十個首領，就是有名望選入會中的人，在摩西面前一同起來。"

"摩西打發人去召以利押的兒子大坍、亞比蘭。他們說：「我們不上去！你將我們從流奶與蜜之地領上來，要在曠野殺我們，這豈為小事？你還要自立為王轄管我們嗎？並且你沒有將我們領到流奶與蜜之地，也沒有把田地和葡萄園給我們為業。難道你要剜這些人的眼睛嗎？我們不上去！」摩西就甚發怒，對耶和華說：「求你不要享受他們的供物。我並沒有奪過他們一匹驢，也沒有害過他們一個人。"

（民數記十六：1-2、12-15）

世界知名的美國歷史學家房龍（Hendrik Willem van-Loon, 1882-1944），曾經在他的名著：《寬容》（Tolerance, 1925）一書，指出人類殘忍奴役同為人類之邪惡面，以及人類於歷史上被同類奴役而失去「自由」（freedom）之悲慘景況。作者房龍也親自目睹前蘇聯共產專制政權在西伯利亞「集中營」奴役政治犯及虐殺政治犯的邪惡行為，因而在其書中寫道："那些生活在思想及行動都飽受箝制的人群，他們的生命比一隻小螞蟻更無價值！"不幸的是：人類的天性除了去奴役同類的邪惡行為外，也有其甘心被奴役又抗拒自由的奴性。

舊約聖經《民數記》（十六章）就記載一群被偉大領袖摩西（Moses）用盡心思及奮鬥從古埃及（Ancient Egypt）為奴之地拯救出來的以色列族（Israelites），雖然已經是自由之身過著有尊嚴的生活，卻因為在西乃曠野（widerness of Sinai）流浪，過著缺水缺糧的艱困生活而公然反抗摩西之領導。他們因為奴性未改，雖然過著政治上的自由日子，卻後悔出埃及之後在西乃曠野流浪的生活太過困苦。所以有一群人反抗摩西，想重回埃及做奴隸。畢竟在埃及做奴隸生活穩定，也有工頭可做。值得留意的是：這個以色列人抗拒自由生活的故事，的確對於當今的台灣人民具莫大的啟示，並且需要去探討及省思。

一、關於經文內容

《民數記》（十六：1-2）言及：摩西領導以色列人（people of Israel）脫出埃及為奴之地以後，分別於「西乃曠野」（widerness of Sainai）和「巴蘭曠野」（widerness of Paran）過著游牧流浪的生活。就政治上言，以色列人民已經脫出埃及為奴之地而獲得完全的自由。可是"自由的生活"卻是另一次的苦難：既缺水源及糧食供養人丁牲畜而時常挨餓，又要不斷抵抗外敵。住的是「帳幕」，移動時就拔營，到達目的地又要紮營。敬拜場所是個大帳棚，稱做「會幕」（Tabernacle）。族群移動時，上主也要如同童子軍一樣，隨著拔營及紮營。在兩處曠野長期過著流浪生活總是相當艱困的，於是有一群人公然反抗摩西（Moses）及亞倫（Aaron）。其中為首者就是：利未族（Levi）的哥轄家系（Kohath），以斯哈（Izhar）的兒子可拉（Korah），及同黨的流便族（Reuben）支派，以利押（Eliab）兩個兒子大坍（Dathan）和亞比蘭（Abiram），比勒（Peleth）兒子安（On），再加上兩百五十位由反對黨選出的領袖。這群反對黨以可拉為首（黨主席）、大坍與亞比蘭為副手，率領250名各支派代表公然反抗摩西及亞倫之領導。因為在曠野流浪隨地搭帳幕，又過著沒水可飲沒肉可食的生活，實在太過困苦。所以他們渴慕再回去埃及當法老王（Pharaoh）的奴隸（與「埃及帝國」統一），繼續信奉「皇帝崇拜」及「多神信仰」。畢竟他們先前在埃及為奴當時有水有肉可食，生活安定，又有"小工頭"可做，可能退休之後，還有十八趴（18%）的高利存款可領。也就是說，這群反對黨人的"奴隸性"未改，視"民族之尊嚴"及"自由人權"為無物，自私自利至極！

（一）摩西給反對黨之回應

以可拉（Korah）為首的這群反對黨，其與摩西（Moses）對抗的理由是：對內就是民族之領導權以及亞倫（Aaron）的祭司職務，因為可拉也是具備"祭司職務"的利未族人。他們揪眾集合在摩西和亞倫面前抗議說（見：十六：3）：

> "你們太過份了，全體會眾全都屬於上主，上主也和大家同在。為何你們高抬自己，高過於屬於上主的會眾？"

於是摩西宣佈將在明天早上請大家帶著祭祀的「香爐」（censers），以火點燃「香」（incense）舉行獻祭儀式，藉以接受上主指示，看看誰是真正的領袖。同時指出：他們反對亞倫的職務是在背叛上主（見：十六：4-12）。結果他們拒絕前往。因為他們另一個對外的理由，不外內心懷有"抗拒自由的奴隸性"在作祟，還想回到埃及去繼續做奴隸（見：十六：13-14）：

> "你（摩西）帶領我們離開肥沃之地埃及，要在曠野殺死我們，這還不夠嗎？你還要做主管轄我們嗎？你並沒有帶領我們到達流奶和蜂蜜的肥沃土地，也沒有給我們田地和葡萄園，作為我們的產業。你在欺騙我們……。"

摩西對此之回應，當然非常生氣。因為他曾經冒著生命危險又用盡心力與埃及王法老（Pharaoh）計較，才將這群奴性未改的同胞帶出埃及為奴之地。想不到他們因"苦不起"而抗拒"自由"（freedom），依舊念念不忘在埃及的為奴生活。難道生活安定的為奴生活（被奴役又沒有人權），比"自由"來得重要？對此，摩西只有訴求上主加以裁決。

（二）上主消滅可拉黨徒

　　對付可拉黨（反對黨）的方法，做為領袖的摩西只有訴諸上主之裁決。於是摩西要求可拉黨徒聚集在「會幕」（Tabernacle，即移動式聖所）門口，等待上主指示（見：十六：16-20）。當上主的榮耀向眾人顯現時，上主指示摩西與亞倫表明祂決意消滅這群叛徒。摩西即伏在地上為叛徒求情。可是上主卻命令以色列長老及人民要遠離這一群叛徒（見：十六：21-2）。那時大家聽從摩西的指示，離開可拉、大坍、和亞比蘭的帳幕。於是摩西對人民宣告（見：十六：28-30）：

> "你們應該知道上主差派我做這些事，不是我自己要這樣對待他們。如果這群黨徒得以善終未受懲罰，上主就不會差遣我。但是如果上主做一件從來沒有聽說過的事：地面裂開、吞滅這群人和他們所有的東西，使他們活活掉進陰間，你們就知道這群

人棄絕了上主。"

摩西話講完不久，地就即時裂開。這群黨徒和他們家人都被吞滅掉入陰間。稍後土地又合攏起來，他們因此消失！所有在場的以色列人見狀，即各自哭喊逃跑，以免被吞沒。另外的250位同黨，上主又降火燒滅他們（見：十六：31-35）。之後，摩西命令亞倫的兒子以利亞撒（ELeazar）收拾殘局，並且使他永久做祭壇上的主祭者（見：十六：36-40）。可是災難之次日，尚有餘黨前來向摩西和亞倫抗議，不滿他們殺了這群黨徒。接著：上主的榮耀出現於「會幕」的雲彩中，並且宣示：這群抗拒自由又"奴性"未改的叛徒，將要被消滅。不久瘟疫蔓延，亞倫聽從摩西的話為人民行"潔淨禮"，從而救了眾多人民。雖然瘟疫止息，然而也有為數共一萬四千七百的人民死亡（見：十六：41-50）。

二、爭取民族自由需要付出代價

以色列人之「出埃及事件」，可以說是人類歷史上罕有的大事。其背後的大功臣，當然是「猶太教」（Judaism）的創始者：摩西（Moses）。舊約聖經中的「五經」（創世記、出埃及記、利未記、民數記、申命記），就是敘述以色列民族之起源，以及上主揀選以色列民族之「拯救史」（尤其是「出埃及」得自由的大事件）。其中《出埃及記》記述的故事最為重要，也可以說是以色列民族之所以能夠"出頭天"的動人故事。而《民數記》這卷經典，則凸顯偉大的領袖摩西（政治領袖）與其兄亞倫（宗教領袖）如何領導這群在埃及做了450年奴隸，儘管已經「出埃及」成功也獲得政治上的自由，卻"奴隸性"未改的同胞之困難遭遇。以色列民族獲得自由的代價，就是面對另一種不同的苦難。在那物資缺乏的約旦河東地區長久的流浪，以色列人難免灰心恐懼，甚至反抗摩西及亞倫之領導又埋怨上主。難怪"奴隸性"未改的「可拉黨」（可拉、大坍、亞比蘭，及250位黨徒）徒子徒孫還想回到埃及為奴之地做奴工。雖然奴隸生活不自由，卻物質充足生活安定。可是這一群黨徒因忽視先人及自己在古埃及做450年奴隸之悲慘苦況，才會自私自利甘心放棄政治上的自由。

（一）以色列人被奴役之慘狀

關於以色列人在古埃及被奴役之慘狀，於《出埃及記》（一：8-22）有所交代。只是僅提及不認識約瑟（Joseph）這位前首相的新王興起（即改朝換代），以色列人即淪為奴工，用嚴酷的勞役長期苦待他們。他們為埃及王法老建造儲貨大城（store-cities），即比東（Pithom）及蘭塞（Raamses）。又強迫他們和泥、燒磚，切割石材做各種粗重的苦工。埃及人越是苦待以色列奴工，他們因身體強壯就越發繁衍人丁，以致令埃及人十分恐惶。埃及王法老（Pharaoh）因此害怕被以色列奴工推翻政權，就使出最殘忍的一招：命令全埃及的接生婆（助產士）殺害以色列婦女所生的男嬰。能夠存活的嬰孩，只有女嬰。在此一「反閃族主義」（anti-Semitism）的滅族運動中，畢竟還有敬畏上主的接生婆保護以色列人的男嬰使他們存活。其中一個從死裡逃生的以色列人男嬰，就是由利未族家庭（the house of Levi）婦女所生的摩西（見：出埃及記二：1-10）。由此可見，以色列人淪為古埃及君王奴隸之慘狀，即：既無生存自主的權利，命運又受王室主人任意擺佈，連基本的生命尊嚴都沒有。其實古埃及王奴役以色列人之依據，尚有下列兩個原因：

1. 埃及王法老之神格化

古埃及君王法老是「太陽神」之化身，這成為「皇帝崇拜」（Emperor worship）之基礎。既然法老王是神，就自然操以色列人奴工之生殺大權。如此一來，古埃及王室就成為奴役（slavery）以色列人奴隸之元凶。古今任何一個帝國政權如果將君王神格化而進行「皇帝崇拜」，就必然走向專制獨裁。帝王之任何命令都將構成法律，百姓（這是中國封建帝制對人民之稱呼）必須遵守而無法抗命。一抗命是殺頭罪，百姓命運從此任王家擺佈。中國古代帝王是"天子"（皇帝崇拜之別稱），其命令即"天命"，誰敢違抗？為此，古埃及王法老對待異族的以色列人，命令他們勞碌一生不停的做苦工，又懼怕他們生太多的男丁於日後推翻法老王權而加以有計畫的屠殺，一點也不會奇怪！

2. 古埃及多神信仰之影響

以色列人於埃及首相約瑟（Joseph）治下的時代進入埃及，並且於尼羅河下游的歌珊（Goshen）地區務農。那時他們還記得敬拜亞伯拉罕（Abraham）、以撒（Isaac）、雅各（Jacob）三位列祖之唯一神耶和華（Jehovah）。可是以色列人在埃及異邦做了450年的奴隸，早就將列祖敬奉的「一神信仰」忘得一乾二淨，跟隨著埃及人去敬拜那些"人身動物頭"的眾神（如：Horus, Isis, Osiris, Ptah, Anubis, Sobek, Thoth等等）。可是以色列人長久以來跟著埃及人信奉多神，被這些埃及眾神所奴役，終於在埃及人統治之下做乖乖牌的順民。幸而偉大的領袖摩西注意到這一點，認為要教這群被奴役的以色列同胞腦筋清醒而團結自救的方法，就是重新介紹列祖信奉的唯一神上主（耶和華）給他們。於是摩西進行宗教改革，向以色列奴工強調：古埃及的「皇帝崇拜」及那些動物頭人身之眾神正在奴役他們，但是列祖之唯一神耶和華卻要拯救他們。其時以色列奴工終於醒悟，摩西也因此成功領導他們脫出埃及為奴之地。

（三）出埃及得自由何等可貴

以色列人能夠從被奴役450年之久的為奴之地埃及出走（Exodus，意即脫出），從而獲得可貴的"自由"（freedom），可以說是人類歷史上的大事件。其背後的拯救者，就是摩西。

上主是歷史之攝理者，《出埃及記》指出上主選召摩西是個神跡：他在埃及王法老進行屠殺以色列男嬰時誕生，被父母遺棄於尼羅河時被法老的公主救起，從此在王宮裡過著王子的生活四十年。因目睹埃及工頭凌辱以色列奴工失手打死埃及工頭而成為殺人犯，又被奴性難改的同胞出賣而逃亡米甸地方隱居四十年。後經上主於"焚而不燬的荊棘"中出現選召他，使他重新認識列祖所信奉的唯一神信仰，從而勇敢回到埃及會同其兄亞倫與法老王抗爭。最後上主協助他施行「十災」神跡，才冒險領導以色列人出埃及，又渡過「紅海」此一天然屏障，使以色列人獲得政治上的自由。所以說，以色列人的"出埃及得自由"是何等可貴的歷史上大事件！之後，摩西領導以色列人建立「會幕」聖所，牧養他們信仰唯一神上主。而後頒佈「十誡」、組織祭司制度，完成「猶太教」之創立，使以色列人有永久的精神寄託。可惜「可拉黨」人奴性未改，經不起曠野帳幕流浪生活之困苦，仍然懷念在埃及為奴工的安定生活。因而受上主審判，那些叛徒也因此喪失生命。

三、台灣人也有抗拒自由之奴性

台灣是個多元族群（山地原住民、平埔原住民、賀佬人、客家人、中國人及來自各國新住民）薈集之地。除了世居於此的南島族群原住民族外，據傳：遠自十四世紀至十六世紀，即有日本長崎海盜來台建立「日本村」。十七世紀中國海盜顏思齊與鄭芝龍在笨港開拓，建立根據地。1624年荷蘭人殖民台灣，前後38年（自1624年至1662年）。1626年西班人也入台殖民16年（自1626年至1641年），兩個西方人政權均以台灣為貿易及傳教（基督教及天主教）的根據地，也曾經用心加以經營。1662年鄭芝龍這位海盜之子鄭成功（外國人叫他「國姓爺」）進佔台灣，趕走荷蘭勢力為"反清復明基地"。這是漢人大規模移居台灣的開始（荷蘭人治台期間也招募漢人來台開墾）。到了1683年滿清帝國取代鄭氏王朝佔據台灣，經歷212年統治之後即放棄台灣。其間滿清王朝唯恐漢人以台灣為「反清復明」根據地，而頒佈"渡台禁令"。1874年發生「牡丹社事件」，因為滿清政府不承認台灣南部「番社」之統治權，日本帝國軍隊就大大方方來台討伐南部番民。一直到滿清政府同意賠償琉球船民損失，日本帝國軍隊才於 1875年撤軍。之後，滿清政權雖然於台灣南北重鎮建城及砲台，正式將此一"化外之地"納入國土，卻始終視台灣是個："男無情、女無義，花不香、鳥不語"之蠻邦，所以才會於1895年「甲午戰爭」敗戰之後將咱台灣割讓給日本。日本帝國殖民台灣五十年（自1895年至1945年），因拜「明治維新」之賜，的確用心經營台灣及澎湖，使其繁榮及進步幾乎等同於日本內地。日人為消除台灣人的"清國奴"心態，即進行「皇民化運動」（做"日本奴"政策），迫使台灣人講「日語」（國語），同化台灣人為日本人。如此一來，被日本人取笑為"清國奴"的台灣人，經過日本帝國50年同化教育的結果，也變成"日本奴"。1945年日本戰敗，遠東盟軍統帥麥克阿瑟（Douglas MacArthur, 1880-1964）下令中國軍區統帥蔣介石（1887-1975）佔領台灣。那時台灣人興高彩烈，以為台灣光復回歸「祖國」，可以過著有民族尊嚴的生活。可是1947年發生中國這個外來政權屠殺台灣人的「二二八慘案」，使台灣人的"祖國夢"從此清醒徹底破滅！其時做了五十年"日本奴"的台灣人開始覺醒："狗去豬來"，台灣人從此又要淪為做"中國奴"（支那奴）的次等國民了。1949年蔣介石被中國共產黨打敗，帶著六十萬軍民走路來台，聲明以台灣為"反攻大陸（中國）"基地。隨即進行長達38年又56天之軍事統治（戒嚴），又進行"去日本化"的殖民政策。中國國民黨這個外來攻權的"人文同化政策"的確十分成功，其七十五年來的政策性影響，使當今的台灣人個個都有"中國奴"性格。就如稱中國（支那）為"大陸"，稱自己為"本省人"，以便和統治階層的"高級外省人"比下去。所以說，台灣人也有抗拒政治上自由之"奴性"，迄今還過著被兩岸中國人霸凌奴役的"台巴子"生活。

（一）檢驗台灣人的奴性

人類本性最邪惡的一面，就是奴役同類。「奴隸」這種被「奴隸主人」任意驅使，可說是完全失落人權與尊嚴的可憐人。奴隸從有人類歷史出現時，就已經存在。不幸的是：人類一旦被長期奴役為奴隸，也就習慣成自然，是被奴隸主人任意擺布驅使之賤民。最不應該的，就連「宗教」也在奴役人類。其中「印度教」（Hinduism）的"種姓階級制度"就是其中典型。它所保護的四種姓有：婆羅門族群（Brahmins）：祭司階級。剎帝利族群（Ksatriys）：王家及武士階級。吠舍族群（Vaisyas）：農、工、商階級。首陀羅族群（Sudras）：奴隸賤民階級。前三階級稱爲"再生族"，奴隸階級稱爲"一生族"（為宗教所不救之賤民，無法輪迴再生）。由此可見，不是世上所有宗教都在勸善、救人，有的宗教是以教條害人又奴役同類。印度社會的奴隸階級一直到今天仍然奴性難改，他們雖然被排斥還是不敢公然反抗而安於現實！

反觀台灣人因四百年來受到西方和中國的"奴隸主"殖民政策所奴役，也同樣養成了習慣成自然的"奴性"。甚至自覺：當奴隸只要效忠主人，就有一官半職可做，生活也很安定。以近百年來爲例，日本殖民統治時代，台灣人的生活"日本化"，人人普遍講"日本話"（國語）、"改日本姓名"，從此養成了被日本文化奴役之"奴性"。二次世界大戰以後中國人（以中國國民黨獨裁政權為主）治台期間，也將台灣人"中國化"，利用"北京語"（國語）奴役台灣人的思想意念。從而塑造今日台灣人開口閉口都在講「國語」（其實是"北京語"）的奴性，使自己的"父母話"（賀佬話、客話、原住民族語）幾乎忘掉。台灣各大都市的街道名稱也被「大中國」所綁架，就如：中華路、中山路、中正路、南京東西路、上海路、廣東路、山東街、遼寧街、峨嵋街等等，根本不必"反攻大陸"，爲的是台灣到處都是"迷你中國"。嗚呼哀哉！時下的台灣人都變成 "中國奴" 了，足見中國人對台灣人的 "奴化教育" 相當成功。記得「台灣教授協會」發起人林玉體教授，曾經在公開會議中講到：台灣人因為長久受「中國國民黨政權」的 "奴化"（黨化）教育，以致僅幼稚園學童尚可保持天真思想不受污染。至於小學生、中學生、大學生，因被強迫讀中國歷史與地理，灌輸三民主義及國父遺教之黨化教育，以致畢業後的學生個個變成："小學小獸，中學中獸，大學大獸" 的怪人。一直要到去國外留學增加見識，才會恍然大悟。只是有些「中國阿Q」（魯迅筆下人物）仍然不悟，就像馬英九（哈佛博士）於總統任內，就被外國媒體冠上 "馬阿斗"（Ma the bumbler）綽號。被罷免的高雄市長韓國瑜，也被稱為 "韓草包"（Han the stupid）。兩者均擅長耍嘴皮（口水）從政，又 "親中"、"反美" 及 "賣台"（主張統一）之奴性不變。

（二）解除奴性迎向自由之建言

別以為只有本土台灣人的奴性太重難以自拔，1949年逃難來台的中國人也是如此。自從蔣介石自中國敗逃來台，因無根於斯土，即喊出："反攻大陸（中國）、收復河山" 口號。可是事與願違，長久以來只能被："我的家在山的那一邊"（歌辭）的「懷鄉病」（nostalgia）自我綁架。及至兩岸（兩國）開放可以互相往來，大批在台中國人開始敵我不分（由反共變親共）回去祖家探親，也開始出賣台灣主張 "統一"。既然可和親友相聚，卻也不敢回中國長駐，中國人的"阿Q奴性"從此表露無遺！不過台灣人的"中國化奴性"更重，就像滿口講北京語卻將自己母語忘記，只懂得中國史地卻不知自己的文史及河川山嶽。明知中共威脅欲血洗台灣（留島不留人），仍然還在親中又舔共。這些病態就是「斯德哥爾摩症候群」（Stockholm syndrome）之投射。此一術語，源自1973年8月23日瑞典首都斯德哥爾摩（Stockholm）發生銀行搶案的故事。是日匪徒Olsson和Olofsson持鎗搶劫該地銀行，並且劫持三女一男銀行員為人質。經過五天又十一小時和警方對峙，想不到最後四名行員竟然掩護劫匪逃亡。後來匪徒落網，四名行員卻在法院協助匪徒脫罪，其中一名女行員Christine還和匪徒Olsson結婚。如此"飼老鼠咬布袋"的吃裡扒外社會現象，正是台灣社會人士的通病。

話說回來，台灣人要徹底解除奴性之要領，就是"去中國化"，否則無法迎向「自由」。而解除奴性（去中國化）之建言，有下列幾點：

1. 正確的國家認同

台灣人最嚴重的奴性，不外國家認同錯亂。1949年1月12日蔣介石就知會陳誠："台灣是聯合國委任的託管地，並非中華民國所「光復」。"稍後蔣介石也宣稱：「中華民國」因中國大陸淪陷，實際上已經滅亡。因此必須以台灣為"反攻大陸，收復河山"的基地，才有可能復國。問題是：「中華人民共和國」已經取代早就滅亡的「中華民國」

（ROC）。可是台灣人迄今仍然唱著"亡國調"的「國歌」（其實是中國國民黨的「黨歌」）。害得七十多年來的台灣人，國家認同錯亂。為此，台灣人必須進行「制憲」行動，建立「台灣共和國」。加上要有自己的「國歌」及「國旗歌」，才能夠真正"出頭天"。唯有如此，台灣人才可以消除被「中華民國」綁架的奴性。2020年11月12日美國國務卿龐皮歐（Mike Pompoe）已經公開宣示："台灣不是中國的一部份"（Taiwan has not been a part of China），又2021年3月15日美國國防部「新聞頻道」（News Channel）更公開宣稱："台灣從未是中國的一部份"（Taiwan was never part of China），正好戳破"三民主義統一中國"及"一中各表"之「統派」謊言。2021年1月23日由總統府資政辜寬敏及台灣大學名譽教授李鴻禧，共同發起成立「台灣新憲聯合陣線」大會，期使台灣落實於主權在民的憲政法治新國家。此一運動，大家必須認同及擁護。

2. 重建台灣民族之尊嚴

台灣是多元族群的聚居地，單單原住民就有「民族學」（ethnology）所分類的「平埔族」：西拉雅（Siraya）、洪安雅（Hoanya）、巴布查（Babuza）、拍宰海（Pazche）、拍布拉（Papora）、道卡斯（Taokas）、凱達格蘭（Ketangalan）、葛瑪蘭（Kavalan）等八大族群。至於「高山族」有：泰雅（Atayal）、賽夏（Saisiat）、布農（Bunun）、鄒族（Tsou）、排灣（Paiwan）、魯凱（Rukai）、阿美（Ami）、卑南（Puyuma）、邵

族（Sao）、及達悟（Tao）等十族，他們均屬南島族群。稍後入台的「唐山人」（漢人），有賀佬人及客家人。再加上二次世界大戰終戰以後，逃難來台的中國軍民，構成時下的台灣多元族群。可是「中國國民黨」這個外來政權卻教育台灣人說：大家都是同文同種的“中華民族”，也都是古代神話人物炎帝（神農氏）與黃帝（有熊氏）的子孫。也可以說是：採取「大中華民族主義」來綁架台灣人各族群，奴役他們的民族意識。外來政權硬是要將「台灣人」教育成爲「中國人」，這正是台灣人被中國人奴役之悲哀！爲何台灣人會選出一個“親中”又做過“抓耙子”的馬英九當八年總統，正是凸顯台灣人奴性難改之實例。總之，要重建「台灣民族尊嚴」之第一步，就是認清「台灣」是“台灣民族”的國家，不是“中華民族”的「黨國」及「共產中國」的一部份。史明（施朝輝，1918-2019）指出：「台灣民族」之形成，是歷經四百年反抗外來殖民政權的結果。而「台灣民族主義」崛起，就是在日本治台時期才出現的（見：《史明回憶錄》（pp.815-827）。台灣人藉著反抗外來政權之暴政爭取民族尊嚴，當然要付出慘痛代價。只有如此才能夠掙脫被奴役的命運。就像日治時代的「噍吧哖事件」（1915年由余清芳、羅俊、江定領導，又稱「西來庵事件」）、及「霧社事件」（1930年由莫那魯道領導的原住民抗日事件）。以及1947年台灣人被中國人大屠殺的「二二八事件」（其時台灣人因“祖國夢”破滅而引發台灣各地反抗），1970年4月24日在美國發生的「刺殺蔣經國事件」（由黃文雄和鄭自才執行，但以失敗收場），與1979年12月10日世界人權日發生於高雄市的「美麗島事件」等等可以為例。足見要掙脫被奴役及爭取民族尊嚴與自由，其所付出之代價實在太大。

3. 建構脫中國化的台灣文化

解除台灣人頑固奴性的另一個重要建言，就是建構"脫中國化"的台灣文化。「語言」是文化之根，台灣人於日治時代講「日語」（國語）、中國國民黨統治時代講「北京語」（也叫「國語」）。為此，台灣人必須重新恢復講自己各族的「母語」（即 "Mother tongue"），才能夠解除被外來政權的 "語言奴役"。時下傳統純真的「台灣文化」，已經澈底被外來政權的同化政策加以 "中國化" 所破壞。除了當今的台灣人講的是 "北京語" 外，對於台灣本土的歷史與地理也非常陌生，因為教的都是 "中國史地"。如前所提起的，就連台灣各大都市：台北市、台中市、台南市、高雄市的路名、街名，均不出於：北平路、南京東西路、重慶南北路、四川路、西藏路、濟南路、熱河路、衡陽路。再加上了湖北街、南昌街、廣州街、山東街、迪化街、庫倫街、哈密街、昆明街、桂林街、吳興街等等，根本不必反攻大陸（中國），台灣大都市個個都變成 "迷你中國" 了。更有以中國獨裁者名字來奴化台灣的路名者，那就是：中山路、逸仙路、中正路、介壽路等等，實在是 "造神"（皇帝崇拜）之投射。而且台灣的統治階級高官，都是外來的中國人居多，沾上邊的台灣人奇少。從此造成「外省人」和「本省人」（中國黨政權的用語）的＂省籍分化＂。38年又56天的長期＂戒嚴＂統治之白色恐怖，實在殺人無數。選舉買票、官員貪污，可說是眾所周知的＂中國功夫＂。「儒家」的＂忠義教條＂（忠孝、仁愛、信義、和平）及＂禮、義、廉、恥＂（四維）被宗教化，成為「國家儒教」（九月二十八日是其「祭孔子大典」）之教義。這些＂中國化＂的鴉片（麻醉品），在在綁架「台灣文化」又奴役台灣人的心靈，使其不知所云的自稱為＂中國人＂及＂本省人＂（其實台灣根本不是中國的一省）。所以台灣人自救之道的唯一方法，就是建構＂脫中國化＂的「台灣文化」。方法是：認真學習台灣本土的語言，歷史、地理、宗教、風俗，習慣。當然要以批判性立場加以學習，因為宗教（儒教、道教、佛教、及民間信仰）均被中國文化色彩所奴役。尤其是「民間信仰」之眾神類都來自中國，很容易被「共產中國」所統戰而前往中國進香謁祖。台灣人敬拜那些來自中國的神類雖然出於傳統的風俗習慣，然因隨著時代環境之演變已經大有差別。也可以用下列的話來做類比：「台灣媽祖」始終扶助台灣人獨立建國，「中國媽祖」則協助中共以飛彈、戰機、及軍艦威脅台灣。由此足見台灣社會＂脫中國化＂之重要性，否則台灣人就永遠難以＂出頭天＂。

結語：

探討三千多年前摩西的死對頭「可拉黨」（Korah Party）

的徒眾如何懷抱"抗拒自由的奴性"，以及上主如何協助摩西及亞倫的領導，使以色列人能夠脫出古埃及為奴之地（即掙脫被奴役，獲得真正民族尊嚴之「自由」）這件事，委實給當今的台灣人（尤其是基督徒），有莫大的教示。歷史上任何一個民族要爭取政治上的"真正自由"，都必須付出代價，古代的以色列人如此，台灣人更需要學習。問題是：台灣人直到如今因為被外來政權殖民政策同化教育奴役，始終改不掉"抗拒自由"之奴隸性，甚至基督教會也受影響。就以「台灣基督長老教會」而論，若要強調轉型正義去除"奴性"的話，必須從「教會名稱」著手。君不見台灣各地「教會」都是一些"奴性"很重的名稱嗎？什麼「中山教會」、「中正教會」、「中華教會」、「復國教會」、「光華教會」、「金陵教會」、「漢民教會」、「中原教會」、「忠孝教會」、「三民教會」等等，都是"中國功夫"的東西，也都是"抗拒自由"甘心被奴役的"奴隸性"展現。台灣教會興亡，基督徒有責。畢竟"基督是主，不是該撒是主"。所以說，台灣人要拋棄被外來政權的奴役及中國土匪之統戰，台灣基督徒就必須以身作則，為爭取"政治上的自由"奮鬥不懈！

2020年12月10日 世界人權日撰
2021年4月6日修改

Ch.8　大衛與歌利亞

非利士人也漸漸地迎著大衛來，拿盾牌的走在前頭。
非利士人觀看，見了大衛，就藐視他；因為他年輕，
面色光紅，容貌俊美。非利士人對大衛說：「你拿
杖到我這裏來，我豈是狗呢？」非利士人就指自己的
神咒詛大衛。非利士人又對大衛說：「來吧！我將你
的肉給空中的飛鳥、田野的走獸吃。」大衛對非利士
人說：「你來攻擊我，是靠著刀槍和銅戟；我來攻擊
你，是靠萬軍之耶和華的名，就是你所怒罵帶領以色
列軍隊的上帝。今日耶和華必將你交在我手裏。我必
殺你，斬你的頭，又將非利士軍兵的屍首給空中的飛
鳥、地上的野獸吃，使普天下的人都知道以色列中有
上帝；又使這眾人知道耶和華使人得勝，不是用刀用
槍，因為爭戰的勝敗全在乎耶和華。他必將你們交在
我們手裏。」非利士人起身，迎著大衛前來。大衛急
忙迎著非利士人，往戰場跑去。大衛用手從囊中掏出
一塊石子來，用機弦甩去，打中非利士人的額，石子
進入額內，他就仆倒，面伏於地。這樣，大衛用機
弦甩石，勝了那非利士人，打死他；大衛手中卻沒有

刀。大衛跑去，站在非利士人身旁，將他的刀從鞘中拔出來，殺死他，割了他的頭。非利士眾人看見他們討戰的勇士死了，就都逃跑。以色列人和猶大人便起身吶喊，追趕非利士人，直到迦特和以革倫的城門。被殺的非利士人倒在沙拉音的路上，直到迦特和以革倫。以色列人追趕非利士人回來，就奪了他們的營盤。大衛將那非利士人的頭拿到耶路撒冷，卻將他軍裝放在自己的帳棚裏。

（撒母耳記上十七：41-54）

人類歷史上一夫當關克敵制勝救國救民的故事，時常令人傳誦。主前十一世紀「以色列聯合王國」（約B.C. 1020-922）初期，君王掃羅（King Saul, B.C. 1020-1004）面對強敵非利士人（Philistines）不斷挑戰。正於國家面臨存亡之時，少年大衛（David）戰勝非利士巨人戰將歌利亞（Goliath）的故事為其中之一。然而此一三千多年前的故事對於今日的基督徒而言，依舊有其重要的啟示。就像勇敢的少年大衛便是一位以大無畏精神對抗強權暴政的代表性人物。他也可以象徵弱勢族群，為欲爭取自由及人權的犧牲奮鬥。為此，這個故事"是舊仍然永新"，值得永遠傳誦！

一、從大衛與歌利亞的故事談起

這個故事之始末，應該從《撒母耳記上》（十七：1以下）開始閱讀。而在（十七：41-54）則為故事之頂峰。內容記載非利士巨人戰將歌利亞如何狂妄自大，以自己信奉的非利士神明名字咒詛大衛。而大衛則奉萬軍統帥的上主聖名勇敢殺死強敵，從而打敗非利士人。因此大衛被以色列全國民眾奉為英雄，他們歡呼："掃羅殺死敵人千千，大衛殺死敵人萬萬"（見：十八:7）。下面就來探討經文之內容。

（一）非利士人向以色列人宣戰（十七：1-11）

「以色列聯合王國」首任君王掃羅（King Saul）執政時代，他所面對的強敵就是非利士人（Philistines）。其實，以色列人（Israel）最後的一任士師撒母耳（Judge Samuel）領導十二支派族群建立「以色列聯合王國」的主要原因，就是要求被膏立的君王掃羅從事下列任務（見：撒母耳記上十：1）：

"於是撒母耳拿一瓶橄欖油倒在掃羅頭上親吻他說：「上主膏立你做以色列的統治者，你將治理祂的子民，拯救他們脫離所有仇敵。」"

以色列人除了對抗四周圍強敵外，最難對付者不外非

利士人。《撒母耳記上》（十七：1-11）言及非利士巨人戰將
歌利亞，以極為傲慢姿態向以色列人挑戰。其時非利士人
群集在猶大地（Judah）的梭哥（Socoh），紮營於梭哥和亞西加
（Azekah）之間的以弗大憫（Ephesdammim）向以色列人叫陣。
掃羅率領以色列人紮營於以拉谷（The valley of Elah）應戰。那
時迦特城（Gath）的巨人戰將歌利亞，公然挑戰以色列人。
他身高六肘又一虎口（約三公尺），頭戴銅盔，身穿重五千
舍克勒（約五十七公斤）鎧甲，兩腿有銅甲保護。肩上背著銅
戟，槍柄長又粗，鐵槍頭重六百舍克勒（約七公斤）。有一個
兵拿著他的盾牌走在前頭，歌利亞目中無人開始向以色列人
叫陣："掃羅的奴隸們，挑一個人來跟我作戰。如果打勝仗
你們就殺我，我們就做你們的奴隸。……現在我向以色列軍
隊挑戰，你們敢不敢派人出來跟我作戰？"君王掃羅和以色
列眾人聽見歌利亞叫陣，就非常害怕。

（二）掃羅允許大衛迎戰歌利亞（十七：12-40）

猶大地伯利恆（Bethlehem in Judah）的以法他人（Ephrathite）
其名叫耶西（Jesse）者，有八個兒子。其中三個兒子：長
子以利押（Eliab）、次子亞比拿達（Abinadab）、三子沙瑪
（Shammah），都跟隨掃羅出征。最小兒子大衛（David）在野
地牧羊。其時巨人歌利亞早晚出來向以色列人叫陣，已有
四十天之久。一日年紀大的耶西思念三個兒子心切，就叫大
衛前往戰地探問他三個兄長。抵達戰地見了兄長送給慰問品

之後，大衛目睹歌利亞叫陣使以色列軍兵懼怕的一幕，使他異常憤怒。因為他認為歌利亞藐視"永生上主的軍隊"（十七：26）。大衛就問說：如果能殺死歌利亞者有何報賞？雖然長兄以利押嫌大衛是個多嘴的小子，可是大衛這一問卻有人報告總司令的君王掃羅。於是大衛被掃羅召見，大衛在掃羅面前堅決表示他可以對抗歌利亞。掃羅先是懷疑大衛難以勝任，畢竟歌利亞是個巨人戰將。大衛則以他牧羊時如何殺死獅與熊，從而拯救羊群的經驗說服掃羅王。掃羅終於答應大衛自告奮勇之請求。人對抗凶悍戰將，一定需要裝備。於是掃羅將自己的頭盔、鎧甲、及刀欲送給大衛穿戴。因為裝備太重使大衛走不動，他就向掃羅表示穿不慣。當然大衛自己有一套對抗頑敵的裝備：一根牧杖、一條甩石繩子、及撿來放在袋裡的五個小石卵。那時掃羅懸賞：凡能殺死巨人歌利亞戰將的英雄可得到一大筆獎金、父家應納的稅金也全免、又要將公主嫁給他。

（三）大衛戰勝歌利亞（十七：41-54）

經文言及勇敢的青少年牧者大衛，即時帶著簡單的裝備走向戰場，豪無懼怕的面對歌利亞。非利士戰將歌利亞看到大衛一身牧人打扮，就取笑他持牧杖像在打狗。繼而咒罵大衛，聲言要將他的屍身丟給飛鳥與野獸吃。其時大衛作如下的回應（見：十七：45-47）：

"你來攻擊我是靠著刀槍和銅戟，我來攻擊你是靠著萬軍之耶和華（上主）聖名，祂就是你所怒罵帶領以色列軍隊的上主。今日上主必將你交在我手裡。我必殺你，斬你的頭。又將非利士軍兵的屍身給空中的飛鳥、地上的野獸喫。使普世人類知道以色列中有上主，又教人知道上主使人得勝不是用刀用槍。因為戰爭勝敗全在乎上主，祂必將你們交在我們手中。"

歌利亞聽見大衛的宣告，就怒氣沖沖走向大衛要擊殺他。大衛迅速迎戰歌利亞，從袋子裡取出一個石卵，用投石繩投向歌利亞打中他的前額頭蓋。歌利亞即刻臉朝地伏倒，大衛就迅速跑向前拔下他的大刀，砍下他的頭。非利士人看到他們的英雄被殺，就大驚失措逃走。以色列軍隊自後面追擊，沿著沙拉音（Shaaraim）的路一直追殺到迦特（Gath）和以革倫（Ekron）城門口。非利士人大敗而屍橫遍野，以色列軍隊大勝，掠奪非利士人營地。戰爭總是無情的，得勝的大衛帶著歌利亞的頭回到耶路撒冷，接受勝利的歡呼。

後來掃羅通過元帥押尼珥（Abner）的協助接見大衛，並且給予獎賞。王子約拿丹（Jonathan）從此和大衛成為知交。戰爭英雄大衛也從此成為掃羅女婿。以色列人歌頌英雄大衛，因而引起掃羅嫉妒（見：十八：1-30）。之後，大衛成為「以色列聯合王國」最偉大的君王，締造史無前例的國家廣闊領地，在位有43年之久（B.C. 1004-961）。

二、聖經中一夫當關之勇者

大衛憑其對上主的信仰及勇氣戰勝非利士巨人戰將歌利亞的救國救民故事，的確啓示我們去緬懷聖經中一夫當關的三位勇者：兩位是《舊約聖經》中的摩西（Moses）和以利亞（Elijah），另一位是《新約聖經》中的耶穌基督（Jesus Christ）。因爲這三位一夫當關的勇者是「猶太教」（Judaism）及「基督教」（Christianity）之拯救者（彌賽亞），所以新約的「共觀福音書」（Synopotic Gospels）均記載這三位勇者同列，一起在山上出現的故事（見：馬太十七：1-13，馬可九：2-13，路加九：28-36，即「山上變貌」故事所描述者）。

（一）摩西拯救以色列奴隸同胞出埃及

摩西（Moses）一生爲以色列民族的自由而奮鬥的故事，記載於所謂「摩西五經」中的《出埃及記》、《利未記》、《民數記》及《申命記》四本經典之中。而《出埃及記》可以說是「摩西傳」之重要史書。書中敍述摩西出生於主前十三世紀埃及王法老（Pharaoh, King of Egypt）奴役以色列人的時代。當法老王進行消滅希伯來人（Hebrews）男嬰之時，他幸運成爲法老王公主之養子。他在埃及王宮做四十年王子之後，有一天爲希伯來人奴工主持公道時殺死埃及工頭。之後流亡西乃曠野做了酋長葉特羅（Jethro）的女婿，其妻西波拉（Zipporah）和他同甘共苦生活四十年。一日在西乃山接受“自有永有”（自然而然）的列祖之神，即：亞伯拉罕（Abraham）、以撒（Isaac）、雅各（Jacob）三位祖先信奉的上主之選召（見：出埃及記三：1-15），勇敢回到埃及喚醒奴隸同胞之選民意識。並且一夫當關，爲被奴役長達450年的同胞向埃及王法老爭取自由。那時摩西的得力助手是其兄亞倫（Aaron）及其姊米利暗（Miriam）。摩西要使一個被埃及人奴役四百多年的奴隸同胞覺醒的要領，就是“宗教教育”。他創立「猶太教」（Judaism），教導同胞明白列祖所信奉的「一神信仰」（monotheism）。他強調：埃及人信奉的“動物頭人身”及“帝王崇拜”（法老是太陽神化身）之「多神信仰」（polytheism），既迷信又在奴役同胞。而列祖信奉之“獨一真神”，是正要釋放同胞獲得自由之上主。如此宗教比較，終於使奴隸同胞突然覺醒（此即摩西訂立「十誡」第一條誡命：“除了我以外，你不可有別的神”之基礎）。可是埃及王法老心硬，不會輕易釋放希伯來奴工自由。於摩西採取埃及巫師慣用手法，行了「十災」神跡（見：出埃及記七：14～十一：10）。法老王才心不甘情不願的使希伯來奴工過了「紅海」，脫出他們長久爲奴之傷心地埃及。摩西終其一生都在爲自己同胞的自由建國而奮鬥，自出埃及之後又在西乃曠野流浪足足有四十年之久。此間體驗自由的代價是另一種苦難：無水可飲、無肉可食，又被奴性未改的反對者抵制，以及外敵之攻擊。儘管他死在流浪之地無法進入應許之地迦南（Canaan），但是他創立「猶太教」以及引導同胞脫出埃及爲奴之地的豐功偉跡，在歷史上永遠不能磨滅！

（二）先知以利亞拯救「猶太教」免被異教消滅

主前九世紀（B.C.9thCentury.）「北王國以色列」的君
王亞哈（King Ahab, B.C. 876-854，在位22年）因娶西頓王謁巴力
（Ethbaal, King of Sidon）之女耶洗別（Jezebel）為后，因而引進異
教以及近千人巫師。為此國內到處設置巴力（Baal）及亞舍
拉（Asherah）神廟，惹怒列祖之唯一神上主（見：列王紀上十六：
30-33）。更悲慘的是：上主的先知均被王后耶洗別殺害，全
國只剩下先知以利亞（Elijah）和躲在山洞中的一百名先知，
「耶和華宗教」近乎被消滅（見：列王紀上十八：4）。其時，
這位始終與上主同行的大無畏不怕死的先知以利亞（Elijah）
挺身而出，為恢復「耶和華宗教」自己一馬當先進行宗教
改革行動。他曾經直接指斥亞哈王及王后耶洗別搶奪義人
拿伯（Naboth）祖產，又將其謀殺之罪惡（見：列王紀上二十一：
1以下）。並且宣告上主將因王室之罪惡刑罰全國，使遍地
乾旱飢荒（見：列王紀上十七：1以下）。然而先知以利亞最大的
貢獻，就是成功拯救「耶和華宗教」（摩西所創「猶太教」）
免被西頓的異教所消滅。因為他一夫當關在迦密山（Mount
Carmel）和450名巴力巫師以及400名亞舍拉巫師鬥法獲得空
前勝利，並將他們全數剿滅，進而使以色列全國恢復列祖
的「耶和華宗教」之傳統信仰（見：列王紀上十八：1-40）。從
此，以色列人永遠奉他為先知中之先知！

（三）耶穌在耶路撒冷淨化「聖殿」

　　大約於公元第一世紀三〇年代左右，耶穌開始進入公生涯，宣揚他「理想國」（上主是天父，人類都是兄弟姊妹的“上主國度”）的福音。他離開其生長之地拿撒勒（Nazareth），在加利利（Galilee）地區招募門徒進行宣教事工。其重點放在改革「猶太教」之腐敗，批判「摩西教條」（Moses' Law）如同“重擔”一樣加在信徒身上，已經背離天父上主的大愛精神太遠。爲此，耶穌呼籲當代的猶太教徒來接受他的教導，畢竟他所宣揚的真理，是就輕省又容易持守的擔子（見：馬太十一：28-30）：

　　“凡勞苦背負重擔的人到我這裡來，我要使你們得到安息。你們要負起我的軛（指“教導”）跟我學習，因爲我心地溫柔、謙卑。這樣你們就可以得到安息。因爲我的軛是容易背負的，我的擔子是輕的。”

　　耶穌是一位勇敢又慈悲爲懷的宗教家。他說人所不敢說的正義言語，救治眾多的病人，又關心兒童及婦女（他們是當代弱勢的一群人）。並且敢向當代「猶太教」的“安息日”僵化教條挑戰，因此耶穌被眾人奉爲“拿撒勒的先知”（見：馬太二十一：11）。正因爲耶穌勇於斥責當代宗教領袖：經學士、拉比（主持「會堂」的教職者）、祭司集團（把持耶路撒冷

「聖殿」之祭儀及教權）、和法利賽人（敬虔主義派）之僞善及罪惡（見：馬太二十三：1-36），因此他們設計陷害他，非欲置他於死地不可。其實使耶穌最難忍受的一件事，就是「猶太教」位於首府耶路撒冷的「聖殿」（其他各地禮拜的場所是「會堂」）。因爲它長久以來，已經被祭司集團當做剝削信徒的商業化場所。耶穌爲此義憤塡胸，稱「聖殿」做 "賊窩"（見：馬太二十一：12-13，馬可十一：15-19，路加十九：45-48）或 "市場"（見：約翰二：13-22）。祭司長和經學士聽見耶穌如此嚴厲的指斥，就找機會要殺害耶穌。只是民眾都從心裡認同，敬佩他的直言及教訓（馬太二十一：18）。事實上，耶穌早就向門人預告自己將犧牲生命之事，也指出殺害他的凶手是誰。可是殺得了他的肉身卻殺不了他的精神，因爲他將要復活（見：馬太十六：21，馬可八：31，路加九：22）。原來耶穌的受難犧牲，直接和「潔淨聖殿」的 "耶路撒冷事件" 有關。猶太人傳統上必須於「逾越節」（Passover）、「五旬節」（Pentecost，或「七七節」），及「住棚節」（Taberacles）時前往耶路撒冷「聖殿」朝聖（巡禮）。朝聖者不可空手前往，他們都必須供獻祭犧（鴿子、羔羊、牛）。而每一種祭牲都要通過祭司檢查有否瑕疵，之後才可以成爲祭品獻給上主。問題在於信徒自養之祭牲通過的比率很低，只好將帶來的牲畜在市場賤賣出售。想不到這些牲畜又落入聖殿商人手中，以高價被賣出。也就是說，朝聖客買自聖殿商人手中之祭牲，不管有否瑕疵都會因祭司之包庇而全數通過。這種欺騙上主的劣行耶穌看在眼裡，所以才會公開指斥祭司集團已將「聖殿」變做"賊窩"及"市場"。再加上換錢手續的剝削（羅馬皇帝頭像的錢幣必須兌換七支燈台造型的「聖殿錢幣」才可捐獻），使耶穌採取「潔淨聖殿」行動：以繩為鞭擊打奸商，又翻倒兌換聖殿錢幣商人的棹子。就像台灣俗語所言："得罪土地公飼無雞"，耶穌既然得罪耶路撒冷的土地公「祭司長」（猶太教大祭司），就難逃被捕並被處死的命運。並且還被冠上一個莫須有的政治犯罪名："拿撒人耶穌，猶太人的王"（和騎驢入城被稱王的遊行有關），被羅馬帝國殖民政權釘死於十字架上犧牲！一直等到三百年後，將耶穌處死的羅馬帝國出了一個跪在十字架下認罪的皇帝：康士但丁大帝（Constantine the Great, 288-337），從此改變「基督教」的歷史（承認「基督教」為國教）。至此，耶穌成為人類史上一位"輸輸仔贏"（以輸為贏）的救世主。因為「基督教」被羅馬帝國迫害了三百年之後，耶穌復活了！

結語：

　　大衛戰勝歌利亞的歷史故事，充分啟示你我相信：弱勢者（或團體）只要有信心與勇氣，就足以得勝強權又改變民族的命運。摩西、以利亞、與耶穌這三位《新舊約聖經》中的偉人，也都各自完成救民族、救宗教、救人類之偉大事業。因為他們一夫當關對抗強權，留下不可抹滅之美好榜樣。其實以二十世紀的德國為例，就有兩位一夫當關為公義人權的偉人出現，他們就是：福吉耳（Heinrich Vogel）和潘霍華（Dietrich Bonhoeffer,1906-1945）。福吉耳是德國「認信教會」（Cofessional Church）的牧師。1935年3月暴君希特勒（Adol Hiter,1889-1945）下令德國教會青年團契必須納入納粹國家組織時，只有他一人勇於出面反對。後來被蓋世太保（特務警察）拘捕。隨後有七百多位牧者加入反對陣營也同樣被捕，他們無懼於強權之壓制。至於潘霍華牧師是著名神學家，當希特勒瘋狂屠殺猶太人之時，他自美國返回德國參與暗殺希特勒行動。結果暗殺不成被捕，1945年初德國戰敗之前在集中營被絞殺處死。他的犧牲於戰後引發德國教會深深之反省，從而出現「基督教世俗主義」（Christian Secularism）的社會倫理神學。那麼時下台灣社會到底有沒有像大衛一樣的豪傑？或勇於對抗強暴政權而改變民族命運的志士呢？下面列舉的幾位青年志士，他們的勇敢實在令人敬佩。2018年2月28日長老教會青年周維理、張閔喬、和另外五位學生前往桃園大溪「慈湖」，向二二八事件元兇的蔣介石墓潑紅漆，後來被捕起訴。同年7月6日他們於上法院之前再赴台北市的「中正廟」潑紅漆，藉以表達台灣社會轉型正義之重要性。2018年9月22日台南市七股「黃昭堂紀念公園」開幕時，國民黨女議員王家貞前往鬧場，基進黨成員李宗霖建築師挺身反諷嗆聲，不畏潑婦鬧場罵街。大家應該記得1970年4月24不怕死的留美台灣青年黃文雄及其妹婿鄭自財，於美國紐約刺殺蔣經國事件。儘管沒有成功，卻影響國民黨日後的治台政策。又「二二八和平日」發起人之一，也是『自由時代週刊』主編的鄭南榕先生，因堅決主張「台灣獨立」被當局以叛亂罪名要拘捕他，結果自囚於編輯室71日。最後因侯友宜率領警察大陣仗圍捕而自焚，於1989年4月7日上午八點壯烈犧牲。他曾經公開宣稱："國民黨邪惡政權只能抓到我的屍體，不能抓到我這個人。"然而他的犧牲的確激發台灣人對抗中國國民黨此一專制政權之覺醒，使外來政權的中國國民黨無法永遠在台灣"家天下"而一黨專政下去。更有2014年林飛帆主導的"太陽花"運動，均影響台灣社會之民主化。由此可見，人只要有自己的無私信念及視死如歸之勇氣，才有可能改變自己民族的命運。當今的台灣人的確需要有大衛對抗歌利亞一樣的勇氣，因為「中國」這個十三多億人口的共產黨專制政權正如同歌利亞一樣，時時在打壓威脅兩千三百多萬人口酷似大衛的「台灣」。為此，只有藉著對歷史主宰者上主的信心和勇氣，才能夠打敗強權，建立「台灣共和國」。此即大衛對抗歌利亞的故事，給今日台灣人的重要啟示。

2018年9月30日

第 二 部

基督徒與政治

荷蘭畫家特布魯根（Hendrik Terbrugghen, 1588-1629）作品。這幅「聖多馬的懷疑」（The Incredulity of St. Thomas）名畫。大約作於17世紀，現收藏於荷蘭阿姆斯特丹的國家博物館（Rijksmuseum）

長老教會的信仰

> "我照上主所給我的恩,好像一個聰明的工頭,立好
> 了根基,有別人在上面建造;只是各人要謹慎怎樣在
> 上面建造。因為那已經立好的根基就是耶穌基督,此
> 外沒有人能立別的根基。"
>
> *(哥林多前書三:10-11)*

「基督教」(Christianity)立足於人類歷史中,算起來已經有兩千年之久。這個信徒最多的國際性宗教,可分為三大傳統教團:「羅馬大公教會」(Roman Catholic Church,即華人社會所稱的"天主教")。它為世界最大的基督教團,其位於義大利的梵蒂崗教廷(Vatican City),是現今中立的宗教國度。「東方正統教會」(Eastern Orthodox Church,通稱"希臘正教")。它分佈於希臘、小亞細亞、俄羅斯及東歐諸國。「改革教會」(Churches of Reformation, or Protestant Church,俗稱"新教")。它即十六世紀宗教改革所形成的普世教團,也由此衍生許多教派。世上任何一個歷史久遠的宗教團體,因為領導人的因素其分宗立派在所難免,「基督教」也不例外。單就目前的台灣基督宗派而論,已經超過一百個以上的派

別，而且都是由上列「改革教會」系統所衍生而出。而且各教派都有其不同之體制、教義及儀式，更有正統及非正統之分野。這些差別，可以從下列宗教學之分類看出來。

A. 教制基督教（Institutional Christianity）

這類教團之共同特徵是：具有長久的歷史發展，教團也有健全之組織及領導中心，又有國際性影響力。他們遵從「使徒信經」（Apostles' Creed）、「尼西亞信經」（Nicene Creed），也有自己的「信條」（Confessio）。在台灣社會這一類代表性教團有：「羅馬大公教會」（天主教會）、「東方正統教會」、「台灣基督長老教會」、「聖公會」（即英國國教的安立甘教會）、「信義會」（路德宗教會）、「歸正教會」、及「門諾會」等。

B. 教派基督教（Sectarian Christianity）

這類教團的共同特徵是：由恩賜性人物所領導，脫離原有「教制基督教」教團而自創派別。目的不外凸顯其所創教派之特色，就如：強調信徒之聖潔生活及熱心傳教。強調無抵抗主義、浸水洗禮、靈恩運動、末日審判、基督再來等等。台灣社會這一類教團有：「台灣聖教會」、「衛理公會」（美以美會）、「浸信會」、「行道會」、「循理會」、「神召會」、「貴格會」、「拿撒勒人會」、「召會」（原「聚會所」）、「靈糧堂」等。

C. 急進基督教（Radical Christianity）

這類教團的共同特徵是：由自稱"使徒"、"先知"、"神人"、"使女"的人物所領導，以標新立異的

宣教行為吸引信眾，從原有教團脫離又帶走信徒（俗稱＂偷牽
羊＂）。並且本位主義強烈，否定其他宗派有＂得救＂的機
會。宣稱自己才是＂真基督教＂，故欲拆毀其他宗派。這類
教團可見之於台灣社會者，有：「真耶穌教會」、「基督復
臨安息日會」、「新約教會」、「真道教會」等。

D. 類似基督教（Quasi Christianity）

這類教團的共同特徵即：徒具「基督教」之名，卻無
「基督教」之實（因此被定位做「基督教旁門」（Christian Devtiation）
或「偽基督教」（Pseudo Christianity），又被正統基督教稱為「異端」
（Heresy）教團。然而以「類似基督教」（Quasi Christianity）做為分類，
比較接近學術稱謂。）就是因為他們相信「耶穌基督」以外，又
標榜另外一位救世主。《新舊約聖經》之外，又創作自己的
經典，所以被以「類似基督教」為歸類。而「急進基督教」
的本位主義、人物崇拜、偷牽羊（吸引其他教派人士入信），是
這類教團之共同特色。這類教團流傳於台灣社會者，有：
「耶穌基督後期聖徒教會」（摩門教）、「耶和華見證人」
（守望台聖經書社、王國聚會所）、「世界基督教統一神靈協會」
（統一教）、「家庭教團」（The Family）等。

上列四種類型的「基督教」教團，能夠在斯土台灣彼
此合作者殊少，互相攻擊者居多，這點不能不說是＂多元
基督教宗派＂之病態現象，委實令人遺憾！昔日希臘半島
的「哥林多教會」（Church of Corinth）也有分黨立派問題，就
如：保羅黨（Paul Party）與亞波羅黨（Apollo Party）之互不相
讓，令保羅這位教會開拓者傷透腦筋。於是保羅用《哥林

多前書》（三：1-23）做了回應，而且做如下的強調：“教會的根基是耶穌基督”，不是保羅或亞波羅這兩位宣教師（見：哥林多前書三：11）。保羅是小亞細亞（Asia Minor）大數城（Tarsus）的猶太僑民，在哥林多（Corinth）這個繁榮的希臘半島港都有一年半之久傳揚基督福音，立場當然比改信基督的猶太人開明。根據《使徒行傳》（十八：24-28）所載，亞波羅（Apollo）是個有豐富「聖經知識」（有學問）的猶太人。只是傳福音的態度保守，只強調施洗約翰（John the Baptist）的悔改洗禮，因此也有許多跟隨者。爲此，保羅才向哥林多教會信徒提醒：基督福音之宣揚不可受制於人事，因爲「教會」之根基是耶穌基督，不是保羅或亞波羅。

從立場上言，「台灣基督長老教會」是類屬於“教制基督教”（Institutional Christianity）的一個宗派（長老宗）。這個加爾文主義（Calvinism）教團有健全的「改革教會」（Protestant Church, or Reformed Church）之精神，以及正統的基督教信仰。因其走「普世基督教合一運動」之路線，所以具備接納其他基督教宗派之胸懷，以便共同建設耶穌基督之「聖會」於地上。當然「長老教會」不是一個基督教宗派的混合主義者，若有“靈恩運動”、“末世論”、及“敬拜讚美”之走向，都是教牧人員誤導因素所使然，其極端者就變成是一種墮落。也就是說，“急進基督教”（Radical Christianity）及“類似基督教”（Quasi Christianity）之作風，「長老教會」是難以苟同的。雖然如此，「長老教會」是接納友好宗派的和平使者，爲此人人都以做爲一個「長老教會」的基督徒爲榮。當然基督教信仰若有所健全，立場又正確，信徒就自然對其信仰有自信及把握。

一、長老教會之信仰精神

繼德國天主教修士馬丁路德（Martin Luther, 1483-1546）於十六世紀初期進行「宗教改革」（Reformation）之後，出身法國的第二代宗教改革家約翰加爾文（John Calvin, 1509-1564）也立足於瑞士日內瓦（Geneve）進行另一波的宗教改革運動。約翰加爾文在日內瓦的宗教改革運動十分成功，因而形成「加爾文主義」（Calvinism）。其宗教改革影響於瑞士及荷蘭者，稱做「歸正教會」（Reformed Church）。由約翰加爾文門人諾克斯（John Knox, 1505-1572）回到蘇格蘭（Scotland）從事宗教改革運動所形成的教會，便是「長老教會」（Presbyterian Church）。這個教團因奉行"加爾文主義"又實施"長老制"（Presbytery Order），因而得名。

「台灣基督長老教會」原本有南北兩個教區：南部教區由「英國長老教會」（Presbyterian Church of England）所開拓，首任宣教師為馬雅各醫師（Dr. James Laidlaw Maxwell, 1835-1921）；北部教區由「加拿大長老教會」（Canadian Presbyterian Church）所開拓，首任宣教師為偕叡理牧師（Rev. George Leslie Mackay, 1844-1901）。普世「加爾文主義」的教會除了接納《新舊約聖經》（The Holy Bible）為唯一的信仰準則外，也接

納古代西方基督教會所傳承的「使徒信經」（Apostles' Creed）
與「尼西亞信經」（Nicene Creed）。而「台灣基督長老教會」
特別接納「西敏斯德信仰告白」（Westminster Confession, 1646）
以及「台灣基督長老教會信仰告白」（Confession of Presbyterian
Church in Taiwan, 1982）。嚴格來說，長老教會的信仰精神有四
項：

(一)《新舊約聖經》是唯一信仰準則

　　「長老教會」堅持宗教改革的信仰精神：《新舊約聖
經》（The Holy Bible）是基督徒唯一的信仰準則。就是接納其
中《舊約聖經》三十九卷，《新約聖經》二十七卷。《新舊
約聖經》之所以能夠做為基督徒的心靈糧食，在於他們證言
的"信仰"（belief）內涵。基督徒以"信仰"來研讀《新舊
約聖經》，又經由聖神（Holy Spirit）之"啓示"（revelation），
就自然成為"上主的話語"。因為《新舊約聖經》之作者均
為古人，因此需要基督徒運用"信仰"及"理性"（reason）
來加以詮釋與判斷。而協助基督徒研讀「聖經」的判斷工
具，就是借助：聖經導論（包括作者之歷史背景）、聖經註解、
以及聖經神學（具有水準）等等之文獻。因此作者、宗派、出
版社，均必須加以嚴格選擇。做為"上主話語"的《新舊
約聖經》，其真理是整體性的，不是部份引用或斷章取義
的。基督徒相信全本《新舊約聖經》的六十六卷內容（舊約
39卷、新約27卷），均為上主所默示的真理（見：提摩太後書三：

16-17）。唯有認識其中眞理，才會曉悟耶穌基督的救恩。不過原爲「猶太教」（Judaism）經典的《舊約聖經》（猶太教稱做：《律法、先知、文集》，簡稱Tonakh），基督徒對它的認知可以借用古代教父奧古斯丁（St. Aurelius Augustine, 354-443）之名言來加以說明：“「舊約」是「新約」之準備，「新約」是「舊約」的完成”。也就是說：《舊約聖經》啓示上主藉著以色列民族（Israelites）此一選民之信仰來預備普世救恩，《新約聖經》證言上主藉著道成肉身的耶穌基督（Jesus Christ）完成普世人類之救贖，締造“上主爲天父，人類是兄弟姊妹”這一生命共同體的「上主聖國」於人間。

（二）信徒（基督徒）皆「祭司」

“信徒皆祭司”係十六世紀宗教改革運動領袖馬丁路德提出的三大口號之一（其餘兩個口號是：“聖經爲唯一信仰準則”及“因信稱義”）。「長老教會」視其爲信仰精神不可缺少之傳統，因爲有「聖經」之依據：

> “你們是蒙揀選的一族，是王家的「祭司」，聖潔的國度，上主的子民。上主選召你們離開黑暗，進入祂輝煌的光明，來宣揚祂奇妙的作爲”（彼得前書二：9）。

基督徒是“蒙揀選的一族”，他們都是“祭司”。他們在社會上爲光爲鹽（見：馬太五：13-16），見證天父上主愛與公義的福音。所以基督徒的「祭司性」（priesthood），就是表現於事奉教會以及服務世俗社會，以及引導人親近天父上主之基礎上。這等於指出：爲基督福音獻身做“活祭”（羅馬書十二：1-2），不是如同「羅馬大公教會」（天主教）所指僅限於聖職人員（神父）而已，反而是“一切信徒都是祭司”，均有份於獻身“做活祭”之事工。所以基督徒個個都有“祭司”職份，也即帶領人人親近天父上主成爲祂的兒女之使命。

（三）罪人因「恩典」得救

　　人人都有“原罪”（人性之軟弱），他們之所以能夠得救，只有靠主耶穌的恩典（sola gratia），這是「加爾文主義」（Calvinism）和「路德主義」（Lutheranism）的“因信稱義”（sola fide）之基本差異。也就是說，馬丁路德於宗教改革時期所喊出的“因信稱義”（sola fide）口號並不爲約翰加爾文認同，於是將其修整爲“因恩典得救”（sola gratia）之口號，而爲「加爾文主義」之特色。對於約翰加爾文而言，“人性”（human nature）是軟弱的，它具有“原罪”（original sin）。因此人類之得救不是單靠“信仰”（belief），而是靠著天父上主的“恩典”（grace），即耶穌基督之救恩。話說回來，十六世紀宗教改革喊出“因信稱義”口號之目的，在於反對「羅馬大公教會」（天主教）的“善功主義”，尤其是人人可以利用金錢買"贖罪"功效，也即教廷公開向信徒販賣「贖罪卷」（Indulgency）之迷信。對於當代宗教改革者而言，「基督教」是"因信稱義"的宗教，不是靠金錢與善功去積功德得救的宗教。畢竟人類"得救"來自基督的"救贖恩典"，不是修什麼善功（積功德）之結果。

（四）只有「榮光上主」

"只有榮光上主"（soli Deo gloria）是「加爾文主義」所強調的信仰精神。「長老教會」也遵循這個信仰傳統，藉以凸顯「加爾文主義」之特色。昔日耶穌於「山上寶訓」（馬太五章至七章）教導跟隨者時，就特別強調"只有榮光上主"的道理：

> "你們是人間的鹽。鹽如果失去鹹味，就無法使它再鹹而成為廢物，只好丟棄任人踐踏（指岩鹽）。你們是人間的光。一座建造在山上的城堡是難以遮蓋起來的。沒有人將點亮的燈放在斗底下，一定是放在燈台上，好照亮全家的人。同樣的道理，你們的光也該照在人人的面前，讓他們看見你們的好行為，來歸榮光你們在天上的父親"（馬太五：13-16）。

天父上主之主權臨在於歷史上每一個時代當中，"人性"本具軟弱的人類（所謂：罪人）是信靠耶穌基督的救恩

（恩典）被救贖，而重新與天父上建立父子關係的（與上主和好）。爲此，「長老教會」的《要理問答》（Catechism）特別強調：人的生活本份是"只有榮光上主"（soli Deo gloria）。

　　從以上的探討，就可以領會「加爾文主義」的宗教改革立場，僅接納「路德主義」的"唯「聖經」是信仰準則"及"信徒皆祭司"這兩個信仰精神，而將"因信稱義"（sola fide）修整爲"只靠恩典得救"（sola gratia）。並且加上"只有榮光上主"（soli Deo gloria）的基督徒生活倫理，來凸顯其信仰精神。

二、長老教會的信仰生活

　　普世基督教教團有「主教制」、「會眾制」、及「代議制」組織。「台灣基督長老教會」採取加爾文主義的「代議制」，教團組織有「總會」（General Assembly）、「大會」（synod）、「中會」（Presbytery）、「堂會」（Local Church）。「堂會」爲地方性獨立自治自養的教會，有能力聘請牧者（牧師、傳道師）。其內部組織設有「小會」（由牧師擔任議長及所有長老成員組成，負責治會之行政事務），「任職會」（由牧師擔任議長及所有長老、執事、部會首長組成，負責教育及庶務）。「中會」（Presbytery）爲長老教會運作其體制最重要之區域性組織（負責牧師之考試、監選、按立、獎懲，及傳道師之派遣）。「大會」（原有：「南部大會」及「北部大會」現時只存留管理教產之後者），負責大教區之間的合作及不動產管理。「總會」成立以後，時下僅有「北部大會」）存在。「總會」為南北兩大會合一之組織，統籌教團各部會之運作，負責國內外友好教派之外交及合作關係。「台灣基督長老教會」一向注重「教會」（ecclesia）之團契功能，視教團整體為天父上主在地上的大家庭，是普世基督徒"生命共同體"（上主聖國）的成員之一。為此而參與「普世基督教協進會」（World Council of Churches），藉以表達其合一精神。

關於「長老教會」全體信徒的信仰生活，可以從下列之幾點討論看出來（此即身為「長老教會」信徒兄姊不可缺少之認知）：

（一）焚而不熄之理念

「台灣基督長老教會」以猶太民族之救星摩西（Moses）在西乃曠野的何烈山（Mount Horeb）所看見那一個"焚而不熄異像"為「教徽」，目的在於凸顯「長老教會」的信徒兄姊始終不怕磨煉。在任何苦難、迫害、壓制之逆境中，始終有十足的勇氣去面對。因為教團全體兄姊具有"苦得起"的動力，即確信上主與他們同在。事實上，這個教團曾經於台灣歷史上經歷兩個政權之迫害：一是日本帝國統治（1895-1945）之軍國主義政權時代（1925年以後），於「皇民化運動」之下受過苦，強迫基督徒也要參拜「神道教」（Shintoism）的"神社"，以及高呼天皇萬歲的"皇帝崇拜"（長老教會1929年版《聖詩》第192首，就是要求信徒於禮拜中唱「日本國歌」之証明）。所以說，二次世界大戰終戰末期，「台灣基督長老教會」也受盡被日本帝國壓制之苦難。北部長老教會的牧師與長老，因多數親日又更改日本姓名而受苦較少。馬偕博士長婿艋舺教會的陳清義牧師、三峽教會駱先春牧師、馬偕醫院陳文贊院長、淡水安樂家的李幫助（戰後成為成功之女牧師）及、吳吟子女士，都被親日又勢力極大的鄭進丁長老（他三個兒子及五位孫子都是牧師，並且持續影響台灣北部教會界）、陳溪圳牧師（戰前為親日領袖；戰後主尊反共護教）等人陷害，關了近三個月。南部長老教會的牧長則因堅持信仰而受盡凌辱，高雄鳳山教會洪萬成牧師就被監禁凌虐致病。其他的例子真是引不勝引。

　　二次大戰終戰以後"中國人政權"君臨台灣，「中國國民黨」政權採取軍事佔領。統治不及兩年，就於1947年2月即發生「二二八大屠殺事件」，台灣人精英悉數被外來的中國人政權大屠殺而死於非命。其中「長老教會」信徒精英有：林茂生博士、張七郎醫師及兩個醫師兒子、徐春卿議員、陳能通校長、蕭朝金牧師等人。1950年蔣介石領導中國國民黨流亡政府逃難走路來台，以軍事統治手段實施長達38年之久的「戒嚴」。其間，「長老教會」被長期監控在所難免，但卻無懼於此一外來邪惡政權之壓制。當聯合國承認「中國共產政權」而使流亡於台灣的「中華民國」失去席次之時，於1971年12月29日發表關心台灣安危之「國是聲明」。當這個專制政權蠻橫沒收台灣人（原住民與賀佬人）的「母語聖經」之時，於1975年11月18日發表「我們的呼籲」。當美國和中國共產政權正式建交因而威脅台灣未來安危之時，又於1977年8月16日發表「人權宣言」，強調"促使台灣成爲一個新而獨立的國家"。這三次聲明及宣言因爲正中國民黨政權要害，終於導致1979年12月10日"世界人權日"發生於高雄的「美麗島事件」之後，「長老教會」總會總幹事高俊明牧師及其他信徒被捕，及至於軍事法庭判刑坐監多年。1980年2月28日發生「美麗島事件」受刑人：林義雄律師母女三人死於非命之滅門慘案，「長老教會」打破禁忌將這座"凶宅"收購，而成爲今日之「義光教會」。上述這些社會公義行止，等於向國民黨殘忍無人道的政治謀殺示威，也正面向這個獨裁政權宣示「台灣基督長老教會」"焚而不燬"之理念。由此可見，「長老教會」信徒無懼於專制政權之迫害，他們既能忍受苦難與磨煉，又有十足的勇氣於各時代中凸顯其"先知性"（Prophethood），因爲堅信有上主同在。遺憾的是：尙有少數出賣信仰良知的牧師、長老、及信徒，存在於「長老教會」內部興風作浪。

（二）注重教團傳統及功能

如前所提及者，「台灣基督長老教會」因堅持加爾文主義傳統，所以採取「代議制」之行政體制：堂會（有"小會"及"任職會"）、中會、大會、和總會等組織，藉以從事行政運作。然而始終強調"上主的主權"臨在於教會歷史過程中，藉此凸顯「教會」（Ecclesia）是耶穌基督的身體，信徒是祂的肢體，具有多元恩賜性之功能。「教會」也是"上主聖國"（生命共同體）之大家庭，以"上主爲天父，人類是兄弟姊妹"爲理念。而基督徒是"上主國度"這個大家庭中負有：宣揚福音（kerygma）、禮拜上主（worship）、教導眞理（didake）、服務社會（service）、維護人權（human right）、以及力主公義（social justice）之重大使命，爲欲做"世上的光"與"地上的鹽"而與上主同工。

　　「長老教會」的組織功能，係以「長老」（監督）爲主體。牧會專職的長老就是"牧師"，一般長老是治會的"長老"，負責教會行政。其「聖經」依據係來自《舊約聖經》（出埃及記三：16、民數記十一：16）及《新約聖經》（使徒行傳二十：17, 18，以弗所書二：20，提多書一：5）等經文。就長老教會的「聖禮觀」而論，僅接納「洗禮」與「聖餐」兩項聖禮典。「洗禮」採"滴水禮"（其他宗派有："灑水禮"及"浸水禮"）。至於「聖餐」之神學，則以"象徵說"見稱（其他尚有天主教的"化體說"、信義會及聖公會的"變質說"）。尊主爲大及強化基督徒信仰，正是長老教會「聖禮觀」的基本精神。「洗禮」強調"稱義"，「聖餐」象徵"成聖"（根據保羅神學），此一傳統永遠不變。

　　強調"兼善天下"服務社會人群，也是「長老教會」的傳統。這點正是「英國長老教會海外宣道會」於1865年派遣一位全科西醫馬雅各醫師（Dr. James L. Maxwell, 1835-1921）來台佈教，從事醫療傳道服務台灣人之理由所在。這位「長老教會」首任駐台宣教師建設打狗（高雄）的「旗後醫館」（長老教會第一所西式醫療機構）、繼而府城（台南）的「舊樓醫館」

與「新樓醫館」。他也是將西式醫療技術引進台灣的第一人。「長老教會」的服務精神來自耶穌的教導：

"因爲人子不是來受人服務，而是來服務人。並且爲了救贖大眾，因而獻出自己的生命"（馬可十：45）。

當然關心時下的政治品質、人權品質、弱勢人群、貧富不均及社會公義等等問題，也是「長老教會」的服務社會指標。

（三）重視基督教教育

「長老教會」向來重視基督教教育，尤其是強調當地之「母語」（Mother Tongue）宣教。因而引進容易學習及書寫之羅馬字拼音的「台語白話字」教育當代不懂漢文的基督徒，藉以解決當代的"文盲"問題。因爲一個人成爲基督徒之後，不但需要心靈改造，也需要基督教的宗教教育。基督徒的"靈"（靈性）、"魂"（精神）、"體"（人格）之健全與否，必須以"基督教教育"加以培養。爲此而使「長老教會」的教育事工做得相當積極，有"禮拜日"的「主日學」（分爲兒童、少年、青年、及成人之主日學），也有"春令會"與"夏令會"（於寒假及暑假中爲青少年學生開辦）的專題性教育。至於專業性的神學教育同樣相當注重，因此台灣南北均設有培養牧者（牧師、教師、傳道師）的「台南神學院」（1876年）、北部的「台灣神學院」（1882年），及爲原住民神學教育而設立的「玉山神學院」（1946年）。爲配合二十世紀五〇年代「教會倍加運動」（PKU）而設立培養宣導師的聖經學院有：「台北聖經學院」（1952年）以及「台南神學院附設聖經學院」（1955年）。而前者即「新竹聖經學院」之前身。爲了傳教師在職教育以及長老與執事的教育，各神學院和聖經學院都定期舉辦神學講座，全台各中會也定期爲長執之教育設有講座。這些教育措施，在在凸顯「長老教會」對於"基督教教育"之重視。

（四）關心各宗派之間的合作

「長老教會」比較先進的一點，就是主動關心基督教宗派之間的合作。就像和以往互不接觸的「天主教」來往及合作。筆者任職於「台灣神學院」時，就促成和「輔仁大學」神學院師生之交流。除了「類似基督教」（基督教旁門）之外，均和其他基督教宗派合作無間。當然基督教宗派之間合作之前提，不外"合一精神"。爲此長老教會積極參與「普世基督教合一運動」（Ecumenism），因而成爲「普世教協」（World Council of Churches簡稱WCC）之成員。就「基督教神學」（Christian Theology）的立場言，宗派間的合一依據是：基督福音的本質，就是"和解"（reconciliation）。所以台灣基督徒就個個應當成爲"和平使者"（peace-maker），此其一。凡是奉主耶穌聖名成立的"聖會"，均建構於"一主、一信、一洗"（見：以弗所書四：6）之上，信徒都是兄弟姊妹，此其二。所以說，制度化的多元基督教宗派是可以互相包容理解及互相接納的，基督徒均可以按照自己制度化教團之傳統敬拜上主。為此，「長老教會」不以"超教派"之立場自居。基督教宗派之多元性有其歷史、地理、民族、文化形成之背景，如此現象不一定不好。不好者，是無法"在基督裡"（in Christ）合一與合作。然而"合一"（union）不等於是唯我獨尊之"統一"（unity），這點必須加以分別。今日「長老教會」的時代使命除了關心"合一"見證外，就是學習主耶穌投身於問題人間去改造其所處的社會。因為真正的基督徒不能將全精神投入於所謂："屬靈生活"或做秀式的"敬拜讚美"就夠，而是應該將耶穌基督的"救世真道"宣揚出去，實踐愛心與公義的福音於社會中。畢竟基督徒的現實生活和他們所身處的社會環境不可分割。基督福音不僅宣示拯救人類，也將救拔其所置身的社會之政治、文化、及諸宗教。當今「長老教會」這一台灣最大的基督教教團，其最重要的職責就是主動與其他宗派交往及合作。為的是如此做才有可能在這個"多元基督教宗派"（有107派以上）的台灣社會中見證基督福音，使「上主聖國」（以"上主為天父，人類皆兄弟姊妹"之生命共同體）在斯土實現。此外，「台灣基督長老教會」的不合時宜法規措施及內部人士問題，更必須"時時革新，勇於淘汰"（這是加爾文主義的傳統），教團才有新時代之好見證，才不至於老態龍鍾（又長又老）拖累教會之進展。

2022年07月28日修改

Ch.10 台灣設教及西醫之父

馬雅各醫生

出身英國蘇格蘭（Scotland, Great Britain）首府，「愛丁堡大學」（Ediburgh University）醫學院的優秀全科醫生：馬雅各（Dr. James Laidlaw Maxsell. M. A., M. D., 1836-1921），係「英國長老教會海外宣道會」（English Presbyterian Mission）派駐台灣佈教的首任宣教醫生（駐台期間自1865年至1871年及1883年至1885年）。就歷史定位言，馬醫生是台灣最大「基督教」（Christianity）教團：「台灣基督長老教會」（The Presbyterian Church in Taiwan）之開拓先驅。他於1865年就以「英國長老教會」（English Presbyterian Church）的宣教師身份，在台灣南部（大甲溪以南區域）設教，也直接影響「加拿大長老教會差會」（Canadian Presbyterian Mission）宣教師：偕叡理牧師（Rev. George Leslie Mackay, D. D. 1884-1901）於1872年在台灣北部淡水之開拓。最具意義的一件事，就是馬雅各醫生這位英國來台的宣教師，也是「台灣西醫之父」。因他引進的西式醫療技術，也直接促進十九世紀的台灣進入「現代化」（modernization）。

一、馬雅各醫生的家庭及教育

馬雅各醫生於1836年3月18日出生於蘇格蘭首府「愛丁堡」（Edinburgh）附近的小村落，一個虔誠的基督徒家庭。其父為第一代蘇格蘭長老宗「自由教會」（Free Presbyterian Church）的長老之一。他也關心政治走向，曾經參與蘇格蘭國教紀念日的獨立運動遊行。其母是一位熱心服事主的家庭主婦，十分關心子女的信仰。他幼年時期好動又喜愛冒險，一次因膽大爬上屋頂的蓄水槽跌落而傷及背部。住院期間受到西姆醫生（Dr. James Syme）仁心仁術治癒，因而影響他習醫助人之意願。他天生聰明好學，就讀於愛丁堡「皇家高中」（The Royal High School）期間，因成績優異而風光一時。之後先於「愛丁堡大學」取得人文科學文憑，再於同校進修醫學。求學時期曾經拜師於多位知名醫學專家：解剖學與細胞學家固色爾（John Goodsir），生理學與病理學家本內特（John Hughes Bennett），內科醫學與毒物學家克里斯頓醫生（Robert Christison），婦產科醫學權威學者辛普森（James Simpson），外科醫學學者富格森（William Fergusson）及漢米爾頓（Hamilton，全名未悉）等人。學成後即取得「愛丁堡皇家醫學院」內科執照（LRCP）及外科醫生執照（LRCS），並且於「布朗普頓結核病院」（Brompton Consumption Hospital）擔任住院醫生六個月。後來又前往德國首都柏林及烏茲堡以至法國「巴黎醫學院」進修，以三年時間就教於Kollicher, Scherer, Scazoni以及

Virchow等幾位知名學者專家，研究脾臟和血癌疾病。並且同時發表多篇醫學論文，因而獲得醫學全科醫生學位。

（一）獻身為海外宣教師

至於馬雅各醫生獻身爲海外宣教師這件事，和他在前所提及的「布朗普頓結核病院」服務期間有關。其時一位女士：西莫爾（Lizzie Sizmur）領導一群困苦卻十分敬虔的姊妹，時常在病院爲醫療人員祈禱，又安慰病苦患者。他們的作爲不但令馬醫生萬分感動，也引發他建立堅強的信心及嚮往獻身於海外宣教。在英國工業重鎮伯明罕（Birmingham）的「綜合病院」（The General Hospital）擔任主治醫生之時，他被選成爲「百路街長老教會」（Broad Street Presbyterian Church）的長老，擔任小會會員。同時，他和「伯明罕綜合病院」外科醫生（也是知交）古德（Dr. William Preston Goodall）的妹妹：瑪莉小姐（Miss Mary Anne Goodall）相戀（據說她常到病院找其兄而認識馬醫生），她果然於日後成爲馬雅各醫生娘。

（二）志願前來遠東的台灣（Formosa）宣教

1862年4月馬雅各醫生接受「英國長老教會海外宣道會」之呼召，決志成爲海外宣教師，時年28歲。1863年8月夏天，由派駐中國廈門的海外宣教師杜嘉德牧師（Rev. Carstairs Douglas）陪同，搭乘四桿輪船「波羅乃西號」

（Polnaise）前來遠東，於12月4日的四個月後才安抵上海。馬醫生於6月7日在愛丁堡的歡送會上以《啓示錄》（二十二：17）：“所有聽見的人都說，來！”爲題發表感言。他說到自己並不是優良的水手，航行繞過非洲的好望角是很不舒服的一件事。杜嘉德牧師接著說：馬醫生爲人友善又親切，其醫療專長能使船上水手受益良多。根據馬醫生長子馬士敦醫生（Dr. John Preston Maxwell）在〈我的父親馬雅各的生平與工作〉一文（見：「台灣教會公報」3610期及3611期，簡心怡譯文）所指：其父志願前來「台灣」（Formosa）當宣教醫生，顯然受兩位前輩之影響。一位是賓爲霖牧師（Rev. William Chalmers Burns, 1815-1868），即「英國長老教會」首任駐華宣教師。另位是駐廈門的宣教師：杜嘉德牧師（Rev.Carstairs Douglas, 1830-1877）。原本他們建議馬醫生前往大清帝國北方的牛莊宣教，可是他已定意前來台灣（Formosa）。1864年1月2日抵達廈門時，馬醫生先於「佩丘拉號」（Pechula）福音船上住一段時間，開始學習閩南語，爲來日在台灣的醫療傳道作準備。1864年10月5日，馬雅各醫生於杜嘉德牧師及助手吳文水陪同下，搭乘三桅帆船「舟山號」（Chusan）抵達打狗（高雄），考察「英國長老教會」新的宣教區。一行人在打狗周圍地區觀察一週，目睹「天主教」（Roman Catholic Church）的「道明會」（Dominican Mission）於打狗前金及赤山萬金庄的教區之成就頗受啓發。之後一行人步行經過埤頭（鳳山）再赴台灣府（台南）考察一、兩週，於10月30日才回到廈門。

（三）正式在台南府城設教

　　經過半年多的籌劃，馬雅各醫生再度由杜嘉德牧師陪同，帶了漳州傳道陳子路、藥局生黃嘉智，及醫館助手吳文水三人，於1865年5月26日從廈門搭乘「麥達號」（Meta）輪船出發前來台灣設教。同船者尚有爲視察新教區而來的「英國聖經公會」（English Bible Society）的韋利牧師（Rev. Alexander Wylie），以及李西霖和王阿炎這兩位隨行信徒負責分發福音傳單。他們一行人於1865年5月29日順利渡過"黑水溝"（台灣海峽）安抵打狗（高雄），正式開拓「英國長老教會」在台灣南部的教區。在打狗三天後，他們一行人步行到府城台南，受到「天利洋行」（MacPhail & Co.）東家馬克斐利（Neil MacPhail）接待，成爲他的賓客，暫住位於大西門外北勢街住宅。其間因租不到房屋，幸得安平海關官員馬威廉（William Maxwell）出租在看西街住宅爲宣教據點，於同治四年（1865年）五月二十三日（6月16日）開館行醫設教。並且由杜嘉德牧師及來自廈門的三位同工協助佈道。可是馬雅各醫生的宣教阻力也隨之而起。

二、台灣宣教之阻力及成就

　　傳統上台灣人治病都靠漢醫（今稱「中醫」），對於馬雅各醫生帶來的「西醫」療法，除非是窮人或重症患者根本不敢前往求診。當時台灣「瘧疾」（malaria）盛行，而馬醫生所施給此症患者的「奎寧」（quinine）這味西藥奇效無比。他對於摘除「白內障」及「腎結石」的外科手術，更是令時人嘆為觀止！因而在短短時間就引來各地患者求醫，卻也因此惹起本地漢醫的仇視及造謠，說這個"紅毛番醫生"剖人心肝又挖人眼睛製藥，才會如此奇效。不久迫害隨之而至，「看西街醫療站」也被暴民投石攻擊，官府卻放任不予理會。1865年7月9日（禮拜日）暴民再次來襲，助手吳文水由後門逃出奔赴衙門求援。至此，知縣大人只好親臨處理，並當面勒令馬醫生必須於三日內撤離，否則後果不予負責。馬醫生只好和助手於7月12日關閉府城的醫療站（註：這個醫療站自1865年6月16日開設至7月9日止只有23日），回到打狗的旗後（旗津）。當時打狗的開埠，始於1860年由滿清政府和英國及法國所訂立的「北京條約」，也是當時鳳山縣轄下的洋商可以自由出入貿易之商港，人口大約兩千多人。原本並不是馬雅各醫生理想中的宣教基地。只是旗後有自由佈教之好處，大力宣揚"番仔教"（時人對「基督教」之稱呼）不受阻擋。於是他決定在旗後建立行醫設教基地。雖然在台南府城看西街開設的醫療傳道站僅有三禮拜多，但是他也不氣餒，期待有重返台南府城建立宣教據點的機會。

（一）初訪「平埔社」

值得一提的是：1865年11月年底尚未在旗後設教空

檔期間，安平海關官員必麒麟（William A. Pickering）引導馬雅各醫生訪問南部山間的「平埔社」。在必氏作品：《Pioneering in Formosa》（London: 1898），p.116其中一段說到：

> "吾友馬雅各醫生，他是一位英國長老教會的醫療傳教師，剛被一　群無知又偏見的台灣府民眾趕出該地，被限制居住於打狗港。當他聽到我有出外探險計劃時，他表示希望伴我一起前往。因他想：那些單純的土番可能比那群傲慢的中國人更容易接受福音。馬雅各醫生隨著我前往，可謂最值得被接納。這不僅是他有好的人品，我也知道他曾經醫治迫害過他的中國人熱病（指malaria）及眼病（指白內障）。——無疑的，這些高明的醫術將使單純的平埔番及生番視為神奇。"

1865年11月下旬，他們帶著僕人及三名挑夫從府城出發進入新港（新市），以近半個月時間冒險訪問崗仔林、柑仔林、木柵，以至南方的荖濃、六龜里等地平埔族社區，被當地人以"紅毛親戚"（來自十七世紀荷蘭人經營台灣38年之記憶）加以熱情接待。隔年就開啓了在這些地區之設教。可見平埔族人比唐山人單純，也更容易接受基督教福音。

（二）在打狗的旗後設教

話說馬雅各醫生被逐出台南府城之後，並不因此挫折失志，反而視其為上主之美意（見：英國長老教會〈信使期刊〉（The Messenger and Missionary Record, 1876. 7.1）。因為他相信來到打狗這個小漁村旗後設教，有較多時間充實自己及照顧病患，以備來日事工更有進展。杜嘉德牧師返回廈門之後，馬醫生先租得一處房屋暫住，禮拜日開放為洋行英國人士聚會禮拜，週間為醫療傳道之用，一個人兼做醫生與宣教師。1865年12月（清同治四年十一月），馬醫生在旗後租到一座兩進厝宅，業主叫呂魁，和他訂立永久又可以任意改建的租約（該租約原文見：賴永祥《教會史話》，第二輯，人光出版社，1992年，pp.15-16）。1866年6月終於在租地建竣「英國長老教會」在台灣的第一間「旗後醫館」（兼做「禮拜堂」），他也向母會宣道會報告這件喜事。於是台灣首座西式醫館開始在旗後運作，天天都有五、六十人求醫出入。同時也有人好奇前來注意聽道理，醫療及宣教可說相當順利，不久就有人決志慕道信教。

（三）獲得宣教成果

在旗後設置西式醫館兼禮拜堂（或做：禮拜堂兼醫館），可以說是宣揚基督福音之高招。因為馬雅各醫生的西式醫術精明，一時聲名遠播。每日有數十人以上就醫外，也有三十多人經常來聽道，甚至有人欲決志進教。可是馬雅各醫生並非牧師，無法為決志者施洗入信。為此從廈門教區派來宣為霖牧師（Rev. William Surtherland Swanson）於1866年7月底來台（停留約五週），並且在8月12日（同治五年七月三日）這一重要主日，為四名通過"間道理"者（有八名參加）受接納施洗。他們就是：陳齊（45歲，埤頭人，其墓在屏東南洲）、高長（29歲，後來任傳道師）、陳清和（26歲，1867年回唐山接家眷來台途中船沉失蹤）、陳圍（20歲）。是日下午舉行「聖餐」，這是「英國長老教會」海外宣道會在台灣執行的首次「聖禮典」。主持的宣牧師，則是「美國歸正教會」（American Reformed Church）的海外宣教師。1866年11月宣道會自英國差派麥大闢牧師（Rev. David Masson）前來台灣為首位駐在牧者，搭乘的船在11月10於中國近海遇上大風浪。他不幸被海浪捲去溺斃失蹤，未能如願抵台。旗後的宣教不斷有慕道友出現，申請進教者大有人在。1867年3月10日廈門「歸正教會」宣教師汲澧瀾牧師（Rev. Leonard William Kip）蒞臨旗後為兩名男士施洗，即莊清風（27歲，淡水人）及葉清（埤頭人）。其中莊清風於1867年4月24日，因赴左營勸其妻信主而被暴徒（綽號"左手忠仔"）用刀殺死，成為台灣第一位殉教信徒（見：楊士養編，《信仰偉人列傳》，人光出版社，1995年增訂版，pp.27-28）。1867年4月19日，汲牧師再次在旗族為三名成人施洗，並且協助馬醫生在旗後的醫療宣教五十多天。1867年12月13日，李麻牧師（Rev. Hugh Ritchie, 1840-1879）受派會同牧師娘抵達打狗。他是「英國長老教會」派駐台灣的首位牧師，前年因得悉麥大闢牧師的殉職而志願來台。他的蒞任使馬雅各醫生非常雀躍，因爲有牧者照顧信徒及主持聖禮典，從此強化「旗後醫館」的醫療宣教事工。

（四）馬醫生的婚姻與家庭

馬雅各醫生於來台宣教之前，已經和蘇格蘭人的瑪莉小姐（Miss Mary Anne Goodall）訂婚。自從他於1865年5月29日抵台建立「英國長老教會」宣教基地的這兩年間，儘管受盡毀謗及被逐的挫折，卻始終不改其志忠於職守。並且爲下列之成就而感謝上主。一是：1866年8月有四個人（陳齊、高長、陳清和、陳圍）受洗成爲基督徒。二是：在打狗建設台灣第一座西式的「旗後醫館」（兼做「禮拜堂」）。三是：英國母會派李庥牧師（台灣第一位長老教會駐台牧者）來協助推展宣教事工。他如今正可以考慮自己的婚姻大事了。於是於1868年3月離台前往廈門，先利用機會偕友人爬泉州漳浦山脈。之後，經由汕頭轉往香港，並於3月中旬和瑪莉小姐在宣爲霖牧師（Rev. William S. Swanson）證婚下結爲連理，直到5月2日才返回台灣。可是當代的台灣疫癘流行，使人容易生病。初到台灣的馬醫生娘自然難以適應。再加上水土不合，若非憑其隨夫同甘共苦之宣教精神，實在無法留住下來。他倆定居打狗時也發生一件憾事，即有一位在「旗後醫館」受過馬醫生醫治而後成爲家僕的青年，爲了偷竊三元錢財的案件被發現而恩將仇報，竟然放火將醫館的房子燒毀。就連馬醫生娘的結婚禮物也隨之失落，使她十分難過。1868年12月得「樟腦事件」條約之賜，馬醫生終於回到府城定居，於二老口街購得許厝做醫館（即「舊樓醫館」），成為醫療傳道的府城新基地。因為馬醫生醫術高明就醫者眾，也因此成功帶領病患歸信基督。值得留意的是：信者多是南部及中部的平埔族人。至於「旗後醫館」重建之後，交由打狗海關醫務官萬巴德醫生（Dr. Patrick Manson, 1844-1922）協助經營。他於1866年由馬醫生引薦前來打狗海關服務，留台期間因研究瘧疾及熱帶醫學有成而知名，在國際醫學界被譽為「熱帶醫學之父」。萬醫生（醫學博士）於1887年受英國政府所託創設「香港大學醫學院」，孫文（中山）即出身該校。

　　1870年馬醫生娘懷孕先行回英國待產，長子約翰（John Preston Maxwell）也於馬醫生回國休假（七年一次）之前出生。1871年德馬太醫生（Dr. Matthew Dickson, M. D）受英國母會差派來台接替馬醫生的醫療傳道事工，馬醫生也於是年回國休假和家人團聚。然而在台七年的繁忙生活，也使馬醫生積勞成疾，為此頗受結核病及背傷所苦。儘管如此，馬醫生也為台灣教會信徒致力出版羅馬字拼音的《新約聖經》（即廈門音白話字聖經）。1873年次子馬雅各二世（James Laidllaw Maxwell, Jr.）出生，他於日後繼承父志獻身於台灣醫療宣教二十三年（自1901年至1923年）。賴永祥教授於《教會史話》（二）第114「馬雅各的家屬」這段，介紹馬醫生的兩位兒子均獻身於海外宣教。長子馬士敦醫生（Dr. John P. Maxwell）先後在中國的漳浦（1899-1904）、永春（1904-1919）從事醫療傳道。繼而擔任北京「協和醫學院」婦產科教授，直到1940年才返國。又其次子馬雅各二世醫生（Dr. James L. Maxwell Jr.）於1901年受派來台任職於「新樓醫館」，後爲館長，至1923年應聘爲上海「博醫會」（China Medical Missimary Association）執行幹事爲止。1937年他受聘就任「中國紅十字會」總幹事。1949年中國共產黨統治中國時又服務於杭州痲瘋病院，一直到1951年別世於杭州爲止。由此足見，馬雅各醫生全家均獻身於「英國長老教會」遠東宣教區的醫療傳道事工，這是他們全家偉大之處。

三、「樟腦事件」開啓台灣宣教前途

馬雅各醫生在台灣開拓宣教的七年間（1865年5月至1871年11月），最初的三年五個月（1865-1868）的宣教基地，是在條約港區的打狗旗後。他也以「旗後醫館」爲中心進行醫療佈教。開拓時期的宣教歷程雖然艱困又阻力眾多，尚能一一突破而成功奠定佈教基礎。此後的近四年時間（1868-1872），馬醫生因受到「樟腦事件」之影響，將宣教基地移到台灣府（重返台南府城），以二老口「舊樓醫館」做爲宣教基地。其間雖然遭受各種因宣教引起的迫害，卻更成功的擴大台灣中南部的宣教區域。因爲上述兩個宣教前途之分界點與史上所稱之「樟腦事件」（或稱「樟腦糾紛」）有關，在此需要瞭解其始末。緣由馬醫生友人（曾任安平海關檢查官）必麒麟（William. A. Pickering）於打狗開設「怡記洋行」（Elles & Co.），又在中部梧棲港開設分棧，私購官營樟腦。1868年5月必氏將其價值六千元（當時價錢）的樟腦從梧棲港私運出口，為鹿港同知洪熙恬扣留沒收。儘管英國領事吉必勳（John Gibson）出面要求放行，道台梁元桂以樟腦油係官營專利不得私購為由加以拒絕。依當時條約之約束，外國人如無特准不得前往梧棲港，必氏卻於七月私自進入該港察看。鹿港官方奉命捕人時，必氏以武力抗拒。結果，他不得不乘小舟潛逃北部條約港的淡水。道台梁元桂震怒之外，又懸賞伍百元欲取必氏首級。台灣縣廩生許建勳因協助必氏，也只好逃避通緝。此一事件演變到埤頭（鳳山）的天主堂及長老教會禮拜堂被仇洋暴民拆毀，打狗「德記洋行」（Tait & Co.）代理人夏禮（Hardie）也被暴民毆打受傷。英國領事吉必勳見事態嚴重，台灣道台又如此蠻橫無理，就於1868年10月7日派兩艘英國軍艦阿爾傑蘭號（Algerine）及布斯達特號（Bustard）自打狗出發，很快占領安平港要塞。並且於10月12日下午砲轟市街七次，又夜襲安平協署。協防安平副將江國珍因受傷及戰敗服毒自殺。1868年10月18日清國官員曾憲德（福建興泉永海防兵備道）及葉宗元（台灣知府）終於正式和英國領事吉必勳（John Gibson）簽下協議，其八條綱要如下：

一、廢止樟腦官營，外國人及其顧用者得自由收購。

二、商人因商業、遊覽、或其他必要旅行台灣各地之時，道台應發給護照。

三、賠償「怡記洋行」樟腦損失六千元。

四、賠償新教（長老會）教會財產損失一千一百六十七元。

五、撤換道台及鳳山（埤頭）、鹿港知事。懲處各地擾
亂滋事兇手。

六、告示民眾：嚴禁毀謗基督教。

七、承認傳教師在台灣各地有傳教居住之權利。

八、凡華洋糾紛，應由清、英兩國共同裁判。

協議成立之後，英國軍艦及陸戰隊即撤出安平港。十
分明顯的事：這份不平等協議之確立，卻開啓了台灣宣教之
門戶。馬醫生也從此能夠重返台灣府城，建立宣教基地。既
然「樟腦事件」是台灣宣教之重要契機，下面就來探討事件
前期及以後的佈教史實。

(一)「旗後醫館」時期之宣教

前已提及：馬雅各醫生自府城西門外看西街的「醫療
佈教站」（始於1865年6月16日，至1865年7月9日關閉，即現址的台南市
仁愛街43號）被逐出不久，7月14日返抵打狗旗後即著手籌設
新的醫療宣教據點。稍後租得一間"三坎店面"的樓房，
樓上做住家，樓下做醫館及禮拜堂。可能就在7月16日（禮拜
日）由杜嘉德牧師主持開設禮拜，「旗後醫館」也正式開始
行醫佈教。1865年9月19日杜嘉德牧師返回廈門，並請求英
國母會派遣牧師駐台協助馬醫生。是年11月間友人必麒麟邀
請馬醫生一行六人同赴府城東方山區崗仔林及其他平埔族
（Siraya）地區訪問，被當地族人視爲"紅毛親戚"來訪而備

受歡迎。這對於日後平埔族的宣教影響很大。

1. 初期的成果

馬醫生在旗後的醫療宣教，於杜嘉德牧師（Rev. Carstairs Douglas）協助下獲得初期成果。1866年7月23日廈門宣教區派遣宣爲霖牧師（Rev. William S.Swanson, D. D.）來台協助馬醫生五個禮拜，並於8月12日爲陳齊、陳清和、高長、及陳圍施洗成爲基督徒。1867年3月10日馬醫生友人汲澧瀾牧師（Rev. Leonard W. Kip，美國歸正教會駐廈門宣教師）偕夫人抵台，協助馬醫生的宣教事工五十多天。3月10日爲兩名埤頭人及一名來自淡水的帆船大副莊清風施洗進教（莊清風是台灣教會首位殉教者）。早在1865年11月因有來自埤頭的信徒，馬醫生就於三塊厝開拓佈道所。然而一年多來並無顯著進展只好關閉。1867年4月26日馬醫生分設「埤頭教會」（鳳山教會前身），並且派其助手吳文水、黃嘉智、及高長擔任傳道師共同開設。由於吳文水及高長傳道師認眞佈教，到了年底已有20多位慕道友。埤頭設教成績卓現，馬醫生就著手購置一宅爲禮拜堂（地點就在現今「鳳山教會」對面左方約百公尺左右）。可惜當代社會人士仇視"耶穌教"（視其爲"番仔教"），對先前東門外過溝仔「天主教堂」的設教相當不滿。爲此位於北門的禮拜堂只開設兩個禮拜，就被暴民破壞及搶奪，宣教事工爲此暫時停頓。可是吳文水及高長不懼迫害，不久又開始佈教活動。

2. 首任牧者駐台

英國母會曾經於1866年11月間派遣麥大闢牧師（Rev. David Masson）駐台協助馬醫生的醫療宣教，不幸因海難於是年11月10日溺死於南中國海而無法來台灣。1867年6月17日英國母會又按立李庥牧師（Rev. Hugh Ritchie, 1840-1879）為駐台首任牧師。1867年12月23日，是年33歲的李庥牧師偕其懷孕在身的夫人Mrs. E. Murray Ritchie抵達打狗，開始協助馬醫生的醫療宣教事工。雖然李庥牧師的到來使馬醫生十分雀躍，恰好遭遇「埤頭教會」之迫害事件，使李牧師見識到台灣宣教之困難。這個時期李牧師的宣教事工只侷限於「旗後醫館」及主持洋行外人的主日禮拜，難以擴展其他宣教區。對李庥牧師而言，這是一個展開台灣南部、中部、及東部佈教的重要預備期，畢竟他需要把握認識台灣風俗民情的機會。

(二)「樟腦事件」以後的宣教進展

1868年在台灣發生的「樟腦事件」，不能只看它是一件清國與英國所簽訂的不平等條約，而是要認識它之於開放「基督教」（包括「天主教」）得以在台灣各地自由宣教的重大意義這點。依據該事件的八條協議，其中第四、第六、及第七條，均直接有利於宣教師在台灣各地的自由佈教，並且可以購置教產。然而也不能忽略「埤頭教會」因此一事件所遭受的迫害：其時不但禮拜堂被暴民拆毀，吳文水傳道也從死裡逃生回到旗後。高長傳道更被暴民圍毆向官衙求助，卻反被知縣關進虎頭監七個禮拜。之後經馬醫生求助於英國駐台領事向清國官府交涉，才得以無罪釋放。甚至馬醫生也被誣賴殺害小孩製藥，遭鳳山知縣通緝。由此足見馬醫生及傳教人員於當代的台灣社會佈教實在迫害重重，其代價實在太大！以下所列事跡，即「樟腦事件」以後的宣教進展。

1. 馬雅各醫生重返府城台南

1868年12月下旬，馬雅各醫生終於能夠返回之前被迫離開的府城台南，重建「英國長老教會」在台灣的佈教中心。於是馬醫生將「打狗宣教區」（旗後與埤頭）交由李麻牧師負責，將「旗後醫館」交代他所引介擔任打狗洋行醫務的萬巴德醫生（Dr. Patrick Manson, 1844-1922）負責，同時協助李麻牧師的宣教事工。前已提及：萬醫生是國際公認的「熱帶醫學之父」，也是香港醫學院創辦人，孫中山曾經受教於這位名醫。就在是年12月25日（聖誕節，拜五），馬醫生帶著兩名助手回到府城，將夫人留在旗後。經過近三禮拜久的尋找及英國副領事吉必勳（John Gibson）之協助，於1869年1月租得位於英國領事館隔鄰的二老口街「許厝」。因其範圍大可做為醫館、禮拜堂、及住居。稍後，馬醫生娘也從旗後來此同住。此二老口醫館，即後來所稱的「舊樓醫館」。開館之後以重症患者居多，他們分別來自木柵、崗仔林、拔馬、關仔嶺、岩前、蕃仔田、吉貝耍等地的平埔族人。每位患者痊癒返回家鄉，也都成爲佈教種子。這點正是馬醫生於日後致力開拓平埔族三大教區之動力，因爲他們比當代的唐山人更容易接受福音。

2. 開設亭仔腳禮拜堂

本來二老口的「舊樓醫館」已經設有醫館禮拜堂，只是功能和一般的禮拜堂不同，係向病患及家屬的佈教而設。爲此，馬雅各醫生決定開設一座以台灣府爲中心的「教會」（Ecclesia，即信徒團契），使府城人士能夠接觸基督福音成爲信仰群體的禮拜堂。於是馬醫生在府城「城隍廟」鬧市附近的＂亭仔腳街＂租得一間民房，正式開設「亭仔腳教會」，委任64歲的吳文水傳道全責佈教。開設日期是在1869年的七、八月間。甘爲霖牧師（Rev. William Campbell, D. D., 1841-1921）在其《An Account of Missionary Success in the Island of Formosa》（2. Vols., 1889）一書，稱這座拜堂爲「台灣府教會」（Taiwanfoo Chapel）。這座禮拜堂於1878年成爲獨立「堂會」，即時下台南市「太平境教會」前身，甚至可以說是「台南神學院」之前身。因爲該教會開設後先有「慕道友造就班」，由馬醫生娘負責教羅馬字拼音的「白話字」，使文盲會友識字吟聖詩及讀聖經。繼而由馬醫生促成「傳教者養成班」，藉以培養傳教人員。由此可見：它是早於北部宣教師偕叡理牧師（Rev. George Leslie Mackay D. D., 1844-1901）在1872年非正式的所謂「逍遙學院」（Peripatetic College or Itinerary College）。

3. 拓展平埔族三教區

馬雅各醫生發現：台灣各地平埔族群比當代"唐山人"（漢人）更容易接受基督福音，又視英國人為"紅毛親戚"（十七世紀荷蘭人治台時代的回憶），從而決定在平埔族人的居住地建立教區。馬醫生最先建立府城東方屬於「西拉雅族」（Siraya）的「木柵教區」。因為和一位來自木柵地區幫助馬醫生娘事工的梁姨（Niu-i）有很大的影響。她於1869年11月由李麻牧師在「亭仔腳教會」施洗成為信徒，並且在1870年2月回到木柵，成功的帶領族人歸主。高長傳道師因此受派進駐該地，牧養近五十戶信徒。此後馬醫生夫婦積極前往木柵從事醫療傳道，使內門、柑仔林、拔馬、崗仔林、及頭社等地平埔族群集體歸信，從而形成了「木柵教區」。1870年4月11日「木柵教會」禮拜堂落成，其時每禮拜日都有五百人左右做禮拜。之後，此一教區的拔馬（左鎮）、柑仔林、崗仔林，也紛紛建設教會。其次為1870年底於中部「巴宰族」（Pazche）設置的教區。此一中部「巴宰族教區」的範圍有：岸裡大社、內社（鯉魚潭）、及埔社（埔里的烏牛欄、牛睏山、大湳）等地。關於中部教區之拓展有個傳奇故事：一位埔社烏牛欄頭目開山武干，於打獵時腳部受傷難癒，只好回到岸裡大社療傷。他經英國樟腦商人必麒麟（William Pickering）引介，來到府城「舊樓醫館」接受馬醫生悉心治療三個月而完全痊癒。開山武干因此接受福音。返回埔社之後大力為主做見證，而使族人集體歸信基督。馬醫生爲此於1871年7月間，派遣李豹及卓其清兩位傳道前往岸裡大社及埔社開設教會。接著，馬醫生眼見鄰近台灣府的「和安雅族」（Hoanya）平埔族人就醫者眾，也有接受福音之意向。因此就差派周步震、趙爵祥前往番仔田（隆田）、店仔口（白河）、白水溪、吉貝耍、岩前、關仔嶺等地傳道佈教。不久這些地區陸續成立教會，從此馬醫生又成功建立「嘉南平原教區」（第三個平埔族人教區），時在1871年的六、七月間。由此見之，馬醫生所致力建設的教會以平埔族人者居多。而「旗後教會」及「埤頭教會」，是馬醫生爲一般唐山人（漢人）所開設者。1868年年底馬醫生重返府城建設二老口「舊樓醫館」時，又拓展唐山人居多的「亭仔腳教會」。之後「打狗教區」事工，交由李麻牧師負責。但他也支援三處平埔社教區。從此李麻牧師自1869年以後幾年間，陸續開設：阿里港、東港、小琉球、阿猴（屏東）、竹仔腳、林仔邊、杜君英、鹽埔仔、楠仔坑、橋仔頭、以至東部等地教會。李麻牧師也於馬醫生返國休假前，陪他於1871年9月間視察中部巴宰族教會，可惜因大雨所阻無法前往埔社（埔里）。歸途的10月間也視察開拓中的嘉南平原第三教區，11月即離台返國。接替馬醫生的第二位醫療宣教師，就是於1871年2月10日抵台的德馬太醫生（Dr. Matthew Dickson）。他先是協助馬醫生到是年11月，才接管「舊樓醫館」。這位德醫生就是會同李麻牧師於1872年3月上旬，引導偕叡理牧師（Rev. George L. Mackay）前來北部淡水開拓教區的大功勞者。

四、馬雅各醫生始終爲台灣付出

　　一個以「台灣宣教」爲終生志業，並奠定「台灣西醫療法」於台灣社會的偉人，自返回祖國（英國）之後依舊不斷爲台灣付出。依據英國長老教會海外宣道會規定，每位海外宣教師於工作滿六年之後，即有一年的「安息年」（Sabbatical leave）可返國休假一年。原本馬醫生打算休假一年後即返回台灣續任，可惜背傷（靠石膏支撐達十年之久）及結核病使他身體虛弱未能如願。然而馬醫生心繫台灣，致力爲台灣信徒印製台語羅馬字《新約聖經》（由廈門宣教師支援）。更關心「英國長老教會海外宣道會」之進展，因此編撰：《福音在中國》（Gospel in China）一書。此間也有絡繹不絕的遠東宣教師訪問馬醫生，交換在中國宣教之心得。就像蒙古宣教師景雅各牧師（Rev. James Gilmour）及於福建泉州宣教的革牧師（Rev. Grant）等人。他們的來訪不但帶給馬醫生喜悅，又讓馬醫生忘掉身上的痛苦。就是因爲健康問題，使馬醫生離開台灣之後留在英國十二年。其間，馬醫生仍然不斷爲台灣的宣教事工付出心血，一爲推行羅馬字拼音的台灣話"白話字教育"。二爲翻譯台灣話"白話字《新舊約聖經》"。

（一）推行羅馬拼音的白話字教育

　　馬雅各醫生眼見初期進教信徒絕大多數爲文盲的平埔

族人，因為他們不識困難學習的漢文，於做禮拜時根本無法閱讀「聖經」。那時馬醫生知道十七紀荷蘭治台時期曾經採取羅馬字拼音文字，教化當代“新港七社原住民”（同為平埔族）之事。從而獲得推廣“白話字”（台語拼音羅馬字）之靈感，並且加以積極推行。於是馬醫生從廈門引進閩南語拼音的“白話字”（它是當代西國宣教師在廈門學習閩南語之文字），大力教導台灣初代基督徒文盲，期使他們很快就能夠閱讀“白話字”「聖經」及吟「聖詩」。結果成效顯著，不久就成為當代的「教會文字」（從此“白話字”成為教會母語）。馬醫生有鑑於“白話字”對「台灣宣教區」之重要性，認為此一「教會文字」之延續，必須要有印刷之設備。於是在回國養病八年後的1880年，就捐贈一部「印刷機」及十一箱印刷設備（包括西文鉛字和排字架）給台灣教會。這一台灣首部西式印刷機器於1884年由巴克禮牧師（Rev. Thomas Barclay, 1849-1935）運回台灣，之後在台南「新樓醫館」北角房間裝置成為印刷機房。1884年5月24日台灣首座西式印刷所：「聚珍堂」開工，由巴克禮牧師負責“白話字”排版，並雇用大樹腳人蘇沙為助手（蘇沙後來被派赴汕頭習藝並升為正式排版技師）。1885年7月12日，巴克禮牧師創刊『台灣府城教會報』，他也成為“白話字”此一「教會文字」的積極推廣者，使馬雅各醫生的“台灣話白話字教育”得以流傳下去。從此這一重要的「教會文字」，也成為“台灣文化”的一部份。

(二）繙譯白話字《新舊約聖經》

馬雅各醫生推廣"白話字"目的，旨在協助不懂漢文的信徒能夠閱讀「聖經」。因此他於1871年回國以後，開始監印駐廈門西國宣教師已經譯成的廈門腔白話字《新約聖經》單行本，於1873年完成輯成並加以出版。其中譯者群有：英國長老教會宣教師：倪爲霖牧師（Rev. William Macgregor），宣爲霖牧師（Rev. William Sutherland Swanson）、及高休牧師（Rev. Hugh Cowie）。美國歸正教會宣教師：羅啻牧師（Rev. Elihu Doty, 1809-1864）、打馬字牧師（Rev. John van Nest Talmage, 1819-1897）、及胡理敏牧師（Rev. Alvin Ostrom）。英國倫敦會宣教師：施約翰牧師（Rev. John Stronach, 1810-1888）。之後，《舊約聖經》也完成繙譯。這冊由西國三個差會宣教師合作繙譯，再經馬醫生用心監印的廈門腔白話字《新舊約聖經》，「英國聖經公會」於1882年大量刊印，從而在廈門、台灣、新加坡、馬來西亞等地講閩南語的漢人教會大爲流行。1885年，上列三個廈門的西國差會以及台灣南北長老教會共組一個委員會，又推選馬醫生爲執行秘書，著手修改自1873年以後完成的《新舊約聖經》。參與者除了倪爲霖牧師及打馬字牧師外，也有：汲澧蘭牧師（Rev. Leonard William Kip）、麥嘉湖牧師（Rev. John Macgowan）、涂爲霖牧師（Rev. William Thow, ?-1894）、及甘爲霖牧師（Rev. William Campbell, 1841-1921）等人，並且出版於1889年。後來馬雅各醫生因健康關係辭去執行秘書職務，後由巴克禮牧師接任其職。這一教團合作的譯經委員會，也於1893年任務完成之後解散。

五、善用生命的馬雅各醫生

　　前已言及：馬雅各醫生於1871年回英休假之後，因為腰脊病疼所苦而無法返台。然而十二年後的1883年他再度抱病偕夫人抵台，探視他所開拓的福爾摩沙（Formosa）教區。1884年「清法戰爭」爆發，他倆只好於1885年搭乘最後一班船離台返國。歸國途中（當時要回英國一趟近乎半年）馬醫生及其夫人仍然為病疼所苦，幸得能順利返鄉。馬醫生的口才很好，善於演說。因此返國後不得閒，時常被邀演講及佈道。他對內設查經班，對外探訪工廠勞工及貧苦家庭，也分發福音小冊。他強調「祈禱會」及「家庭禮拜」之重要性。時常鼓勵親友背誦《詩篇》及好的經文，研讀長老教會的《小要理問答》（Short Catechism）。他受Rudolf Virchow的影響反對「進化論」（英國博物學者Charles Darwin, 1809-1882之理論），也不接受爪哇（Java）「直立原人」（Pithecanthropus Erectus）的人類起源說。對於聖經神學言，他不認同德國學者主張的「高等批判」（higher criticism）。由此足見馬醫生的基督教信仰單純而保守，只相信天父上主及主耶穌救贖世人之大愛。並且強調以祈禱的態度運用金錢，持守「什一奉獻」。文筆必須為主所用，尤其是寫文章安慰心神憂傷的人。有兩件事值得一提：一為馬醫生在國內熱心公益，二為馬醫生兩個兒子也追隨父親成爲海外宣教醫生。

（一）熱心公益之貢獻

馬雅各醫生是一位頗具成就，又受敬重的「英國長老教會」海外宣教醫生。爲此於回國不久，即被「倫敦醫學宣教協會」（Medical Missionary Association in London）聘爲第一任幹事（秘書），全家因而有機會居住在英國倫敦的"Petherton Road"住宅五、六年。之後該協會購置"Highbury Park"附近的房子（47及49號），馬醫生即搬到51號房居住。凡是有意志願爲海外宣教醫師的年青人，也都就教於他，成爲學員，因而使協會聲譽顯著。稍後因馬醫生對於海外宣教之投入，又設立「伊靈頓醫療宣道會」（Islington Medical Mission），藉以栽培願意赴國外宣教的醫療精兵，或解決世界各地醫療宣教師所面對的問題。馬醫生爲此特地前往「聖地」（Holy Land）及阿勒坡（Aleppo）旅行，藉以更進一步瞭解海外宣教之策略。而這些旅行是他抱病冒險前往的，因他有背痛的老毛病。1911年馬醫生辭去協會幹事之職，搬到肯特郡（Kent）的布朗利鎮（Bromley）居住。可是馬醫生繼續爲「倫敦醫學宣教協會」的婦女部門從事聯繫工作，確保位於Hampstead社區的宿舍。令馬醫生欣慰的是：幫助該協會設立Bournemouth市及Eastbourne鎮的分會，長期支援該協會兒童部門主席安妮（Annie Butler）之事工。

（二）兩兒隨父獻身為海外宣教醫生

　　馬雅各醫生伉儷育有兩個兒子，他們均出生於英國。並且繼承馬醫生職志，不但習醫也隨父獻身為海外宣教醫生。長子馬士敦醫生（Dr. John Preston Maxwell）於1871年12月5日出生，醫學院畢業為正式醫生之後，即志願為「英國長老教會」海外宣教師。1899年即28歲時，受宣道會差派前往華南地區從事醫療傳道事工。他先後在漳浦（1899-1904）及永春（1904-1919）等地服務，之後受北京「協和醫學院」聘為婦產科教授，一直到1940年為止才返國告老。次子馬雅各二世醫生（Dr. James Laidlaw Maxewll, Jr.）於1873年6月9日出生，從小即隨其父立志學醫及獻身海外宣教。學成之後於1900年即27歲時，受派為駐台宣教醫生。1901年2月14日抵台即任職於台南「新樓醫館」，1910年接續安彼得醫生（Dr. Peter Anderson, 1847-1913）為醫館館長。1923年應上海「博醫會」（China Medical Missionary Association）之聘為該會執行幹事而離開台灣。1937年就任「中國紅十字會」總幹事，1940年因中國戰事而返國。1949年中國共產黨執政時，又志願赴杭州的「痲瘋病院」服務可憐的病患，直到1951年在杭州去世時為止。這位馬雅各二世醫生，繼其父老馬醫生之遺志，在台南的「新樓醫館」服務達23年之久，引導無數就醫患者成為基督徒，委實功不可沒！

　　自從1911年馬雅各醫生搬來肯特郡的Bromley居住，即在此地度過晚年。馬醫生伉儷好客，為此時常有友人探訪，大家都尊敬其豐富的人生經驗及於遠東宣教之領導地位。可惜馬醫生晚年時無法接受當代比較先進的神學理念及講道內容，而改赴「浸信會」（Baptist Church）做禮拜。但仍然不失其對母會的愛，也常爲母會祈禱。1918年向來是馬醫生賢內助的夫人罹病別世，馬醫生因久病在身也無法參加她的葬禮。馬醫生儘管無法前往遠東探視分別在北京及台灣的兩個兒子，卻時常爲他們的醫療宣教事工祈禱。馬醫生也關心「戒酒」的政治性運動，因此支持「聯合自由教會」（The United Free Church）對於Orkneys、Shetland、Wick等北方漁村"禁止酒醉"（飲酒過量）之意見，以期國家有美好遠景。對於英國將"鴉片煙"販售中國之政策，他認爲應該禁止，因爲那是"邪惡事件"。並且斥責英國將印度、香港、新加坡等殖民地，做爲種植罌粟花生產鴉片及貿易根據地。他認爲英國這麼做，將會因影響世界而受到咒詛。最令老馬醫生喜極雀躍的一件事，就是「台灣基督長老教會」的南部大會於"設教五十週年慶典"時，收到台南市「馬雅各紀念教會」（原爲「太平境教會」）一份禮物，來肯定他對於奠定「台灣基督教」及「引進西式醫療技術」之歷史貢獻。據馬醫生長子馬士敦醫生回憶：其父最後的三十年間，篤信"主必再來"拯救世界，並且斥責"不信耶穌再臨"牧者之講道（據說，這是他老人家前往「浸信會」禮拜之原因）。1921年3月6日（禮拜日）一代偉人馬雅各醫生走完其人生八十五個年日息勞主懷，3月10日於Plaistone禮拜堂舉行告別式，主禮者就是恰好回國休假的巴克禮牧師。之後下葬於肯特郡Bromley的Plaistone

墓園，永遠的和他的愛妻同眠。可是這位偉大的「英國長老教會」海外宣教醫生，對於台灣人靈魂之關心以及當代台灣社會西醫技術之付出，不但使台灣基督徒及醫界人士永誌心懷，其佳美腳蹤也寫下台灣歷史的重要一頁。台灣醫界元老杜聰明博士（「高雄醫學大學」創校者），特地委托台南神學院教授黃主義牧師將顏振聲醫生用台語白話字書寫之作品：《南部台灣醫療傳道史》翻譯成漢文，以供台灣醫界閱讀，藉以紀念馬雅各醫生這位「台灣西醫之父」的偉大貢獻。同時教導台灣基督徒，「基督福音」不能只靠嘴巴（出一支嘴）宣揚，也要學像馬雅各醫生用"愛心的醫療行動"去印證，才能夠使眾人接受。

2021年11月30完稿

Ch.11 回顧「二二八事件」

中國國民黨這個外來的"走路政權"，以「帝國主義侵略者」姿態殖民於吾土台灣，已經有七十六年之久（自1945年至2021年）。當初天真的台灣人以為"祖國"支那（China）的軍隊是如何的神勇，因此才會將很有紀律的日本軍隊打敗而"光復"台灣。其實台灣是再次"淪陷"，而非"光復"。那時在下雖然只有九歲，卻對於日本人很有秩序之撤退回國，以及中國人耀武揚威入台之兇相，仍然留下深刻之印象。尤其是當時小學三年的我在火車站前排隊迎接"中國兵仔"的那一幕，迄今永遠記得。在此也只好做了一首打油詩，來舒解感想：

"學生排隊車頭前，誠心歡迎中國兵；
　擔鼎擔灶行頭前，看著心肝冷一邊。"

一、親歷二二八事件

就在迎接"中國兵仔"入台的兩年後（1947年），台灣人被"中國兵仔"大屠殺，轟動國際的「二二八事件慘案」終於發生。其時在下是國民小學四年級生，年紀雖然僅十歲，可是恐怖之記憶卻永遠不能磨滅！當時的事件雖然發生於台北，由於全台人民深感："一個灑尿者去，另一個滲屎者來"。殖民台灣的外來政權竟然一個不如一個，使台灣人民感到十分無奈。因此各地起而抗暴，在混亂中勇敢的台灣義勇軍節節勝利。善良的台灣人也挺身而出以德報怨，保護那些到處躲藏的中國人。蠻橫無能的陳儀長官一時沒有靠山，因而控制不了局面，只有電告身在中國的蔣介石派兵前來鎮壓。果然不出所料，三月間來自中國二十一師援軍，在蔣介石這位"二二八事件元凶"的劊子手之一聲令下，進行所謂"清鄉"之大屠殺，血流全台各地。從那時開始恐怖氣氛瀰漫，天天都有台灣仕紳及學生被抓去"槍斃"的消息。許多人躲起來，因為極端野蠻的中國佔領軍之作法是："寧可錯殺一百，不可放走一個"，其殘暴之手段，並非筆墨所能形容！如此史無前例之浩劫，迫使全台各地機構關門，各級學校停課，人人紛紛走避。長輩不禁感嘆："這就是草鞋兵仔對付紳仕"（或"阿斗管秀才"）的悲慘下場。那時長輩不禁嘆曰："中國豬仔欺負台灣人，實在比日本狗仔殘忍"！

在下年齒已屆古稀之年。七十多年來目睹這幫不斷蹂躪斯土台灣的"中國奴"（戰後來自中國的統派人士及自稱是中國人的台灣政客）變本加厲，之前於馬英九主政九年之下，唯恐台灣不亂去"擁抱中國，出賣台灣主權"。一黨獨大七十多年的中國國民黨，雖然已經在野，仍然不斷繼續在「立法院」任所欲爲，極盡濫用公權力之能事。重要民生法案及軍購，不斷"歹戲拖棚"。在馬阿斗（Ma the bumbler）主政之下的「司法」部門，成爲馬政權對付政敵之邪惡工具。就像特偵組"押人取供"，而且"辦「綠」不辦「藍」"可以爲例（特偵組不辦藍營政客之種種不法，加諸阿扁總統之莫須有罪名，就是先將他收押爲快）。中國利用馬英九之無能刻意謀台，國民黨卻甘心爲其馬前卒喊出虛構之"九二共識"。幸而自台灣人蔡英文總統執政以來，情勢已逐漸改變。在此吾土台灣陷入嚴重危機之際（中共惡鄰的軍艦戰機不斷繞台威嚇可以爲例），爲表達個人對於台灣人苦命的歷史負責，在此將1947年4月間一個子夜之恐怖回憶坦白記述，藉以喚醒台灣人認清中國國民黨這個外來政權的"暴政"眞面目。同時提醒台灣人留意這個"口水治國"，始終欺壓本土派人士的馬英九政府之邪惡面（民間稱它做"政治金光黨"或"政治詐騙集團"，因其選舉政見的「633口號」百分之一百跳票）。德國法學大師拉布魯赫（Radbruch）就曾經說過這句話："一個沒有正義的國家之政府，正如同有組織的土匪集團"。此言對於認識七十多年來在台的中國國民黨政權而言，可謂一針見血。今日這個政黨的"黨產"如此龐大，財富世界第一，就是搶奪台灣全國人民的資產而來（日產及台灣人三七五減租田地的資源）。如今已有法源去討回"黨產"，卻仍然阻力甚多，時下的趙少康就是阻擋者之一。

二、恐怖的回憶

話說1947年4月間在高雄市前金三嬸家中避難的一個半夜三更，忽然有幾個便衣憲兵帶著十幾個"中國兵仔"將日本式的厝宅包圍。便衣憲兵開始用力敲門，使那時剩下的全家婦女及兒童（因為男人都已走避）均從睡夢中驚醒。待驚恐的三嬸開門，那群便衣憲兵隨即持手槍衝進來，滿臉猙獰的用腔調很怪（是汕頭腔）的台語喝令大家起床聚集在客廳（日式榻榻米客房）。厝宅外面則被一大群持著長槍的中國兵仔包圍。於是全家大小在恐懼中排成一列跪坐在榻榻上。為首的便衣憲兵用手槍抵住每個人的額頭，凶巴巴的一個個盤問："李ＸＸ記者在家嗎？不准你們說謊，說謊就把你們統統鎗斃。你們將他藏在哪裡？快說！"大家都據實地說，他從三月上旬出外迄今都沒有回家。土匪似的中國兵仔轉而用手鎗抵住我這個小學四年級生的十歲小孩頭部，威脅非要說出他們所要找尋的人之藏身處不可，使我萬分驚恐也一生難忘。其時，中國兵仔正在高雄市進行對台灣人的大屠殺。

（一）屠殺台灣人菁英

如果依據李筱峰教授在《二二八消失的台灣菁英》（1990年出版）一書所指，有列出當時代表性社會菁英之犧牲者三十一人。他們就是：林茂生教授、王添灯省參議、陳炘先生（銀行家）、宋斐如先生（教育家）、吳鴻麒法官（吳伯雄伯父）、李瑞漢律師、施江南醫師、阮朝日先生（台灣新生報總經理）、吳金鍊先生（台灣新生報總編）、林旭屏先生、黃朝生醫師、徐春卿參議員、陳屋參議員、李仁貴參議員、楊元丁副議長、郭章垣醫師、張七郎醫師（制憲國代、張安滿祖父）、許錫謙先生、王育霖檢察官、林連宗先生（制憲國代）、黃媽典參議員、張榮宗先生、陳復志先生、陳澄波先生（畫家）、潘木枝醫師、盧炳欽醫師、湯德章律師、蕭朝金牧師（岡山長老教會）、黃賜參議員、王石定參議員、及葉秋木副議長。其實當代台灣社會菁英被中國兵屠殺者尚不止這些，前淡水中學校長陳能通先生及張七郎先生兩個兒子張宗仁醫師及張果仁醫師也應包括在內。其他尚有爲數可觀（大約兩萬人）仕紳、退役台灣日軍、中學教師及學生等，都灑血於自己賴以生存的土地上。這群被殺犧牲的志士並非反政府的叛亂人士，他們只是對心目中之所謂"祖國"來台的那幫貪腐官吏，以及出門佩帶鎗枝耀武揚威中國兵仔的惡劣行止，勇敢表達肺腑之建言，就因此死的不明不白。也就是說，當代台灣社會有識人士根本沒有呼籲台灣人民起來推翻「中國國民黨」這個外來政權去宣佈獨立，竟然個個都被中國兵仔冠以"叛亂犯"之罪名，加以槍殺或判處重刑！

（二）台灣人的祖國夢破滅

倘若民間有反抗舉動的話，就是因爲他們期待過高的

"祖國夢"完全破滅所致。熱血的台灣人若有"公民不服從"的抗暴行動，可以說是一種宣洩佔領台灣的「中國人」大失所望之舉動。關於這點，可以從1947年3月6日「二二八事件」發生後，台灣仕紳組成"二二八事件處理委員會"所發表的『告全國同胞書』內容之一段清楚的看出來：

"這次「二二八事件」的發生，我們的目標是在肅清貪官污吏，爭取本省政治的改革，不是要排斥外省同胞。我們歡迎你們來參加這次改革本省的政治工作……"。

1947年3月7日，該委員會又迅速通過宣傳部長王添灯先生提出的「三十二條處理大綱」。繼而又通過要求"台灣警備總司令部"取消視台灣為「中國殖民地」的「七條聲明」及「十條口號」（見：George Kerr，《被出賣的台灣》，陳榮成譯，台北：前衛出版社，1991年，pp.279-280）。想不到這些高水準的政治訴求，卻激怒了低水準的中國土匪軍伐，使坐鎮於中國的「二二八事件」元兇：蔣介石下令鎮壓，放任當時的台灣土皇帝陳儀，及其邪惡同僚柯遠芬和彭孟緝展開這場大屠殺。從此，台灣人所懷抱的「祖國夢」，也因這次佔領台灣的中國土匪的大屠殺而永遠破滅。

三、殘暴的中國統治者

　　1947年3月8日下午，自中國趕來的陸軍第二十一師在副師長劉雨卿率領下分別登陸基隆與高雄，隨即展開對台灣人有計劃的大屠殺。他們一登陸台灣，就不分皂白見人即掃射機關槍。因此無辜的台灣人死傷不計其數，也使天真懷有"祖國夢"的斯土斯民認清中國兵仔野蠻殘暴之真面目。從3月9日開始，僅一週時間全台各地的反抗事件就陸陸續續被壓制下來。台灣志士之死傷，委實難以估計。最勇敢的台灣人反抗軍——"二七部隊"，也因武器及彈藥短缺而退守於埔里山間。之後，只有各自潰散的一條路可走。隨之而來的，就是陳儀下令窮凶惡極的"貪官污吏"及"中國兵仔"濫捕台灣社會菁英，而且不經過正式審判就加以殺害。當時的民意代表首當其衝，學者、學生、知識分子一個也不放過。就這次事件被屠殺的台灣人總數，據統計有兩萬人以上。其時台灣人口總數才不過六百萬人，一下子就被外來的"中國兵仔"屠殺兩萬多。何況都是教育水準高於中國人的台灣菁英及良民，情況真正悽慘。這對於往後台灣社會政治生態之影響實在太大！從而造成事件發生超過一甲子後的今日台灣社會，仍舊處於中國國民黨一黨獨大的"殖民主義"宰割及統治陰影之下，(目前台灣社會基層的村里鄰長有94％是國民黨黨員)。下列事實，可以領會中國人統治台灣的邪惡政策：

（一）去台灣化的街路名

「二二八事件」之後隨之而來的，就是中國國民黨的殖民主義同化政策。除了實施三十八年軍事統治的"戒嚴"（自1949年至1987年）外，即禁止台灣人講自己的「母語」，以及"去台灣化"之種種邪惡措施。時下大家有目共睹的是：台灣各大都市街道之名字，最多的是"中正路"（有153條），其次是"中山路"（也有100條以上），那就是"去台灣化"的殖民主義同化政策之明證。此外什麼"長安東、西路"、"南京東、西路"、"西藏路"、"山東街"、"福州街"、"天津街"、"上海街"、"峨嵋街"、"哈爾濱街"等等的中國街名更是不勝枚舉。由此可見，中國國民黨政權根本不必反攻大陸，人就可以目睹台灣的各大都市，到處都是"迷你中國"。這類殖民政策下的中國國民黨同化教育，可以說是台灣社會菁英之凋零所出現的後遺症。雖然公元2000年以後台灣人的陳水扁當選總統，事實卻是"朝小野大"，立法院永遠都是"中國國民黨院"。也就是說，台灣人還沒有掌握實質上的政權。因此做為台灣人總統的陳水扁先生，一下台即成為馬英九的政治犯被戴上手銬！因為有上列之事實，台灣人到了今日仍然如同奴隸一樣，唱的「國歌」是「黨歌」，看的「國旗」是「黨軍旗」。可見台灣人迄今依舊是被中國人利用的"次等國民"。因為七十多年來隨著蔣介石逃難來台的軍公教人員以及他們的後代，仍然把持中國國民黨的黨政及政府高職。甚至"台灣人"的王金平（前立法院長）要和馬英九這位"中國人"競選國民黨黨主席，都會敗下陣來。雖然時下「民進黨」正在執政，他家的「國民黨」依舊要將台灣「紅統化」，一味不放棄要出賣給共產中國。就像「護照」與海巡署的船艦用"TAIWAN"的英文字，都被「親中」立委反對。

（二）高明的政治招數

這個外來政權最高明的一招，就是培養大批甘心做"中國奴"的台灣人軍公教（享有特權）的公務人員，使他們的退休金儲蓄還有18%利息可領。可是這些公務人員的高所得待遇，卻是台灣的農民及勞工"天天做牛做馬"得來的微薄金錢所繳交的稅金！所以說，台灣的公務人員如同古希臘與古羅馬的"自由民"（他們多數不用納稅），台灣民間的勞動者是位居於次等國民的"奴隸"（他們不納稅就是犯法）。這就是中國國民黨迄今還在控制台灣政局，軍公教人員仍然是選舉時之"柱仔腳"的理由所在。因為公務人員絕大多數是"中國奴"的國民黨黨員，又是各級民意代表選舉時國民黨候選人的當然支持者。何況全台各地區的農、漁會，也都是由國民黨政權所控制。加上其對各縣市基層鄰里之期約賄選，台灣人要在重要選舉中打敗這個黨產富甲天下又習慣於貪腐買票的國民黨政權，實在談何容易！台灣人最大的弱點是"拜金主義"，所以只要國民黨政權於各級選舉中用金錢"買票"，均容易勝選。一、兩千元就可以買收窮苦台灣人的"民心"，這真正是奴性難改的台灣人悲哀！但願這些外來政權加諸於台灣人的不公不義行止，能夠於當今「民進黨」的執政而有所改善。

日月如梭，光陰似箭。國民黨政權主導的「二二八事件」大屠殺慘案發生至今，已經過了七十四年歲月。如今除了八十歲以上的人尚有深刻之印象外，後輩對於"中國人"如何蹂躪屠殺"台灣人"的這個大慘案，根本沒有什麼印象。大家應該記得：1980年2月28日（四十一年前）尚有一個「新二二八事件」發生於台北市林義雄律師自宅（其時林律師因"美麗島事件"被監禁於軍事監獄），公然向台灣人民宣示"殺雞儆猴"之恐嚇及警告。過去「二二八基金會」之預算曾經被國民黨前立委吳育昇主張刪除，「民主紀念堂」又被馬英九改回紀念二二八元兇的「蔣介石紀念館」。前總統陳水扁也被國民黨開的「法院」（特偵組）極盡凌虐（他不但被上手銬，並且將所有重罪加在他的家人及其幕僚身上）。雖然現在可以居家養病，其囚犯之身尚在家中被軟禁，那真真正正是"台灣人的悲哀！"這些事實在在指出台灣社會始終陷於"藍色恐怖"的政治操弄之中。最需要台灣人關心者，就是咱的鄉土台灣因馬英九"聯共制台"（紅統化）的賣台辱國政策，使國家主權定位完全錯亂。為何"公然親中"的草包韓國瑜能夠當選高雄市長而後又被罷免，可做台灣人追求獨立建國的警惕及省思。唉！台灣人真是苦命，從「二二八事件」的發生迄今，還是被中國國民黨這個外來政權從事殖民與統治（因為還在用那部大中國主義的「憲法」），從而難以出頭天！所以台灣人必須不斷展望一個真正屬於自己的國度：「台灣共和國」之誕生，才能夠掙脫"大中國主義"之奴役（slavery）及霸凌。唯有如此，才能夠對得起「二二八事件」眾多先人志士的犧牲流血。也使創設於台北市「二二八公園紀念碑」後面的「公義行動教會」的敬拜行動，具有啟發性意義。

2021年2月28日

Ch.12　爲公義犧牲的人有福

　　"為義受逼迫的人有福了！因為「天國」是他們的。人若因我的緣故辱罵你們，逼迫你們，捏造各樣壞話毀謗你們，你們就有福了！。應當歡喜快樂，因為你們在天上的賞賜是大的。在你們以前的先知，人也是這樣逼迫他們。"

（馬太五：10-12）

　　於是耶穌對門徒說：「若有人要跟從我，就當捨己，背起他的十字架來跟從我。因為凡要救自己生命的，必喪掉生命；凡為我喪掉生命的，必得生命。人若賺得全世界，賠上自己的生命，有什麼益處呢？人還能拿甚麼換生命呢？人子要在天父的榮耀裏，同著眾使者降臨；那時候，他要照各人的行為報應各人。我實在告訴你們，站在這裏的，有人在沒嘗死味以前必看見人子降臨在他的國裏。」

（馬太十六：24-28）

四年前（1980年2月28日）的今日中午，這個地方發生了台灣史上少有殘忍滅門血案，就是林義雄律師母親游阿妹女士及林律師之雙生女兒亮均與亭均，離奇地被殺慘死，長女奐均身受重傷，經多方急救才起死回生得以存活。暴徒手段之殘忍，實在令人髮指。全國同胞無不同聲譴責，希望儘快將兇手繩之法法。可惜兇手迄今尚逍遙法外，冤情至今仍然石沉大海。

然而凡事互相效力，林宅雖然遭此不幸，卻因此使義雄嫂方素敏立委成為基督徒。林家這處可怕的凶宅，也因此成為一所萬人朝見上主的聖殿，成為宣揚和平福音的聖所，實在奇妙之至！基督福音的本質是和平（peace）的，是和解（reconciliation）的，是強調以「愛」征服「恨」，以「善」征服「惡」，以「寬恕」征服「仇恨」的。兩千年前耶穌基督被羅馬政府以及猶太同胞處死於各各他山丘的十字架上，臨終前就為他的敵人這樣祈禱說：（見：路加二十三：34）

"父啊！赦免他們，因為他們所做的，他們不曉得（身不由己）。"

然而「基督教」並非弱者的宗教，它教訓我們不要對罪惡姑息。因此要時刻對萬惡的魔鬼宣戰，為社會公義而做先知先覺。但是要為社會正義之伸張奮鬥努力，其代價委實太大了！大到如同耶穌一樣要犧牲自己生命，親友都要受到連累！甚至大到像林義雄律師的慈母與兩位愛女，都要不明不白的犧牲！可是我們不要因爲如此的悲劇來失望與灰心，因爲台灣歷史會記下這一筆帳，公義也會站在她們這一邊。所以本人用"爲公義犧牲的人有福"爲題講道，來紀念她們。因爲她們實在是我們這個時代罪惡的「代罪羔羊」，她們爲斯土斯民所面對"毒蛇之類"外來政權的「政治謀殺」而犧牲！

　　方才所宣讀的兩段經文，均出自《馬太福音書》的作品，而且都是耶穌親自對當代門人教訓的記錄。它們反照出在當代傳揚「基督教」的困難，以及做基督門徒的代價是迫害與犧牲。

一、爲公義受逼迫的人有福了

　　"爲義受逼迫的人有福了"這句名言，是上列第一段經文：（馬太五：10-12）的中心教訓。基督教時常強調一種「逆證」（paradox）的眞理，一般人認爲是"苦難的經驗"，基督徒卻視爲"福氣"。受人逼迫的人已經夠孤單，夠悽慘的了，那裡會有什麼福氣可言呢？然而耶穌所提出的解答，則爲一種「希望的神學」——因爲「天國」是他們的（沒有比做天國民更有福氣的了）。「天國」是受逼迫者的最大福份，那麼「天國」是什麼？按「天國」就是「上主聖國」。上主的"國土"不是什麼來世玄妙的仙境，而是「人心」。因此「天國」就是上主臨在於人心的一個經驗，若把握愛與公義的真理，上主即支配他的內心，「天國」就在他的內心存在著（見：路加十七：20-21）。擁有「天國」（贏得“人心”）的人，一定能做先知先覺，為伸張正義而奮鬥。而且有足夠的忍耐，去面對困苦與迫害。所以耶穌說（見馬太五：11-12）：

> "人若因我（真理）的名辱罵你們，逼迫你們，捏造各樣壞話毀謗你們，你們就有福了。"因此："應當歡喜快樂，因為你們在天上的賞賜是大的，在你們以前的先知，人也這樣逼迫他們。"

這等於是說，「人心」受上主所支配，有仁愛與公義品格的人，上主是他的天父，人類是他的兄弟姊妹。他們會因著此一信念來奮鬥受苦與犧牲，從此不但自己得到「天國」之福份，也促使「天國」能早日實現於人間。因為「天國」之國策是愛人如己，為公義奮鬥。是故，奉獻與犧牲是值得的。

(一) 歷史上不乏為公義受苦的人

《舊約聖經》言及：舊約的諸先知因為仗義執言，他們的一生都沒有好日子過。他們指斥宗教的腐敗，社會的腐敗，與當權者政治的腐敗。舊約中的先知阿摩司（Amos）與耶利米（Jeremiah），就是受苦先知之典型。第二以賽亞

（Deatero-Isaiah）的作品（見：以賽亞書53章），更道出了"受苦僕人"——即義人受苦的意義是什麼。《新約聖經》中的耶穌（Jesus）一生苦難最多，也死得相當悽慘（被釘死在於十字架上）。耶穌的門人彼得（Peter）、雅各（James）與其他門人，也都因跟隨基督而殉道。使徒保羅（Paul）也因傳揚當代的新宗教——「基督教」而殉教。初代教會凡信奉耶穌基督的人，就得冒喪失生命的危險。他們都是因為一個信念、一個理想而甘願犧牲！

（二）「天國」是這等人的

可是這等人的犧牲並無白費，因為他們成為世人爭取人權與公義的精神導師。他們的血結出太多「上主聖國」（天國）的成果。是故北非教父特土良（Tetullian,160-220）說過這麼一句話："殉教者的血，成為教會的種子"。的確，為公義而犧牲奉獻的人，不但自己得到「上主聖國」（贏得"人心"），也擴大了人間這個不公義社會的「上主聖國」，使世人勇於用生命來爭取公義與人權的生命尊嚴。

二、為真理犧牲的人將「永生」於歷史中

另一段經文，也是耶穌的教訓。它言及：凡一切跟隨

基督的人，都要背犧牲自己生命的十字架。因爲宣揚眞理的大業需要犧牲（見：馬太十六：25-26）：

> "凡爲我喪掉生命的，必得著生命。人若賺得全世界，賠上自己的生命，有什麼益處呢？人還能拿什麼換生命呢？"（馬太十六：25-26）。

這裡明顯地指出：基督徒的價值觀與一般世俗社會價值觀是不同的。一般世俗社會的價值觀是「富、貴、財、子、壽」的擁有爲最高之幸福，活得長壽來享受生命才算得上有福氣的人。基督徒則強調：跟隨基督背負十字架，能夠犧牲一己之幸福爲社會公義而活，才是人生最高之價值觀！因爲一個能夠犧牲生命來得勝罪惡的人，才有資格獲得永恆的生命，成爲上主的兒女。這就是基督教道理之逆證所在。

現在我們這個做禮拜的地方，四年前就發生過震撼海內外的滅門慘案：一位對抗外來獨裁政權良心犯的四位至親，被毒蛇之類的惡魔殘殺陷害。林義雄律師的令堂（母親）死了，他的兩位雙生女兒也死了。他的長女奐均重傷僥倖不死，現在流落異鄉。然而她們的犧牲沒有白費！她們三位雖然死得不明不白，但她們是烈女之死，爲自己的鄉土而犧牲，所以死得像耶穌基督一樣。兩千年前耶穌的敵人（猶太同胞與猶太教領袖），以及當權的羅馬帝國政府，以爲公然的處死耶穌，問題就可以解決。想不到事情卻因此沒完沒了！耶穌的先知性信念從此變成「宗教」，跟隨他的人變得千千萬萬。耶穌為人類犧牲自己的生命，竟然因此獲得千萬人的生命，他的生命從此永遠不死！同樣的道理，游阿妹女士、亮均與亨均小朋友雖然為時代問題而犧牲。事實上她們雖死猶生，永遠於歷史中被台灣人記念！她們的犧牲不但促使台灣同胞良心責備，也促使同胞開始留心自己命運前途的問題。因此她們的至親方素敏女士，才能夠以最高票來當選立法委員。這才是人心真正對這件悲劇事件的裁判，所以這些可敬的烈女的犧牲永遠不會被抹殺。更奇妙的一件事，就是這所同胞所認為最可怖的「凶宅」，今日已經變成了「義光教會」：一所宣揚仁愛與公義，寬恕與和平福音的厝！所以這三位時代的犧牲者雖死猶生：她們雖然死了，卻仍然為民主自由與社會公義的問題說話做見證。前台南神學院教授鄭兒玉牧師，曾經將四年前於今日所發生的事情，以及如何成立「義光教會」的過程，編輯成一本書來紀念她們，那就是《行過死蔭的幽谷》這本書。海內外同胞看過這本書的人，均大大的受感動。所以我在這裡大膽見證說："為公義而犧牲的人有福了！因為「天國」（上主聖國）是她們的。"

結語

　　昔日耶穌首次差派他的門人赴猶太各地傳教時，曾經用關懷及儆告的口吻喚附門人說：

"我差你們去，如同羊進入狼群。所以你們要靈巧像蛇，馴良像鴿子。你們要防備人，因為他們要把你們交給公會（審判）。"（見：馬太十：16-17）

在此四年後的追思禮拜中，我們不要忘記林義雄律師與其他美麗島受刑人尚被監禁在獄中的苦難。我們也要為方素敏立委未來在立法院的奮鬥祈禱，使她能夠勇敢地繼續為台灣鄉土的前途及幸福奮鬥。耶穌教導我們說：

"那殺死身體，不能殺害靈魂的，不要怕他們。惟有能把身體和靈魂都滅在地獄裡的，才要怕他。"

（馬太十：28）

在我們的社會裡，民主運動的代價委實太大了。親人久坐監牢不算，還導致家破人亡！然而大家不要灰心，上主會紀念他們。因為這樣現實的苦難，正是未來希望的記號。願上主與在獄中的林義雄律師及方素敏立委同在，也祝福他們在美國的奐均小妹妹。上主的確會安慰這三位祖孫在天之靈，生者應該因此受安慰。

1984年2月28日

追思於義光教會

Ch.13　歷史上的今天

2010年2月28日（主日）**於台北市「永樂教會」講道稿**

> *"世人哪，耶和華已指示你何為善。他向你所要的是甚麼呢？只要你行公義，好憐憫，存謙卑的心，與你的　上主同行。"*

> *（彌迦書六：8）*

1947年2月28日，一場台灣歷史上的悲情大慘案：
"二二八大屠殺事件"從台北市的大圓環邊（日治時代的太平町）發生。歷史學家定位這一事件的元凶就是自稱基督徒（也是牧師女婿）的蔣介石這位獨裁者，執行的劊子手即當時的陳儀長官及警備總部司令柯遠芬、高雄要塞司令彭孟緝等人。此後一年間，國民黨這一外來殖民政權開始以藉口叛亂為由，濫捕台灣社會的仕紳及學生。為此，所有台灣社會菁英均於這次事件中死於非命，為數多達兩萬人以上！

想不到1980年2月28日，台北市又發生另一個"二二八政治謀殺事件"。是日林義雄律師因"美麗島事件"（發生於1979年12月10日世界人權日在高雄市的黨外反對運動之活動），正在台北軍事法庭接受被誣陷為"叛亂罪"之軍法審判。他在位於信義路巷口自宅的親人，於是日慘遭滅門：林母及三位女兒慘遭屠殺。所幸長女奐均被急救存活。此一政治謀殺之目的，不外向被殖民的台灣人宣示其殺雞儆猴之警告，要台灣人民勿反政府，要永遠做統治者之奴隸及"乖乖牌的順民"！

台灣人何辜？非要受外來政權的欺凌及屠殺不可嗎？國民黨始終教導台灣人子弟，勿忘那個與斯土無關又發生於中國的"南京大屠殺"。卻偏偏教導台灣人民，務要忘掉"二二八大屠殺事件"之記憶，這算公道嗎？身為台灣的基督徒應該為社會公義發聲，呼籲同胞記取國民黨此一外來政權之殘暴以及其歷史上的教訓才對。為此用猶太先知彌迦的呼籲，來思考"歷史上的今天"（二月二十八日發生的兩個歷史事件）之於台灣基督徒的省思。因為2010年2月28日，恰好是"禮拜天"（主日）。

一、先知彌迦的時代使命

主前八世紀末（735B.C.-715B.C.之間）的南王國先知彌迦（Micah），可說是一位性情耿直又勇敢的農村人。其故鄉摩利沙（Moresheth）離南王國首都耶路撒冷（Jerusalem）二十哩。他的使命因受到先知阿摩司（Amos）力主社會公義與宗教精神具有不可分割關係之影響，所以一生大膽指斥不公義的政府以及不道德宗教家及人民的社會罪惡。這位先知強調正確的宗教信仰與社會公義是人類道德倫理之根本。為此,這位先知率直呼籲(彌迦書六:8):

> "世人哪,耶和華(上主)已指示你何為善。他向你所要的是什麼呢?只要你行公義,好憐憫、存謙卑的心,與你的上主同行"。

大家應該記得,這位號稱"窮人先知"的彌迦之呼籲,曾經被美國第39任總統卡特(Jimmy Carter)當做他在1977年的總統"就任辭"內容最重要一句話。因為美國之立國精神崇尚自由、平等、及社會公義。下面將就彌迦之使命及其對後代基督徒之啟示做一簡要之思考。

先知彌迦之時代使命,可以分為幾個大段落:(一)上主審判子民之預告(一至三章),(二)上主審判背後的展望(四章至五章),(三)真正的宗教責任(六章至七章)。若從先知彌迦的重要呼籲(六:8)見之,就知道其時代使命集中於宗教信仰與社會道德(尤其是「社會公義」)之上。根據先知的見解,猶太人是個上主選民之族群,理應聽從上主之啟示,勿使社會罪惡發生。可是因為信奉「猶太教」(Judaism)的政府、祭司、及假先知遠離上主命令,以致君王、官員、神職人員徒具傳統信仰,也按時獻祭服事,卻失去真正的宗教精神。從而引起政治腐化、社會上的不公不義、宗教家之墮落。為此先知彌迦提出:

(一) 上主審判子民之預告 （一章至三章）

先知彌迦預言：北王國以色列很快將被亞述帝國滅亡，南王國猶大也將因政府、宗教家、人民的社會罪惡而覆亡。結果北王國以色列於主前721年（721B.C.）被亞述帝國所滅，南王國猶大也於主前586年（586B.C.）被巴比倫帝國滅亡。這些歷史事實之應驗對於先知彌迦而言，正是上主之審判。

(二) 上主審判背後的展望 （四章至五章）

先知彌迦又預言：上主審判之背後，必然復興祂的子民，使耶路撒冷成為世界之中心（四：1-15）。那時"大衛國度"復興，分散的猶太人將自世界各地集合，世上各國將來朝貢，上主的神政統治開始。其時南北王國合一的耶路撒冷聖城將成為民族"希望"之記號，藉以證明上主審判是一種"公義"之行動。其後就是展望民族之復興。

(三) 真正的宗教責任 （六章至七章）

對於先知彌迦而言，猶太選民的責任是與他們的宗教信仰無法分割的。為此他呼籲：上主要求世人務要"行公義"、"好憐憫"、"心存謙卑"，更要"與上主同行"（六：8）。這就是先知彌迦所強調的真正宗教責任，也是與

社會道德倫理有關的宗教人眞正義務。先知彌迦強調：只要
猶太選民棄絕不公不義的罪惡，他們將會有錦繡前程——國
家及民族必定復興（七：8-13）。由此可見，"社會公義"何
其重要！公義可以興邦，不公不義的社會將受上主嚴屬的審
判。

二、彌迦的教訓對於"二二八事件" 之啓示

　　台灣的歷史十分的悲情，遠在公元十四世紀時代台灣
本島就成爲日本海盜及支那（China）海盜的根據地。著名海
盜林道乾據傳在打狗山（高雄壽山）藏有十八大箱又半箱之
寶物（十八暇藍半寶藏）。1624年荷蘭據台年代，也有海盜顏
思齊及鄭芝龍（鄭成功之父）在中部笨港一帶設有根據地進行
開發。其時的台灣被支那歷朝（元、明、清朝代）視爲化外之
邦，根本不是支那之領土。荷蘭於1624至1661年前後38年之
久佔據台灣，做爲在遠東貿易之據點。西班牙於1626年至
1641年有16年之久佔據台灣北部，目的同樣在於建立在遠東
方便與支那、日本貿易之根據地。鄭成功在支那打敗仗於
1662年佔據台灣之主要目的，不外打著"反清復明"口號當
做反攻支那之根據地。1683年清朝爲了消滅"反清復明"勢
力才佔領台灣，將佔據台灣21年的鄭朝打倒。清朝治台213
年間，根本並無看重台灣。僅以防備台灣害怕其做爲「反清

復明」的基地，監視移民入台的唐山人反抗爲主旨。所以1895年腐敗的中國被日本帝國打敗之後，支那官方即以台灣是個："男無情，女無義，鳥不語，花不香"（李鴻章語）的化外之地爲由割讓給日本。二十世紀發生的二次世界大戰，治台五十年之久（自1895年至1945年）的日本帝國戰敗，台灣受到來自支那的蔣介石政權佔領接管。自1945年迄今，蔣介石所領導的這個「中國國民黨」外來政權，已統治台灣六十五年之久。而「二二八事變大屠殺慘案」，即發生在「中國國民黨」這個外來政權殖民台灣的兩年後（即1947年）。

台灣人民於歷史上遭受這些外來政權不公不義之對待，倘若昔日猶太先知彌迦知道的話，都會流下同情之眼淚！而台灣歷史上"不公不義之最"的外來政權，就是1945年蔣介石所領導接收台灣的「中國國民黨」。因爲此一外來的走路政權，製造出1947年"二二八事件"這個屠殺台灣人民之大慘案，以及1980年"新二二八事件"的林宅滅門慘案。

（一）歷史上的今天

2010年2月28日的今天，恰好是基督徒敬拜上主的聖日（禮拜日）。可是63年前的今天（1947年）以及30年前的今天，卻有兩個"二二八事件"發生。一個死了兩萬多人，另一個是林家滅門屠殺慘案。而這些都是支那人（Chinese）這個外來民族殘暴政權的呈現，是先知彌迦所痛恨的不公不義之社會現象。

1. 1947年的"二二八事件"

國民黨這個支那人外來政權於1945年侵略接收台灣之後，沿用日本帝國殖民政府的「煙酒專賣政策」，禁止民間製造私煙及私酒出售。1947年2月27日傍晚有個寡婦林江邁帶著她兩個小孩，在台北市大圓環邊的「天馬茶行」附近擺攤販賣香煙。其時煙酒專賣局的專員：傅學通、葉得根、盛鐵夫三人前往查緝，指控她販賣私煙。並且進而沒收她的香煙及現款。林婦跪地哀求，卻遭葉得根以手槍柄將她擊倒在地。這幕凶暴行為被人看得一清二楚，旋即引起憤怒的群眾自動包圍這些酷吏。其時害怕的支那酷吏盛鐵夫向群眾開槍，打死一位市民陳文溪，即時驚散圍觀之民眾。那些酷吏也逃向警局，留下被打死的人及被擊昏的婦人。稍後，憤怒的群眾即包圍警察局要求交出打死人的兇手加以治罪。結果警員之作風十分蠻橫，召來憲兵將群眾驅離，讓打死人的酷吏無事離開。那位被酷吏擊昏的婦人林江邁，稍後也因傷重去世。至此，忍無可忍憤怒的群眾立刻放火將煙酒專賣局的卡車及其沒收的煙品燒掉，藉以洩憤。

2月28日（第二天）早晨，獲悉支那官員如此殘酷而本已不滿支那人蠻橫的群眾兩千多人聚集，手持標語前往專賣總局要求究辦肇事的酷吏及局長引咎辭職，同時要求取消煙酒專賣制度（這是沿襲日本殖民政策而來）。可是專賣總局故意置之不理，群眾即轉往省政府長官公署向陳儀長官抗議。不知所措的陳儀非但拖延不理，竟將抗議民眾視為"暴民"。午後長官公署之警衛突然開槍，向聚集於門口的請願群眾掃射，群眾多人因此死於非命。此事立即使懷有"祖國夢"的台灣人民驚醒，終於認清支那人外來政權殘暴本質之眞面目。人民開始藉由廣播電台將此一事件傳遍全台，"二二八事變"於是發生。關於此一事變之詳情，可以閱讀美國官員George H. Kerr所著：《被出賣的台灣》（Formosa Betrayed, 1965），陳榮成譯，前衛出版社於1991年出版這本書。

1947年3月間，許多當時台灣社會的參政菁英藉此事件之發生向陳儀長官提出「三十二項」政治改革之請願。想不到這些受過日本高等教育的仕紳菁英，不知陳儀這個人是殘暴之輩的阿斗及草包早已請求蔣介石派兵來台，進行有計劃鎮壓台灣人的大屠殺。爲此，從3月8日下午陸軍第二十一師登陸基隆碼頭用機關槍掃射無辜的台灣人（據說從3月6日高雄要塞司令彭孟緝就展開大屠殺）開始，以至事件之結束，依據George H. Kerr之估算至少有兩萬人被殺害。而犧牲者總數可能多達四萬人之譜。這就是所謂："同胞（支那人之自稱）統治同胞（台灣人）"之悲慘結果。從此，台灣人的"祖國夢"（期待支那人來光復之夢想）也徹底醒了！有人評論"二二八事變"之所以發生之主要原因，是"低水準的支那人統治高水準台灣人"的必然結果（也即："草包阿斗管秀才"所引發之悲劇）。

2. 1980年的"新二二八事件"

國民黨此一外來走路政權，爲欲報復1979年12月10

日「世界人權日」在高雄市所發生的"美麗島事件"抗爭運動，故意在1980年2月28日這一天製造了"新二二八事件"，即林家滅門的政治謀殺血案。迄今兇手尚逍遙法外，林家含冤莫白。大家應該記得，1980年2月28日是"美麗島事件"所有涉案人被「中國國民黨」這一專制外來政權施以「軍法大審」之日。是日苦主林義雄先生（也是律師）正在接受軍法"唯一死刑"之叛亂罪大審，林夫人素敏女士也在法庭上觀看審判過程。想不到兇手卻利用這一天進入林宅將林義雄先生母親及一對雙生女兒殺死，重傷長女奐均女士（其時她只有8歲，後來救活）。這一政治謀殺之目的無他：支那人殖民政權統治者，對於台灣民主運動人士的一種殺雞儆猴之殘忍手段！如今林義雄先生已淡泊政壇，其女奐均也已下嫁一位美國駐台宣教師印主烈博士（Dr. Joel Hugh Linton）。並且育有三位女兒：惇惠（Faith）、慈暄（Charis）、及恬昕（Ashlyn）。上主始終祝福他們，因為他們以善勝惡，化悲傷為服務台灣社會之動力！

（二）二二八事件犧牲的代表性基督徒

到底在"二二八事件"中台灣有多少基督徒死於非命，咱的確無法做正確的統計。但有不少基督徒菁英因此而犧牲，此一歷史事實不可被遺忘。下列幾位，即於當代犧牲的基督徒代表性人物：

1. 林茂生博士

這位日治時代台灣第一個留美哲學博士，係林燕臣牧師（1859-1944，前清秀才）之子。他也是前台灣大學醫學院精神科專家林宗義教授之父。林茂生博士於終戰時任台灣大學文學院院長以及「民報」之主筆。1947年3月10日被捕受害，年僅60歲。

2. 徐春卿市參議員

這位台北市參議員，係前台北市松山教會徐春生牧師之弟。終戰時經營煤礦業相當成功，當時擔任台北市參議員。二二八事件發生時，又擔任事件處理委員會委員。1947年3月9日被捕，並和陳屋、李仁貴、黃朝生等市參議員一同被虐殺，死狀至慘！

3. 張七郎醫師

這位當時的中華民國制憲國大代表，是花蓮鳳林教會長老。終戰後曾經加入國民黨，也在花蓮市建立牌樓歡迎過"祖國"的支那兵仔佔領台灣。擔任花蓮縣議會議長期間，眼見外來統治階級的國民黨官員及軍人之貪心及腐化，而大膽公然加以譴責。從而於"二二八事變"時被懷恨在心的支那人加以報復。1947年4月4日張七郎醫師和三位醫師兒子：宗仁、依仁、果仁，被支那兵仔從家中押走。當晚即被槍殺，僅依仁因身上有國軍軍醫證而倖免於難（他是日軍軍醫，在海南島被俘後被收編為支那兵軍醫）。事後張七郎長老娘詹金枝女士曾勇敢向蔣介石一次又一次的伸冤，卻如石沉大海被不理不睬。

4. 蕭朝金牧師

這位前高雄中會岡山教會牧師於戰後熱愛"祖國"，擔任「三民主義青年團」岡山地區負責人。後來發現這個"祖國"的支那人水準低，根本不將台灣人當做"同胞"看待，因此公然表露其不滿。1947年3月10日被捕，四天後被支那兵仔槍殺。死前因反抗而遭受酷刑，耳朵和鼻子均被割掉，死狀至慘！

5. 陳能通校長

這位前淡江中學校長係淡水教會會友，祖父為陳旺牧師。1927年畢業於日本京都帝國大學理科，回台後任教於淡水中學。1937年又赴日本東京神學大學進修，1940年畢業返台任長榮中學教員兼任東門教會牧師。1946年擔任淡江中學校長。1947年3月11日被中國兵仔從家中押走失蹤，稍後確定被槍殺。而淡水中學同時遇害的教員尚有訓導主任黃阿統以及教師盧園這兩位。

此外在事件中死於非命的基督徒不計其數，像許水露牧師之獨子及高俊明牧師娘表弟及另一位同學三個人均同日被殺。在事件中倖免一死的人，有彭清靠醫師、楊金虎醫師、以及前永樂教會黃西川牧師等人。

結語：

　　一個低水準又不公不義的支那人外來政權，才會用殘暴手段對付高水準而無辜的台灣人，任意屠殺台灣社會當代之菁英。歷史悲劇既已發生，台灣人可以寬恕這幫野蠻成性的支那人，但不能可忘記1947年台灣人向外來政權爭取公義及人權所發生的這一悲慘事件，以及1980年發生的林宅政治謀殺事件。最諷刺的一件事是：1947年"二二八事件"有兩個大元凶均自稱爲基督徒，他們就是蔣介石和柯遠芬。倘若基督徒高官沒有像先知彌迦那樣實踐："行公義、好憐憫、謙卑心，與上主同行"之教訓的話，他們就是"掛羊頭，賣狗肉"欺騙上主的大罪人，上主早晚都會予以審判！伸冤在於上主，期望這兩個事件中"被害者的血"永遠沒有白流。因爲這些菁英在台灣土地上所流的"血"，將會成爲建立未來「台灣共和國」之原動力！

2010年2月27日完稿

2010年2月28日（主日）於台北市「永樂教會」講道稿

Ch.14 從「二二八事件」談起

"世人哪，耶和華（上主）已經指示你什麼是「善」。耶和華（上主）向你所要的是什麼？唯獨要你行「公義」，好「憐憫」，存「謙卑的心」，與你的上主同行。" *（彌迦書六：8）*

"為實踐「正義」（righteousness）受迫害的人有福了，因為「天國」（上主國度）是他們的。" *（馬太福音五：10）*

"那些只能殺害人的肉身，卻不能殺滅人靈魂的，不用怕他們。惟有那些能於地獄裡毀滅肉身和靈魂的，才要怕他（要懼怕的是上主的審判）。" *（馬太福音十：28）*

2021年2月28日這一「主日」（禮拜日），正好是「台灣基督長老教會」（Presbyterian Church in Taiwan）牧者，也是前立法委員鄭國忠牧師所創立最獨特之聖會：「公義行動教會」（Taiwan Justice Action Church）第十一週年（創立於2010年2月28日）紀念日。就教會行政歸屬言，本會屬於「台北中會」（Taipei Presbytery）。究其獨特性有二：第一，於「時間」上的意義來說，「公義行動教會」選擇發生於1947年2月28日（即74年前台灣人被外來中國人開始大屠殺之日）這個"二二八台灣大屠殺事件"的悲情日子創設，又選擇每禮拜日（主日）的下午2點28分作禮拜。其目的不外：喚醒基督徒要爲台灣人的「民族自決」（爭取自由、人權、及獨立建國），來大力宣揚公義行動的福音。第二，就「空間」上的意義言，「公義行動教會」位於台北市「二二八紀念公園」之內，其特色是以公園的穹蒼爲頂，又以公園的綠林空地爲"聖殿"。更在「二二八紀念碑」後面聚集敬拜上主，藉此宣示學習耶穌基督公義行動之犧牲精神。由於鄭國忠牧師的熱心鼓舞，「公義行動教會」也分別於台中市及台南市創設。台中市「公義行動教會」固定於「台中公園」更樓前聚會，至於台南市者因先天不足而暫停。因鄭國忠牧師已於去年離任，現由柯怡政牧師繼續領導台北市「公義行動教會」，期使公義的「福音」得以發揚。

「基督教」（Christianity）所稱的"教會"（Ecclesia），希臘文其原來的意義是指"會眾"，所以不是指建築物之"禮拜堂"而言。「公義行動教會」係："奉主聖名設教"的一群"同信共同體"。值此設教十一週年紀念禮拜主日（2021年2月28日），用"從「二二八事件」談起"爲題，做爲互相勉勵。引用的聖經有三處：舊約聖經有《彌迦書》（六：8）、新約聖經有《馬太福音》（五：10）及（十：28）。因爲這三處經文的內容及教導，可說是創設「公義行動教會」之基本精神。

一、與上主同行（彌迦書六：8）

　　主前八世紀（約兩千七百年前）的猶太先知彌迦（Micah），係出身南王國猶大（Kingdom of Judah）一個村落摩利沙（Moresheth）的人士，因此有"摩利沙的先知彌迦"之稱呼。彌迦和耶路撒冷（Jerusalem）的知名先知以賽亞（Isaiah）同一時代，但比他年輕。他受召爲先知於主前第八世紀末（B.C 735年至715年之間），也就是北王國以色列（Kingdom of Israel）被亞述帝國（Assyria Empire）征服滅亡之前後（即B.C. 722-721）。這位從鄉村摩利沙走向都市耶路撒冷的純樸先知，由於深受先知阿摩司（Amos，他於B.C. 761年受召，力主"社會公義"）之影響，因而始終和都市與農村的窮人站在一起，大膽指斥當代政府之腐敗、祭司及先知（宗教家）的謊言（見：二1，三：18）。先知彌迦的主要使命，集中於政府及人民的"宗教責任"與"社會道德"之教導。就"宗教責任"言，他斥責祭司階級唯利是圖，先知欺騙人民。至於以色列的統治者也欠缺"社會道德"，因爲他們憎恨善良，剝人民的皮，不公不義（見：彌迦書三：1-11，七：1-6）。上主所要求的是豐盛的"祭品"嗎（見：六：6-7）？不是。對先知彌迦來說，上主所喜愛的"善"，就是：行「公義」（正義得以伸張）、好「憐憫」（實踐不變的愛心）、存「謙卑的心」，與上主同行（見：六：8）。

　　美國第39任總統卡特（James Earl Carter, 1924-，於1977年至1981年在任），就是用《彌迦書》（六：8）的這一節經文列入總統就任辭中。藉以強調美國總統也必須"行公義、好憐憫、存謙卑的心與上主同行。"筆者相信,鄭國忠牧師創設「公義行動教會」之動機,可能受先知彌迦這段經文教導的影響。所以用"公義行動"為「教會」之名稱,藉此來領導信徒兄姊與上主同行。同時又宣示"行公義、好憐憫、心存謙卑待人"的福音。其實先知宣示的"與上主同行"的內涵:公義、憐憫、及謙卑,也即「基督教」福音（上主國度）之金律。因為「上主國度」（「天國」或「上帝國」）之金律就是"愛"（人與人的關係）與"公義"（人與制度的關係）。只是先知彌迦"與上主同行"的教導,先講"行公義"（人與社會制度的關係）,而後強調"好憐憫"（人與人的人際關係,即愛憐如己）。又"行公義"及"好憐憫"的宗教人（religious men,包括官員及庶民）,均必須"存謙卑之心"與上主同行。時下咱的「公義行動教會」,就是要宣揚"與上主同行"的福音。畢竟台灣社會長久以來,缺乏"行公義"之社會倫理,才會於七十四年前發生「二二八慘案」,以及往後年間發生不計其數不公不義違反人權的傷天害理事件。昔日主耶穌因眼見「猶太教」（Judaism）唯一在耶路撒冷的「聖殿」淪為"賊窩"（見:馬太二十一:12-17,馬可十一:15-19,路加十九:45-48）或商業"市場"（見:約翰二:13-22）。耶穌因此義憤填胸,以公義行動潔淨「聖殿」。他為了勇敢"與上主同行",也因此步上十字架道路而犧牲生命!

耶穌在世時也留下"好憐憫"的謙卑行止,可為當今基督徒的榜樣。就像他為要改造罪人使他們變好,主動招募角頭兄弟（稅棍）馬太（Matthew）為門人（見：馬太九：9-13，馬可二：13-17，路加五：27-32）。又改變另一位黑社會大角頭（抽人頭稅大稅棍）撒該（Zacchaeus），使他良心發現成為慈善家（見：路加十九：1-10）。當那些猶太社會偽君子（法利賽人、文士、拉比）質疑耶穌親近角頭兄弟（黑社會頭頭）的作風時，耶穌的回應是："健康的人用不著醫生，有病的人才用得著。我來的目的不是要召好人，而是改變罪人。"（見：馬可二：17）。耶穌也憐憫弱勢婦女，就如治好患血漏十二年重症婦人（見：馬可五：25-34，路加八：43-48），接納娼妓悔過之獻禮（路加七：36-50），拯救一位犯姦淫罪婦女現行犯免於被處死（見：約翰八：1-11）。為此，耶穌大膽向那些當代猶太教偽君子宣稱："稅棍（黑社會角頭）和娼妓，會比他們先成為上主國度的子民"（見：馬太二十一：31）。所以主耶穌在世時"與上主同行"的所做所為，正是「公義行動教會」理當實踐之理念。

二、為實踐正義受迫害的人有福了
（馬太五：10、十：28）

這十一年來，台北市「公義行動教會」假市立「二二八紀念公園」的「紀念碑」正後方的空地為「聖殿」，敬拜天父上主，的確具備為"被迫害者"伸張正義之勇氣，否則無法膽敢在此聚會這麼長久。耶穌教導他的門人有關"受祝福"（Blessed）之真道，是一反世俗功利主義價值觀的。他於「山上寶訓」（馬太五章至七章）的開宗明義，就論及「八福」（五：1-12）：

> "心靈貧窮的人有福了，因為天國是他們的。為人性憂悶的人有福了，因為他們受上主安慰。溫柔謙卑的人有福了，因為他們必承接上主產業。飢渴慕義的人有福了，因為他們必得飽足。憐憫人的人有福了，因為上主也要憐憫他們。心地純潔的人有福了，因為他們必得見上主。促進和平的人有福了，因為他們被稱為上主兒女。為正義受迫害的人」有福了，因為天國是他們的。"

上列「八福」之中，只選用第八福："為正義受迫害的人"是"受祝福"（Blessed）的人，因為他們是"上主國度"（天國）之子民這一節經文，來紀念「二二八事件」受難者是極具意義的一件事。當然要明白這節經文的原意，要從耶穌在其時代的角色及事工講起。

（一）耶穌的先知性角色

耶穌大約三十歲左右從他成長之地拿撒勒（Nazareth）開始進入公生涯宣揚「福音」（見：路加四：16-30）。因為他的教導有方又帶有權威，和當代「猶太教」（Judaism）的經學士和拉比（會堂牧師）不同，所以令猶太教徒十分驚奇（見：

馬太七：28-29）。在他大約三年半左右的宣教生涯，始終關懷弱勢人權，使罪人向善信靠上主。然而因為反抗「猶太教」一些不合時宜又違反人權的口傳律例及教條（就如不可在「安息日」醫病趕鬼），從而成為祭司集團、經學士、及敬虔主義的法利賽人（Pharisees）的眼中釘加以迫害。相反的，猶太群眾都公認他充分發揮其先知性角色。為此公然稱他為"來自加利利省的拿撒勒先知耶穌"（見：馬太二十一：11，46）。先知的角色就是為社會最需要的"正義"（公義、人權、自由）發言，做當代的人所不敢做的事，因此被迫害在所難免。不過先知的社會價值觀與眾不同，耶穌才會教導門人：為"正義"（righteousness）受迫害的人，是"受祝福"（Blessed）者，因為他們是"上主國度的人"（天國是他們的）。在此明顯指出"正義"包含公義（justice）、人權（human right）及自由（freedom）。並且為這些理念與行為受迫害的人，將"受祝福"。如此的"福音"，絕對不同於台灣人那些所謂："富、貴、財、子、壽"（五福）的自私自利之福祉。為"正義"而受苦受難才是真正的"福人"，這種真理只有耶穌才說得出來，也只有「基督教」才勇於証言的福音！

（二）耶穌是「正義」之祭品

耶穌的先驅施洗約翰（John the Baptist），曾經預言耶穌將是「正義」之祭品："擔當世人罪債之贖罪羊羔"（見：約翰一：29，35-36）。意思是耶穌將會因「正義」而犧牲生命，如同「猶太教」的聖殿祭牲"羊羔"一樣，爲人性之不公不義走上"十字架祭壇"。這一預告，正好應驗耶穌潔淨耶路撒冷「聖殿」之行動（見：馬太二十一：12-17，馬可十一：15-19，路加十九：45-48，約翰二：13-22）及其被判刑犧牲於十字架上之後果（見：馬太二十七：32-44，馬可十五：21-32，路加二十三：26-43，約翰十九：17-27）。由此可見，做爲先知角色的耶穌不但因"正義"之故受迫害，更因實踐"正義"之行動（潔淨聖殿事件）而犧牲（正義之祭品）。事實上，耶穌早就提醒門人，要從事宣揚"上主國度"（福音）的行動，必須不怕犧牲才有資格。此一重要的宣教工程，必須面對苦難及迫害，甚至被親朋好友父親及兄弟出賣（見：馬太十：16-23），以至犧牲生命。爲此耶穌特別強調（見：馬太十：28）：

> "那只能殺害肉體，卻不能殺滅人靈魂的，不用害怕。要懼怕的是上主，只有祂能將人的肉體和靈都投進地獄。"

耶穌就是懷抱這樣的職志步上十字架犧牲之道路。「猶太教」祭司集團及族長以及羅馬帝國當局，以爲將耶穌處死就可以消滅新興起的「基督教」。想不到這個"以輸爲贏"（輸輸仔贏）的新宗教被羅馬帝國迫害近三百年後，卻打敗了羅馬帝國，迫使君士坦丁大帝（Constantine the Great, 272-337）跪在十字架下認罪，從而接受「基督教」（Christianity）爲國家宗教。耶穌復活了，因爲他的精神（靈魂）永生不死！

（三）二二八犧牲者雖死猶生

　　台灣人因為長期受「支那」（China）文化的影響，一生自私只追求現世功利之「五福」（富、貴、財、子、壽）臨門。因而貪生怕死，苦不起又不肯為偉大志業犧牲。這類不健全的傳統，使1947年發生的「二二八事件」慘死的台灣社會菁英，因中國國民黨此一外來政權的38年「戒嚴」（自1949年至1987年）之高壓統治而不得伸冤。台灣人也根本不敢重提此事，視這些冤死的台灣菁英"命該如此"！一直到台灣人的李登輝總統（1923-2020）執政時期，才能夠將「二二八事件」冤死者加以平反和賠償。並且於1992年2月24日於台北市「新公園」（二二八公園）興建一座紀念碑，其設計者鄭自才先生（現為「台澎黨黨主席」）曾經是1970年4月24日"刺殺蔣經國案"的主角之一。老實講，若不是「公義行動教會」在這座台北市「二二八紀念碑」後面的空地上聚集禮拜，台灣人也僅僅能夠以懷舊心情來觀望這座紀念碑而已。然而基督徒在此處聚集敬拜天父上主這位"生命源頭"，卻也同時提昇這座「二二八紀念碑」的犧牲者"雖死猶生之精神"。藉此來喚醒台灣人永遠記取先人被異族屠殺的歷史教訓，為來日建立「台灣民主共和國」而努力奮鬥。

　　記得1852年，美國有一位牧師女兒史杜偉女士（Mrs. Harriet Beecher Stowe, 1811-1896，其夫Professor Calvin E. Stowe）出版一本名為：《Uncle Tom's Cabin》（漢譯版本有：《黑奴魂》及《黑奴籲天錄》兩種版本）之名著（它被譯成37國文字，單單當時在英國就銷售150萬冊），大大影響美國第16任總統林肯（Abraham Lincoln, 1809-1865，在任期間為1861年至1865年）解放黑奴之決心。書中言及：當可憐的湯姆叔叔（Uncle Tom）被主人脅迫要說出奴隸同伴逃亡之去處，否則將置他於死地。湯姆叔叔因堅不吐露被毒打，臨死前他說："我的肉體是你買的屬於你，可是我的靈魂是屬於天父上主，死有何懼？"那能殺害肉體卻不能毀滅靈魂的，湯姆叔叔不懼，這是他的信念。回顧74年前（1947）一群義憤填胸的台灣人，因無法容忍陳儀長官及侵略性極強的中國軍人在台灣各地為非作歹，如同土匪一樣。那時他們不得不採取"公民不服從"的反抗行動，而在「二二八事件」中悲壯犧牲。他們的生命儘管已逝，表面上也在台灣各大城市建立紀念碑，教後人記取外來政權殘暴之大屠殺。然而他們的精神不死！誠如「基督教」經典《希伯來書》（十一：4）所言："因著信心（公民不服從反抗惡法之信心），他們雖然死了（犧牲），仍然藉著這信心（「紀念碑」）說話。"而他們所說的話，就是：擺脫外來政權及共產中國的暴政及統戰，台灣才能獨立建國。

　　十一年來「公義行動教會」在「二二八公園」紀念碑周圍聚會做禮拜，於鄭國忠牧師及柯怡政牧師領導及全體信徒兄姊同心協力之下，以行動證言："無十字架，就無耶穌基督之救贖。"台灣人若能與天父上主同行，就是："行公義，好憐憫，存謙卑的心，苦得起又不怕犧牲"，「建國夢」將會因此實現。

後記：

　　這十一年來「公義行動教會」禮拜聚會時的電器用品及椅子，都是一群熱心的兄姊辛苦搬運、錄影，默默的付出，在此向他們致敬及深謝！

2021年2月28日

台北市「公義行動教會」設教十一週年紀念講道稿

Ch.15 台語羅馬字之歷史定位

近年來，政府當局以及民間人士，都在積極推展台灣社會「本土化」運動。這是一個很值得肯定之起步，因為藉此可以遏阻那些外來文化過份之影響，使斯土斯民能夠「尋根」與「不忘本」。令人雀躍者，就是行政院領導團隊之一的教育部，也於中、小學九年一貫教育政策下，積極主動推行「母語教學」。一面從民間網羅經過考試合格的母語教師（福佬話、客家語、原住民語三種母語教員），另面培養專職教師之母語教學能力以便備用。此一政策性措施，委實可以讓全國人民加以肯定。雖然母語教育之推動迄今只有兩年多，時下卻已經頗有成果。其顯著成績可見之於國內各縣市的中、小學之中。這不能不說是新政府著重本土化教育之一大貢獻。以往民間已經有不少有志人士關心斯土「母語」之保存，有些人更致力創作母語教學之拼音字母，他們之用心與努力委實令人起敬！然而也有負面之現象困擾學界，因為已經出現四十種以上的母語教學拼音法，分別於福佬話、客家話、及原住民話之中。並且各家皆自立門戶，個個均在強調其拼音法作品之優越性。從此導致時下台灣的母語教學拼音字母相當分歧，不但因此困擾了母語教學之教師，更加困擾了學童。由於各縣市中、小學母語教師教學上的需求，下列三種之母語音標比較被普遍接受。即：「台語羅馬字音標」、「TLPA字母音標」及「通用字母音標」（尤其是客家話）。理由無他，為的是這些母語教學拼音法的課本豐富，教材均備。當然大家能夠為本土的「母語教學」推出不同的拼音法（音標），對於促進本土母語教育之付出委實毋庸置疑。然而問題也隨之出現：這麼多套的母語教學拼音法（音標），在時下台灣各縣市中、小學校實驗之結果，誠然造成紛亂之局面。如此情形，不但母語教師有其自己所專長的拼音法堅持，當學童面對這麼多套的母語拼音法（音標）之時更是難以適從。往後日子，當學校當局要求學童應用拼音字母書寫「母語」時，拼音字母無法一致的問題將更為嚴重。為了這個緣故，今年已有台灣各地五十二個民間團體及兩萬多名人士連署，籲請教育部趕快訂定以「台語羅馬字」為標準的部定母語拼音字母。如果以實際需要而論，他們的訴求並非無的放矢，應該說是十分必要。究其理由，不外「台語羅馬字」的拼音法歷史悠久，迄今已有182年之歷史。並且早就「文字化」，因為它是從十九世紀中葉以來協助台灣社會文盲識字閱讀書刊的一種重要文字。對於促進台灣社會現代化之貢獻，更表現於文教與醫學之上。同時此一「台語羅馬字」拼音文字又可以和國際社會接軌，尤其是亞洲地區許多國家都在使用。[1] 它之所以被人誤解及排拒的理由，除了

1　從1820年英國「倫敦宣道會」（London Missionary Society）宣教師麥

被名為「教會羅馬字」（因為長期以來台灣基督長老教會、台灣聖教會、真耶穌教會都在使用，故簡稱「教羅」）外，也於國民黨執政時代受過白色恐怖之打壓（1975年教會羅馬字聖經均被全數沒收）。[2]「台語羅馬字」既然被打壓與政治醜化之結果，台灣各縣市中、小學校要接受這種拼音字母，自然是怕怕的。有了這些事實，就不能不說是白色恐怖時代留下來的後遺症。時下學界必須正視者，就是「台語羅馬字」不只是一種「拼音文字」（音標）而已，它已經是一種流通久遠之「台灣語文」，也是「台灣文化」的一部份。其重要性絕非「TLPA音標」與「通用音標」字母所能比擬。

　　關於「台語羅馬字」歷史定位的問題，將分為：文字化之歷史發展過程、社會教育之文字角色、及促進台灣現代化之貢獻等段落，來證明它是一種可與國際社會接軌之重要「台灣語文」。

都思牧師（Rev. Walter H. Medherst）發明羅馬拼音「白話字」之後，它不但在馬來西亞華人地區流傳，稍後也擴及於新加坡、泰國、及中國福建閩南地區。其貢獻是給華人基督徒方便閱讀「聖經」，以及其他佈道刊物。

2　1975年台灣尚處於國民黨政權的「白色恐怖」時期，當局因憎恨台灣基督長老教會於1971年12月29日發佈『對國是的建議與聲明』的政治性宣言（其時世界各國承認「中華人民共和國」而使其進入「聯合國」），因而肆意沒收教會使用的「母語」（福佬話與原住民各族語言）的《新舊約聖經》以及《聖詩》，強化其「北京話」同化政策。於是長老教會當局在是年的九月十八日發佈『我們的呼籲』宣言，公開要求政府當局歸還各種「母語」的白話字《聖經》與《聖詩》，放棄繼續打壓台灣各族群的「母語」（鄉土語言）。上列兩個政治性宣言收錄於：董芳苑，《基督徒的社會責任》，（再版），台北：台灣中信，2002年11月），pp.57-64。

一、文字化之歷史發展過程

　　「台語羅馬字」出現於歷史舞台之年代，可以溯及公元十九世紀初葉。它的出現直接和「基督教」（Christianity）宣教運動有關，也可以說是西方基督教宣教師之集體傑作。

（一）發明人麥都思牧師（Rev. W.H. Medherst）

　　基督教在亞洲地區的宣教活動，明顯地和西方各國在亞洲的殖民經略有關。因為基督教之宣教使命強烈，其宣教師也趁著機會東來亞洲進行宣教活動是十分自然的事。英國基督教宣教師麥都思牧師（Rev. Walter Henry Medherst, 1796-1857）受英國「倫敦宣道會」（London Missionary Society）派遣，於1817年來到馬來西亞的麻六甲（Malacca）與新加坡（Singapore）華人地區佈教。這兩個地區的華人都講著「閩南語」（福佬話）鄉音，然而信徒識字無幾卻大多數是文盲。麥都思牧師為要協助這些多數的基督徒文盲識字，使他們能夠吟唱聖詩與閱讀聖經，因而用心在1820年發明一種以「羅馬字」拼音的易讀文字，並稱它做「白話字」。[3] 是年麥都思牧師就出刊他的處女作：《白話字小字彙》，將閩南語羅馬字拼音加

3　羅馬字拼音的「母語」（鄉土語言）不同於「漢字」那樣難學，它是可以應用於各種「母語」（福佬話、客家話、福州話、潮州話）的易學又容易讀寫的拼音文字，因此古來就稱為「白話字」。

以文字化。經其推行結果,原為文盲的基督徒男婦老幼很快就學會這種拼音文字。他們不但會閱讀聖詩與聖經,更會利用它來寫作書信與文章,從而在教會中流傳開來。後來麥都思牧師發現這一羅馬拼音文字不但能夠協助那些華人基督徒識字讀經,對於新進的西方宣教師學習「閩南語」更是方便。於是計劃編輯一本更完備周延之閩南語「白話字」字典。就在他發明這種羅馬拼音文字的十二年後,於澳門出版歷史上第一部「閩南語」(福佬話)的白話字字典,定名為:《福建方言字典》(A Dictionary of the Hok-Keen Dialect of the Chinese Language, 1832),全書有一篇64頁之序言,本文達860頁之厚。這部字典以「漳州腔」的發音為主,應用所謂「十五音」的通俗音韻,其中共計收錄有一萬兩千個字。[4] 值得一提的是:這部閩南語(福佬話)羅馬拼音白話字字典,成為後來出現的所有「廣東話」、「潮州話」、「福州話」、「客家話」等等羅馬拼音「白話字」字典之藍本,其貢獻既大又深遠。

(二)早期的貢獻者

十九世紀初東來亞洲華人地區宣教的西方宣教師,因鑑於麥都思牧師發明的羅馬拼音「白話字」文字實在十

---

4 見:賴永祥,《教會史話》〔一〕,(台南:人光出版社,1990年),pp.61-63,〈教會白話字的源流〉條目。

分實用,是公認用於宣教地區的宣教與教育之利器。於是經過後來一些有心的宣教師不斷努力與改進,終於使其能夠有效地應用於華人社會各種方言之中。就像美國「公理會」(Congregational Church) 所屬之海外宣道會 (American Board of Commissioners for Foreign Mission) 派遣的宣教師——衛三畏牧師 (Rev. Samuel Wells Williams, 1812-1884),就應用羅馬字拼音文字刊行「廣東話白話字」讀本:《拾級大成》(1842年) 與《英華音韻撮要》(1856年) 等書可以為例。由此可見,此一羅馬字拼音「白話字」應用於當代華人方言之廣。他於回國御任宣教師之後成為「耶魯大學」教授,其另一名著就是《中國》(The Middle Kingdom)。[5] 至於應用羅馬字拼音的閩南語 (福佬話) 白話字宣教與寫作之後起之秀,其代表性人物也有下列幾位:

1. 打馬字 (Rev. John van Nest Talmage)

美國歸正教會 (American Reformed Church) 派駐中國廈門宣教師——打馬字牧師 (Rev. John van Nest Talmage, 1819-1892),是將羅字拼音的「廈門腔白話字」加以實際應用,並且推廣於中國福建宣教地區的先驅與貢獻者。他於1847年受上述的 "American Board of Commissioners for Foreign Mission" 派駐廈門宣教,是時的廈門已經有英國倫敦宣道會,美國歸正教會與蘇格蘭長老教會宣教師在進行佈教工作,他們也引進

5　見:Loc. cit.

麥都思牧師的羅馬拼音「白話字」在宣教師與華人信徒當中應用。只是它並非以「廈門腔」為主，用起來頗感不便。於是打馬字牧師致力加以改進，並於1852年在廈門刊印一本：《Tng-ōe Hoan-jī Chho·-ha̍k》（唐話番字初學，1852年）之入門書，因此成為典型的羅馬字拼音「廈門腔」白話字課本。它雖然僅只十五頁，卻是一冊居功甚大的初學指南。1853年又以「廈門腔白話字」翻譯《舊約聖經》中的《路得記》，名為：《Lō·-tek ê Chheh》（路得的冊）。1892年打馬字牧師去世時留下一本《Ē-mng-im ê Jī-tián》（廈門音的字典）遺稿，經過後人將其整理，並於1894年在廈門刊印。[6] 時下台灣基督長老教會使用的羅馬字拼音白話字聖經：《Sin-kū-iok ê Sèng-keng》（新舊約的聖經），就是根據其「廈門腔白話字」所翻譯的。

2. 羅啻（Rev. Elihu Doty）

與打馬字牧師一樣，羅啻牧師（Rev. Elihu Doty, 1809-1864）也是美國歸正教會派駐於中國廈門的宣教師。他是最先應用羅馬拼音「廈門腔白話字」來翻譯《新約聖經》各卷單本之貢獻者，其代表作就是刊行於1852年的《Iok-hān Toān Hok-im Su》（約翰傳福音書）。1853年又於廣東出版一冊對西方基督教宣教師學習「廈門腔白話字」大有幫助的工具字典：《翻英華廈腔語彙》（Anglo-Chinese Manual with Romanized Colloquial

---

6　Ibid., p.62, 又pp.173-176,〈打馬字的字典〉條目。

in the Amoy Dialect, 1853），內容計有十五章共214頁。[7]

由此可見，一百多年來通行於台灣（不管長老教會或民間）的廈門腔羅馬拼音「白話字」，就是打馬字牧師與羅啻牧師這兩位美國歸正教會宣教師的先驅性貢獻。

3. 杜嘉德（Rev. Carstairs Douglas）

英國蘇格蘭長老教會宣教師——杜嘉德牧師（Rev. Carstairs Douglas, 1830-1877），係於1855年抵達中國廈門。這位台灣教區開拓之啓蒙者及基督教引進者，具有過人的語言天份。當他學會廈門腔閩南語之後，相當清楚當代宣教師的宣教工具「語言」，正是來自學習羅馬拼音「白話字」的經驗累積而來的。於是著手編輯一部比較完整的閩南語白話字字典，來協助初初來華學習當地語言的宣教師。最初他參考麥都思牧師之字典所收錄的「漳州方言」與「十五音法」，抄錄已故美國長老教會宣教師盧壹牧師（Rev. John Lloyd, 1813-1848）的《廈門語字彙》遺稿。同時也參考打馬字牧師的《唐話番字初學》（1852年）、羅啻牧師的《翻英華廈腔語彙》（1853年）、與施敦力亞力山大牧師（Rev. Alexander Stronach）的《廈門腔字典》進行其編輯事工。[8]

稍後美國歸正教會、英國倫敦宣道會、及蘇格蘭長老教會駐廈門的三個宣道會，一致認爲有編輯一本比較完整的

7　見：Loc. cit.
8　Ibid., pp.85-87，〈杜嘉德編「廈英大辭典」〉條目。

羅馬拼音「廈門腔白話字」字典之必要，就決議協助杜嘉德牧師的字典編輯計劃。於是美國歸正教會正式指派打馬字牧師（Rev. J. van Nest Talmage），英國倫敦宣道會指派施約翰牧師（Rev. John Stronach, 1810-1888）加以協助編纂。1873年杜嘉德牧師終於完成這本定名為：《廈門音漢英大辭典》（Chinese-English Dictionary of the Vernacular or Spoken Language of Amoy: With the Principal Variations of the Chang-chew and Chin-chew Dialects, 1873）。它係由設於倫敦的英國長老教會總會出版，內容有序言、緒論及說明19頁，字典本文計612頁。雖然以「廈門腔」福佬話為主，然而也收錄漳州、泉州、漳浦、同安、惠安、南安、安溪、長泰、晉江、永春、灌口等地方言之腔音。其特色是：全書沒有「漢字」，只用羅馬字拼音來標明腔音。依作者說法其理由有三：（1）很多方言腔找不到適用之漢字，（2）利用假期在英國排印無法印出漢字，（3）作者抽不出時間在使用漢字的外埠監印。這本大辭典雖然不用「漢字」，卻是一本當代所有學習閩南語（福佬話）的西方宣教師、商人、官員、船員、譯員、及學生之重要工具書。[9] 因為這本重要字典並無「漢字」，又對醫藥、動物、植物之字彙較少收錄，後來就由英國蘇格蘭長老教會駐台宣教師巴克禮牧師（Rev. Thomas Barclay, 1849-1935）加以增補。並於1923年在

---

9 cf. Carstairs Douglas, 《Chinese-English Dictionary of the Vernacular or Spoken Language of Amoy: with the Principal Variations of the Chang-Chew and Chin-chew Dialects》, London: Publishing Office of the Prebyterian Church of England, 1873, all rights reserved in 1899.

上海印刷出版，定名為：《廈英大辭典增補》（Supplement to Dictionary of the Vernacular or Spoken Language of Amoy, 1923），內容有序言與說明5頁，辭典本文276頁。其特色是收集杜嘉德牧師原版本辭典所沒有的漢字與片語、字彙〔其中有台灣中部佈教先驅梅甘霧牧師（Rev. Campbell N. Moody）提供的四百多個字彙與片語〕。[10] 1970年台北市古亭書屋曾經再版杜嘉德牧師原著與巴克禮牧師增補版本（合為一冊），並以《廈英大辭典》為其書名。

4. 麥嘉湖（Rev. John Macgowan）

麥嘉湖牧師（Rev. John Macgowan, ? - 1922），係英國倫敦宣道會宣教師。他於1860年先抵上海，1863年轉來廈門參與宣教事工。他的「廈門腔」閩南語字典《英華口才集》（A Manual of the Amoy Colloquial）出版於1871年，係來華宣教師很好的一本「廈門腔」閩南語的初學指南（它也是杜嘉德牧師所編輯字典的重要參考書之一）。後來他又根據杜牧師的《廈英大辭典》為藍本，於1883年出版其厚達611頁的《英廈辭典》（English and Chinese Dictionary of the Amoy Dialects, 1883）。這是一本以英文為主，漢文與「廈門腔」羅馬拼音「白話字」為對照的辭典，所以對於駐華西方宣教師學習「廈門腔」閩南語

---

10 見：賴永祥，Op. cit. pp.89-91,〈巴克禮增補杜辭典〉條目。also see: Carstairs Dauglas & Thomas Barclay,《Supplement to Dictionary of the Vernacular or Spoken Language of Amoy》, Shanghai: Commercial Press, 1923.

（福佬話）的幫助很大。麥嘉湖牧師在華宣教前後達四十年之久，而後退休返國。1922年在故鄉與世長辭。[11]

此外尚有幾位早期「廈門腔」羅馬拼音白話字文獻的重要貢獻者，他們就是：美國歸正教會宣教師胡理敏牧師（Rev. Alvin Ostrom）、美國長老教會宣教師盧壹牧師（Rev. John Lloyd, 1813-1848），英國倫敦宣道會宣教師施約翰牧師（Rev. John Stronach, 1810-1888, 又叫施敦力約翰）與養威廉牧師（Rev. William Young）等人。倘若沒有這群先驅者的用心與努力，閩南語（福佬語）羅馬拼音「白話字」是不會於歷史上出現的。

（三）廈門腔白話字聖經之出現

前已提及早期基督教宣教師所贏得的信徒，僅少數識字（漢文）而多數為文盲。而基督教向來要求其跟隨者一定要會「吟詩」與「研讀經典」。吟唱「聖詩」可以死背，至於研讀經典——《新舊約聖經》，則非要識字不可。當代的「漢文」帶有濃厚的八股文調調，文盲的基督徒根本難於在短時間中學成。待羅馬拼音「白話字」一發明，

---

11 see, Carstairs Douglas, Op. cit, pp. vii-ix，〈Preface〉。這位學者宣教師除了著作「廈門腔白話字」字典外，也著有：《中國民俗》（Chinese Folklore, 1890）及《中華帝國史》（The Imperial History of China, 1902）。亦見：賴永祥，Op, cit, pp.93-94:〈英廈・荷廈等辭典〉條目。

正可以使文盲的基督徒於很短時間裡學會。事實也證明相當有效，於是基督教宣教師即抓住機會著手利用羅馬拼音「廈門腔白話字」來翻譯《新舊約聖經》。下面列述之譯本，就是他們的貢獻。而此一「白話字聖經」之出現，正可以印證「台語羅馬字」是一種道地的「語文」，不只是「拼音符號」而已。

1. 最初的廈門腔白話字聖經

根據英國「聖經公會」（Bible Society）圖書館所典藏的聖經版本歷史目錄：T. H. Darlow & H. F. Moule, ed., 《Historical Catalogue of the Printed Editions of The Holy Scriptures in the Library of the British and Foreign Bible Society》, 2 Vols., London：Bible House, 1903-1911,in 4）所示，早期羅馬拼音「廈門腔白話字」單本聖經的譯者與經卷，若按照年代排列有如下面：[12]

（1）1852年，羅啻（Elihu Doty）翻譯「新約聖經」中的《約翰傳福音書》，全書有46頁，在廣東刊印。其出版受到英國蘇格蘭長老教會派駐廈門宣教醫師楊雅各（Dr. James H.Young，駐華期間1850年到1854年）出資協助。

（2）1853年，打馬字（J.van Nest Talmage）翻譯「舊約聖經」中的《路得記》，全書有20頁，在廈門刊

---

12 見：賴永祥，Op, cit. pp.69-71，〈早期的閩南話聖經〉條目。

印，附有序言。

（3）1863年，胡理敏（Alvin Ostrom）翻譯「新約聖經」中的《馬可福音傳》，在廈門刊印。

（4）1867年，施約翰（John Stronach）翻譯「新約聖經」中的：《使徒行傳》，全傳151頁，在廈門刊印（有「廈門腔」與「漳州腔」兩種版本）。

（5）1868年，打馬字（J.van Nest Talmage）翻譯「新約聖經」中的《路加福音書》，全書148頁，附有地圖，在廈門刊印。

（6）1868年，施約翰（John Stronach）翻譯「新約聖經」中的《彼得前、後書》（16頁）與《啓示錄》（40頁），均於廈門刊印。

（7）1870年，打馬字（J.van Nest Talmage）翻譯「新約聖經」中的《約翰一、二、三書》，全書24頁，在廈門刊印。

（8）1871年，施約翰（John Stronach）修改羅啻（Elihu Doty）原譯的《約翰傳福音書》，並定名爲《約翰福音傳》，全書65頁，在廈門刊印。

（9）1871年，打馬字（J.van Nest Talmage）翻譯「新約聖經」中的《加拉太書》（全書14頁）、《以弗所書》（全書11頁），《腓立66書》（全書10頁）、及《歌羅西書》（全書10頁），四卷均在廈門刊印。

（10）1872年，打馬字（J.van Nest Talmage）翻譯「新約聖經」中的《馬太福音傳》，全書108頁，在廈門刊印。

以上所列為「廈門腔」羅馬拼音「白話字」《新約聖經》各卷之譯本，也正是此一「白話字」文字化之先驅性作品。

2. 閩南語白話字《新舊約聖經》之出版

英國蘇格蘭長老教會首任駐台宣教師——馬雅各醫師（Dr. James Laidlaw Maxwell, 1835-1921），於1865年來台佈教之前，即先在廈門學習「廈門腔」的閩南語（福佬話）。其時他已肯定羅馬拼音閩南語「白話字」之於基督徒教育之重要性，便從1871年開始利用其閒暇時間參考前人的翻譯，準備出版整本羅馬拼音「廈門腔白話字」的《新約聖經》。1873年馬雅各醫師在蘇格蘭格拉斯哥所監印的《Lán ê Kiù-chú Iâ-so͘ Ki-tok ê Sin-iok》（咱的救主耶穌基督的新約）一書，終於順利出版。全書總共有406頁，譯者群為：英國蘇格蘭長老教會宣教師倪為霖牧師（Rev. William Macgregor）、宣為霖牧師（Rev. William Sutherland Swanson）、與高休牧師（Rev. Hugh Cowie），美國歸正教會宣教師羅啻牧師（Rev. Elihu Doty），打馬字牧師（Rev. John van Nest Talmage）與胡理敏牧師（Rev. Alvin Ostrom），以及英國倫敦宣道會的施約翰牧師（Rev. John Stronach）等人。這本經典一出版，的確使那些不懂漢文但只會讀寫羅馬拼音閩南語「白話字」的基督徒很大的幫助。因此流通甚廣，不僅在台灣地區使用，中國廈門、以至新加坡和馬來西亞教區都在流通。英國倫敦的「聖經公會」有鑑於此，便於1882年加以刊印發行。

　　馬雅各醫師因為受到羅馬拼音閩南語「白話字」《新約聖經》出版以後成功之鼓勵，旋於1884年再度監即《Kū-iok ê Sèng-keng》（舊約的聖經），並於是年由英國倫敦的「聖經公會」出版發行。這本羅馬拼音「廈門腔白話字」的《舊約聖經》，同樣是由美國歸正教會、美國長老教會、英國倫敦宣道會、蘇格蘭長老教會眾宣教師集體合作、由漢文「文理聖經」加以重譯者。自1880年開始刊印其單行本，至1884年才全部完成而合印為一冊。[13] 至此羅馬拼音「廈門腔白話字」的《新舊經聖經》，可算是大功告成順利出版。

　　凡是經過翻譯的任何一種宗教經典，其用辭均未免有些不達意之處。為使這本《新舊約聖經》的用辭更加完美，上述之各宣道會（加上加拿大長老教會差會）於1885年組織一個委員會，著手修改經典內容之文辭。並且選出馬雅各醫師為執行祕書，稍後由巴克禮牧師（Rev. Thomas Barclay）接任。參與修改的貢獻者有：打馬字牧師，麥嘉湖牧師、汲禮蘭牧師（Rev. Leonard William Kip）、涂為霖牧師（Rev. William Thow）、倪為霖牧師（William Macgregor）、和甘為霖牧師（Rev. William Campbell），以及一些本地人助手。此一委員會於任務完成後，在1893年解散。[14]

---

13 見：Loc, cit。
14 見：Loc, cit。

就上面各段落的探討見之，「台語羅馬字」自1820年由麥都思牧師發明以後，已經不只是一種方言的「拼音」符號或音標，而是一種應用於讀寫之簡易「文字」。此一認知十分重要，往後之討論也足資證明其文字化角色。

二、社會教育之文字角色

自從羅馬拼音「廈門腔白話字」被英國蘇格蘭長老教會宣教師引進斯土台灣以後，這種易學之簡易文字即普遍在基督徒當中流傳。他們充分地使用它來吟唱「聖詩」表達信仰感情，閱讀《新舊約聖經》，藉以認識「基督教」之教義。當代在台灣的宣教師因充分體會到這種羅馬拼音「白話字」之效用性，即開始計劃應用它做為從事社會教育之工具。結果便有下列之成果出現（按年代排列）：1885年巴克禮牧師創刊『台灣府城教會報』，1893年偕叡理牧師出版《中西字典》，1894年長榮中學創辦人余饒理校長出版《三字經新撰白話註解》（中學教科書），1913年甘為霖牧師出版《廈門音新字典》。從此這一「廈門腔白話字」之羅馬拼音「文字」，就在歷史上成為「台灣文化」的一部分，因此也順理成章稱它為「台語羅馬字」。

(一)『台灣府城教會報』之創刊

　　羅馬拼音「廈門腔白話字」《新舊約聖經》之監印者——馬雅各醫師（Dr. James L. Maxwell），因為深深體會到利用這種易學易寫的羅馬拼音「白話字」從事於社會教育之重要性，就在1880年捐贈一部西式「印刷機」（包括鉛字與排字架共十一箱的印刷設備）給台灣教會。並且於是年就運抵台灣，可是卻沒有一個人會使用它。[15]

　　1881年台南神學院創辦人巴克禮牧師（Rev. Thomas Barclay, D. D., 1848-1935）首次歸國度假，旋即利用機會在蘇格蘭格拉斯哥（Glasgow）的一家印刷公司（Aird Coglill Co.,）學習檢字排版技術。公司負責人也特地指派一位資深技師熱心地教導他，經過一段時日巴牧師終於學成。1884年1月，巴克禮牧師帶著一筆英國母會為台灣教區文教工作之捐款回到台南。他先是利用「新樓醫館」北角的房間充當機房，將尚未拆封的十一箱印刷設備開封，又設法將這具台灣第一部西式印刷機裝配起來。繼而在附近建造一座全新的印刷所，取名「聚珍堂」（「新樓書房」之前身）。1884年5月24日（即英國維多利亞女王誕辰紀念日），「聚珍堂」印刷所正式開工，大樹腳人蘇沙（即出身高雄縣大樹鄉民）成為巴克禮牧師訓練的第一位技工，協助排版與印刷工作。蘇沙聰明過人，前後只花了三天

---

15 關於台灣基督長老教會首任駐台宣教師馬雅各醫師（Dr. James L. Maxwell）之事跡，可參照：楊士養編，《信仰偉人列傳》，（台南：人光出版社，1989年），pp.1-5。

三夜即學會「台語羅馬字」（白話字）。其後巴克禮牧師又派他前往中國汕頭學習一個月的印刷技術，而爲「聚珍堂」的一位重要技師。由於他體弱多病，僅在「聚珍堂」工作三年，二十五歲即與世長辭。然而他對於『台灣府城教會報』這一份「台灣第一」的月刊之排版與印刷，其貢獻足以名留青史。[16]

清光緒十一年六月（1885年7月），以羅馬字拼音「台語白話字」爲「文字」的『台灣府城教會報』從「聚珍堂」發行，成爲台灣基督長老教會歷史上第一份社會教育之傳播媒體。這份月刊的第一號只有四頁，第二號開始就擴大到八頁，此後一直延續到日本領台時期。1905年更名爲『台南教會報』，並經台灣總督府核准發行。1913年9月又改名『台灣教會報』。後來又與北部中會的『芥菜子報』、台中中會的『福音報』及高雄中會的『教會新報』合刊，因此於1932年易名爲『台灣教會公報』（Taiwan Church News）迄今。二次大戰期間的1942年3月，日本政府下令停刊『台灣教會公報』（停刊那期爲684號）。戰後又於1945年12月復刊。1969年3月正式以半月刊發行。可惜於1970年1月全部改由「漢文」發報，又改爲週刊，「台語羅馬字」從此在長老教會中逐漸沒落。[17]

---

16 見：莊永明，《台灣第一》(2)，台北。文鏡文化公司〔文鏡叢書，10〕，pp.45-54，〈第一台新式印刷機——「聚珍堂」印刷機〉條目。

17 見：賴永祥，Op, cit, pp.17-19，〈台灣教會公報〉條目。

值得注意的是：1885年7月12日『台灣府城教會報』創刊時，滿清駐台巡撫劉銘傳也發行官方的漢文公報——『邸報』。可是官方之公報，對於台灣的社會教育根本影響不大。根據『台灣府城教會報』，創刊者巴克禮牧師於「創刊號」書信式的社論所示，已經充分指出「白話字」(羅馬拼音文字) 之重要性 (下列文字之原文即「白話字」)：[18]

"台灣府城的教師問教會內的兄弟姊妹平安，願上帝賞賜您大家大恩典。

阮過來這邊是因為愛傳天國的道理，使人識上帝來得著救。所傳的道理攏是聖冊所教示的。若不是聖冊的道理，阮不敢講。所以阮沓沓苦勸您著讀冊來看聖經，盼望您愈久愈識上帝的道理，也毋免的確倚靠牧師或是傳道理的人來講道理給您聽。因為您本身看聖冊，信聖神的感化，雖然無人來教示，您還可會知上帝的旨意。可惜您本國的字真難，少少人看會曉得。所以阮有設別物的法度，用「白話字」來印冊，使您眾人看卡快識。也近來在這個府城阮有設一個印冊的器具，通印字親像這號的款式。今阮盼望您眾人欲出力學這些「白話字」，後來阮若印什麼冊您攏會曉得看。人不可打算因為他識「孔子字」(譯者註：指「漢文」)，所以毋免學這號的字。也不可看輕它，

18 見：Ibid, p.19。

講是囝仔所讀的。兩樣的字攏有路用，不過因爲這號卡快也卡明，所以人著大先讀它。後來若欲續讀「孔子字」是眞好，總是「白話字」著卡大先，驚了若不讀，您不曉得看阮別日所印的。所以阮苦勸您眾人，入教以及聽道理的人，男婦老幼、識字不識字的人攏總著緊緊來學。親像按呢，您就會曉得讀這號的「教會報」及外冊與聖冊。盼望您的道理愈深，您的德行愈齊備。"

從上面的這段社論，就可以體會當代長老教會宣教師推廣「白話字」之盡力與用心。包括鼓勵識字及不識字者，都要學習這種羅馬拼音文字──「白話字」。

（二）偕叡理的《中西字典》

台灣歷史上最早以「台語羅馬字」（白話字）標音的「漢字」字典，首推偕叡理牧師（Rev. George Leslie Mackay, 1844-1901）編輯，並出版於1893年的《中西字典》（Chinese Romanized Dictionary of the Formosan Vernacular, 1893）。這本字典原於1874年便由偕叡理牧師（通稱「馬偕博士」）編輯完稿，它係依照上海「美華書館」（American Presbyterian Mission Press）的「漢字」字表部首及字劃編排而成，計收錄6,664字，厚達226頁。[19]

---

19 見：Ibid, p.67，〈馬偕「中西字典」〉條目。

偕叡理牧師自述其編輯這本漢羅文字對照字典之目的，係一面自己學習，另面在教導其門人（要求門人一天抄寫及背念一百個「漢字」）識字。後來經過門人一再要求出版，偕叡理牧師即指派門人劉澄清將「漢字」按其部首與字劃編列，嚴彰負責用羅馬字標音及解釋字義，汪式金加以抄寫。字典內容採取衛三畏牧師（Rev. Samuel Wells Williams）的《漢英韻府》（Syllabic Dictionary of the Chinese Language, 1874）所列出的漢字，又增加一些漢文版《新舊約聖經》的專用字。[20]

　　關於《中西字典》在上海監印之情形，就是由嚴彰（1869-1939，他是嚴清華牧師之弟）與蔡生這兩位偕叡理牧師的門人所負責的。他們兩人在上海停留三個月，於1891年8月才搭乘「密士號」輪船返回淡水。[21] 這本字典於1893年正式出版發行之後，流傳並不太廣（僅在北部長老會教傳教師、馬偕門人、與少數基督徒當中流傳）。這本已絕版很久的《中西字典》，台北市國立中央圖書館有收藏一冊，誠屬難得。

（三）余饒理的《三字經新撰白話註解》

　　世傳宋代王應麟所撰的《三字經》，可以說是昔日台灣兒童必讀之「漢文」初學課本。[22] 1885年創設台南市「長

---

20 見：Ibid, pp.67-68，〈馬偕「中西字典」〉條目。
21 賴永祥引自嚴彰的《マッカイ博士の業績》，pp.132-133。見：賴永祥，Op. cit. pp.68，〈馬偕「中西字典」〉條目。
22 昔日台灣兒童的「漢文」初學課本尚有：《幼學瓊林》與《千字文》。

榮中學」的英國蘇格蘭長老教會首任「教育宣教師」余饒
理先生（Mr. George Ede, 1855-1905）[23]，眼見當代台灣兒童均在背
誦《三字經》為學習「漢文」之入門，認為有必要用羅馬
拼音「白話字」加以標音與註解來做為中學生之「漢文課
本」。經他用心撰述，於1894年完成這本：《三字經新撰白
話註解》（Sam-jū-keng Sin-chōan Pèk-oā Chù-kái, 1894）。該書由台南府
城「聚珍堂」（後來的「新樓書房」）出版，初版出書八百本。
1904年再版兩千本，頁數為179頁。[24]

　　此書早已絕版，但有一位愛好台灣文化的駐台日本基
督徒商人（任職於「丸紅商社」），三田裕次先生於1987年出資
重印350冊贈送給台灣學者。因索取者眾，又於1989年再印
300冊。[25]

---

23 余饒理先生（Mr. George Ede）於1882年偕夫人來台擔任「教育宣教
　　師」，1885年創設台灣第一所西式中學——「長榮中學」。在台工作
　　前後十三年之久，1896年因夫人體弱多病而轉赴廣東的五經富客家
　　庄服務。他除了著作《三字經新撰白話註解》一書外，也以羅馬拼
　　音「白話字」，著有：《聖道問答》（Sèng Tō Būn-tap, 1884）、《萬
　　國記錄》（Bān-kok Kì-liòk, 1887）、及《中國歷代誌略》（Tiong-kok
　　Lèk-tāi Chì-liòk, 1890）三書。參照：楊士養，《信仰偉人列傳》，前引
　　書，pp.203-205。
24 見：賴永祥，《教會史話》〔四〕，（台南：人光出版社，1998
　　年），pp.30-32，〈余饒理三字經註解〉條目。
25 三田裕次先生不僅出資重印余饒理的《三字經新撰白話註解》一
　　書，更自掏腰包重印甘為霖牧師（Rev. William Campbell, D.D.）研
　　究十七世紀荷蘭治下的台灣重要史料：《Formosa Under the Dutch》
　　（London: Kegan Paul, Trench, Trubner & Co. Ltd, 1903）一書，贈送
　　給有心研究「台灣史」之學者。兩書皆由台北市「南天書局」出版。
　　關於三田裕次先生所收藏之文獻，可參考：張炎憲編，《台灣古文書
　　集》，（台北：南天書局，1988年）一書。

筆者曾經於1987年以三尊台灣神像換得該書五十冊轉贈給當時學習「台語羅馬字」的台灣神學院神學生，一時如獲珍寶。令人汗顏的是，台灣的富豪比比皆是，長老教會人士也對它視若無睹，明顯忽視台灣文化及自己史料之保存，反而由一位日本商人去關心自己的文獻及重印它，夫復何言？

(四) 甘為霖的《廈門音新字典》

十九世紀時代台灣的漢人（客家人除外），均操著泉州腔與漳州腔閩南語合參的「台灣話」（台灣化福佬話）。英國蘇格蘭長老教會宣教師甘為霖牧師（Rev. William Campbell, 1841-1921）有鑑於此，即著手編輯一本適用於台灣社會場合的羅馬拼音「白話字」與「漢字」對照之字典，來協助當代在台宣教師以及基督徒學習「台灣話」。1913年這本：《廈門音新字典》（A Dictionary of the Amoy Vernacular: Spoken Throughout the Prefectures of Chin-Chew, Chiang-chew and Formosa, 1913）就此出版問世。[26] 有關這本字典（後被簡稱「甘字典」）之編輯，主要係參

---

26 見：賴永祥，《教會史話》[一]，Op. cit. pp.95-98，〈廈門音新字典〉條目。also cf. William Campbell，《A Dictionary of the Amoy Vernacular: Spoken Throughout the Prefectures of Chin-Chew, Chiang-Chew and Formosa》，（1913），Its "Preface" and "Thâu-sū"。按甘為霖牧師（也是榮譽神學博士）著作等身，更是台灣盲人福利之父及澎湖傳教之先驅。關於其學術貢獻可參考：賴永祥，《教會史話》[一]，Op. cit. pp.107-109，〈甘為霖著作等身〉條目，從pp.110-142也都是作者根據甘著所作之敘述。

考《康熙字典》，打馬字牧師（Rev. J. van Nest Talmage）的《廈門音的字典》與「十五音」而成，字數爲一萬五千字。同時得力於兩位長榮中學畢業生：林錦生（1907年畢業，後為醫師）與陳大鑼1910年畢業，後任中學教員）之協助，才得以完成。[27] 我們從甘爲霖牧師的字典「頭緒」（用白話字書寫）內容，也可知道他編輯這本字典之目的：

> "本字典也是《聖經》土音的樣，因爲「漳、泉、台」雖然有多多腔，咱欲印冊，自然著隨彼號卡通行的土音，續給人讀的時拵出在他來呼。……我四十餘年前到台灣之時，攏無這號的字典，也攏無知影的先生在的；所以我緊緊出力，大盼望這字典會幫助多多人識字才卡會曉本份。
> 因爲台灣教會屬的學生林君錦生以及陳君大鑼與我同做這個工程，咱著給伊説多謝。"

至於「甘字典」之優點，就是可依照「白話字」字母之排列去尋找，來使人認識「漢字」，註釋又相當簡明。因此從1913年出版迄今，依舊很受歡迎。甘牧師於1921年去世，1924年由巴克禮牧師（Rev. Thomas Barclay）監印發行第二版，因此多了一篇巴牧師的序言。1981年日本天理大學教授

---

27 關於林錦生與陳大鑼這兩位《廈門音新字典》（甘字典）貢獻者之記事，可見之於：賴永祥，《教會史話》[一]，op. cit. pp.99-101，〈書序有名陳大鑼〉條目，及pp.159-161，〈林錦生與甘字典〉條目。

村上嘉英編輯的《現代閩南語辭典》及1982年中國廈門大學所編輯的《普通話閩南方言辭典》，也都參考這本「甘字典」的內容。[28] 由此可見其在歷史上影響之深遠。

從上面的探討就可以發現，羅馬拼音「台語白話字」的文字化成果：不但促使亞洲最早的民間月刊——『台灣府城教會報』之發行，也有台灣北部宣教先驅偕叡理牧師的《中西字典》（1893年）、台灣府城「長老教中學」（長榮中學前身）創辦人余饒理先生的《三字經新撰白話註解》（1894年）、及台灣盲人福利之父甘為霖牧師[29]的《廈門音新字典》（1913年）這些重要的教科書與字典出現。而它們對於當代台灣社會教育之貢獻及影響，不但相當深遠，更有其不可磨滅之歷史定位。

三、促進台灣現代化之貢獻

台灣於日本帝國統治下的二十世紀初期，國民教育仍然不十分普及，因此斯土的社會大眾絕大多數均為不識字的文盲。這種情形不但使當代的長老教會宣教師積極推動「台語羅馬字」於社會教育，更使基督徒知識分子參與推動這種

---

28 見：賴永祥，《教會史話》[一]，Op. cit. pp.95-98,〈廈門音新字典〉條目。
29 見：Ibid, pp.211-216,〈盲人事工的發軔〉及〈設「訓瞽堂」在洪公祠〉條目。

容易學習的「白話字」，相信它能夠促進台灣社會加快腳步走向現代化。憑著此一理想與展望所出現的重要文獻，有1917年台灣痲瘋救濟之父戴仁壽醫師（Dr. G.eorge Gushue-Taylor）所著作的《Lāi-gōa-kho Khàn-hō͘-ha̍k》（《內外科看護學》，1917年），台灣文化協會會員蔡培火先生著作的《Cha̍p-hāng Koán-kiàn》（《十項管見》，1925年），以及台南市名醫顏振聲醫師著作的台灣第一本西醫醫療史──《Lâm-pō͘ Kàu-hōe I-liâu Thoân-tō-sú》（《南部教會醫療傳道史》，1942年）。而這些寶貴之文獻，都是當代台灣社會受到西方文化（西式醫療技術及民主政治）之影響，因此可以說是斯土台灣走向「現代化」的珍貴史料。

（一）戴仁壽的《內外科看護學》

台灣社會西式醫療技術之引進，係隨著十九世紀中葉蘇格蘭與加拿大長老教會的宣教運動而來。1865年英國蘇格蘭長老教會派駐台灣宣教的首位宣教師馬雅各醫師（Dr. James L. Maxwell, 1836-1921，其駐台期間自1865年至1885年），就是一位內外科的全科醫師。他也是西式醫療技術之引進者，台灣首座西式醫院「新樓醫館」便是由他所手創。[30] 由於他對於「醫

---

30 見：台灣基督長老教會總會歷史委員會編，《台灣基督長老教會百年史》，（台南：台灣教會公報社，1965年），pp.6-8、pp.24-27。又見：賴永祥，《教會史話》[一]，Op. cit. pp.281-282,〈指向台灣府城〉條目。

療傳道」之啓蒙，加拿大長老教會宣教師偕叡理牧師（Rev. George L. Mackay）也在淡水開設「偕醫館」來嘉惠台灣北部地區民眾。[31] 其時日本帝國尚未領台，長老教會的宣教醫師就在這些初期的西式醫館中訓練本地醫療人員，使台灣的醫療技術與西方世界接軌。日本帝國治台後的二十世紀初，「彰化醫館」（其前身為「大社醫館」）與「馬偕醫館」（不同於淡水「偕醫館」）分別於中部彰化與北部的台北創立。而更多的本地醫療人員，都從這些長老教會醫館被訓練出來。1911年來自加拿大的宣教醫師戴仁壽（Dr. George Gushue-Taylor, 1883-1954）受英國長老教會派遣，接任台南「新樓醫館」為第四任院長，其夫人也擔任護士長。他為了強化醫館的護理教育，便利用空餘時間以「白話字」（台語羅馬字）寫了一本在當代最重要的醫療文獻：《內外科看護學》（Lāi-gōa-kho Khàn-hō-hàk），其英文書名為《The Principles and Practice of Nursing: Designed for the Use of Nurses Reading Amoy Vernacular Chinese》，並於1917年出版。[32] 這本在當代台灣可以說是最有價值的「看護婦」（護士）訓練教科書，全書厚達675頁。從資料之搜集、繪圖與製表，均由戴醫師一手包辦。戴仁壽

---

31 淡水「偕醫館」（Mackay Hospital）係偕叡理牧師接受一位馬偕船長夫人（Mr. Mackay）三千美金的奉獻所建設者，時在1880年。cf. George Leslie Mackay,《From Far Formosa: The Island, Its People and Missions》，edited by Rev. J.A. MacDonald, London: Oliphant Anderson and Ferrier, 1896。pp.308-317。

32 cf. George Gushue-Taylor,《The Principles and Practice of Nursing》（Lāi-gōa-kho Khàn-hō-hàk），Yokohama, Tokyo and Kobe: The Fukuin Printing Co., Ltd, 1917。

醫師來台不到六年就能夠在百忙中用「白話字」撰寫這本內外科護理的教科書，委實令後人萬分佩服。他在這本教科書的「白話字頭序」（也附有一篇「英文序言」），有提到撰述之目的：

"備辦這本冊目的，是欲做三等的人之路用：頭一等號是有病的人，盼望伊的艱苦會卡輕；第二等是台灣人與在別位會曉讀廈門腔（指「白話字」）的人，盼望伊對所讀的會卡賢看護病人，也自己會卡毋免著破病；第三等是外國宣教師。"又說：

"有附圖幾若百個，因為打算人若干礁讀冊，意思豈採不明。總是若有圖可看，彼個見識會對目睭入，一看就知意思。總是卡要緊的，著斟酌看圖的說明與冊對照，到意思攏瞭解，才卡有利益。……"。

本書一出版，的確成為當代南北「長老教醫館」護理人員的一本最重要教科書。可惜二次大戰之後看懂「台語羅馬字」的人甚少，因而逐漸失傳。此外，戴仁壽醫師也是一位人道主義者。他於1934年在台北縣八里坌（現在的八里鄉）建設一座專門收容痲瘋病患者的「樂山園」（Ngāu-San-Oân），因而被譽為「台灣痲瘋救濟之父」。[33]

---

33 見：董芳苑，〈台灣痲瘋救濟之父－戴仁壽博士〉，發表於：國史

（二）蔡培火的《十項管見》

　　1921年（大正十年）10月17日，「台灣文化協會」成立。這個對抗日本帝國殖民主義的組織，以台中望族林獻堂先生爲總理（盟主），蔡培火先生這位留日的基督徒是該協會的重要幹部之一。[34] 當時蔡培火先生眼見台灣人絕大數爲文盲，因爲"無讀冊"以致"頭腦不飽塡"，不知自己在日本帝國治下之「二等國民」處境。於是和幾位同志研討，其結論是：台灣人只有學習長老教會使用的「台語羅馬字」（白話字），才容易吸收知識，培養學問。因爲要求台灣人去學習「漢文」再來追求學問，既非常困難又時間太長。於是他從1923年（大正十二年）10月開始，用「台語羅馬字」撰寫一本教育台灣人頭腦開竅的《十項管見》（Cháp-hāng Koán-kiàn）。這本書於一年後完成，1925年由長老教會「台南新樓冊房」印刷出版。[35] 作者特別在該書的

館主辦之「二十世紀台灣歷史與人物學術討論會」），2001年（民國九十年）10月23日至24日。又參照：台北縣私立樂山療養院創立五十週年紀念冊，《樂山五十》，1984年3月30日發刊。

34　見：台灣總督府警察沿革誌第二編（中卷），《台灣社會運動史——文化運動》，王詩琅譯，（台北：稻香出版社，民國77年），pp.249ff。其中pp.257-258「台灣文化協會主要幹部與會員」之表格內註八六載："蔡培火，原籍北港，後遷台南市。台灣反日政治、文化啓蒙運動右派重要角色，詳本書各章。戰時於東京開餐館，旋赴滬。……後歷任中國國民黨台灣省黨部委員，行政院政務委員等。

35　見：張漢裕主編，《蔡培火全集》，[五]：《台灣語言相關資料》，上冊，（台北：吳三連台灣史料基金會，2000年）全書。書中頁6至頁174爲《十項管見》（Cháp-hāng Koán-kiàn, 1925）一書之「台語羅馬

「第二項管見」，論及〈新台灣與羅馬字的關係〉。其中內容特別強調：「台語羅馬字」需要普及於台灣社會中，因為這種拼音文字非常容易學習。作者提到當代三百六十萬台灣人當中，差不多只有二十萬人讀書識字。而且二、三十歲以上的男女，不識字的文盲比比皆是。所以大家應該趕緊學習「台語羅馬字」，以期台灣人更有知識，才不致陷於精神上的飢餓。[36] 畢竟「新台灣」的建立，台灣人的人品必須由識字及讀寫開始。

　　蔡培火先生為要推廣「台語羅馬字」，更因此編著一冊《白話字課本》(Pèh-ōe-jī Khò-Pún)。[37] 有趣的是：他稍後又自創一套類似日語「片假名」的「台語白話字」拼音法，並且親自施教。同時也出版其《新式台灣白話字課本》之小冊。[38] 只是這一拼音式「台語」並不普及，因為其標音有些複雜又難學。由此足見，蔡培火先生對於鼓勵當代台灣人識字讀書之用心。當然他以「台語羅馬字」寫作來教育台灣人之代表作，就是這本《十項管見》遺作。筆者在國小三年級（九歲時）時，就念過這本以「台灣地圖」為封面的當代暢銷書，只是內容還不十瞭解而已。無論如何，《十項管見》這本以「台語羅馬字」所寫成的書，在當代的台灣社會相當受

字」原文，自頁176至頁318為董芳苑的「漢文」（台語體）譯文。

36 見：Ibid, pp.189-199，第2項，〈新台灣與羅馬字的關係〉這一段落。

37 見：Ibid，《台灣語言相關資料》，下冊，pp.8-22〈白話字課本〉（羅馬字體拼音）。

38 見：Ibid，《台灣語言相關資料》，下冊，pp.24-44〈新式台灣白話字課本〉（日式片假名體拼音）。

注目，也深具影響力。它對於啓蒙台灣人的民族意識與國際觀，委實有很大的貢獻。

（三）顏振聲的《南部教會醫療傳道史》

　　台灣第一部有系統記述西醫的「醫學史」，就是用「台語羅馬字」（白話字）著作的，其書名叫做：《南部教會醫療傳道史》（Lâm-pō Kàu-hōe I-liâu Thoân-tō-sú）。作者顏振聲醫師（1876-1949）為台南市名醫，因醫德昭彰又平易近人，人人都稱呼他「加齡仙」。根據台灣教會史家賴永祥教授：〈台灣基督教會醫學史〉一文所介紹〔收錄於《教會史話》（一），pp.23-25〕，顏醫師的父親為顏永成、母親洪仙河（永孋）。他於年輕時在台南「新樓教會書房」學習印刷，曾經寄居在高長伯（十九世紀最早的四位基督徒之一，後來成為傳道師，為高俊明牧師祖父）家中，因此篤信基督教。之後進入「大學」（台南神學校）準備獻身為傳道。畢業後又在「新樓醫館」跟隨金醫師（Dr. William Murray Cairns）習醫。1895年日本領台之時金醫師回國避難，待時勢穩定之後他又跟隨蘭大闢醫師（Dr. David Landsborough, 1870-1957）轉赴當時新開設的「彰化醫館」習醫。學成之後回到台南市開業，其診所名為「愛育堂」。1942年至1944年戰時期間他擔任「新樓病院」院長，也於長老教會所屬的台南市「太平境教會」

擔任過「執事」（1900-1907）與「長老」（1907-1946）。[39]

　　這本用「台語羅馬字」寫成的《南部教會醫療傳道史》，先由顏醫師陸續發表於『台灣教會公報』。其連載期數前前後後達十三期：663期至668期，670期至672期，674期至677期，時間自1940年6月至1941年4月。內容詳述從1865年馬雅各醫師（Dr. James L. Maxwell）來台醫療佈教，以及後繼者及他們如何設置醫館之情形。所介紹的長老教醫館有：打狗「旗後醫館」、台南「舊樓醫館」、「新樓醫館」、「女界醫療傳道」、「大社醫館」、以及「彰化醫館」等等。因為是名符其實的台灣南部蘇格蘭長老教會宣教區醫療傳道之歷史及其醫館之介紹，所以不包括北部加拿大長老教會宣教區屬下的淡水「偕醫館」。究其特色，除了介紹各地醫館「宣教醫師」之事跡外，也列述那些跟隨「宣教醫師」學醫的本地人事跡。因此前台灣大學圖書館長賴永祥教授評論這本書為："一本說明台灣西洋醫學黎明期的良書，是本島第一部有系統的醫學史。"[40] 1942年台南「新樓教會書房」（台灣教會公報社）將顏醫師大作出版，定名為《南部教會醫療傳道史》（總共51頁）。可惜這本用「白話字」寫成的佳作於戰後即告絕版，後經台灣大學醫學院教授及前高雄醫學院創辦人及院長杜聰明博士（1893-1986），於廿世紀六〇年代委請黃主義牧師與張榮宗先生將其譯成「漢

39　見：賴永祥，《教會史話》[一]，pp.23-25，〈台灣基督教會醫學史〉條目。
40　見：Ibid, p.24。

　耶穌──上主聖國的政治家

文」，並且加上馬偕博士之子偕叡廉牧師（Rev. George William Mackay, 1882-1963）對淡水「偕醫館」之口述歷史。[41] 之後以〈台灣基督教會醫學史〉為題，發表於1963年2月那一期的『台灣醫學會雜誌』（第六十九卷第二號）。該文又被收錄於：《杜聰明言論集》（第二輯），頁541至頁562之內。

綜觀上面這一段落所探討之三本著作：戴仁壽博士的《Lāi-gōa-kho Khàn-hō-ha̍k》（內外科看護學）、蔡培火先生的《Cha̍p-hāng Koán-kiàn》（十項管見）、及顏振聲醫師的《Lâm-pō Kàu-hōe I-liâu Thoân-tō-sú》（南部教會醫療傳道史），可以說都是影響台灣歷史又促進台灣社會現代化的重要著作。最難能可貴的是其所使用的文字並非「漢文」，而是道道地地的「台語羅馬字」（白話字）。由此可見，這種「羅馬字拼音」的「簡易文字」，既然已在斯土台灣流傳一個多世紀，自然可以說是「台灣文化」的一部份，其歷史定位甚為清楚。[42]

---

41 關於馬偕博士獨子偕叡廉牧師（Rev. George William Mackay）之介紹，可見之於楊士養著，《信仰偉人列傳》，前引書，pp.237-239。

42 如果追述台灣歷史，這種羅馬字拼音的「白話字」早在公元十七世紀就被「荷蘭歸正教會」（Dutch Reformed Church）宣教師應用於所謂「新港七社」的平埔族原住民方言之中。就像1661年荷蘭歸正教會宣教師倪但理牧師（Rev. Daniel Gravius），就出版過「新港語」的《馬太福音書》。十七世紀以後所出現的「新港文書」（番仔契）這類漢番土地交易的契約文件，就是羅馬字拼音的「新港語白話字」與「漢文」對照之文件。所以說，「台語羅馬字」是「台灣文化」的一部份委實言不為過。cf, William Campbell，《Formosa Under the Dutch》，（London: Kegan Paul, Trench, Trubner & Co., Ltd, 1903），pp.89ff, Part Second: Notices of Church Work in Formosa。又參照：賴永祥，《教會史話》[一]，Op. cit. pp.111-113〈荷蘭台灣宣教史的開拓〉條目，pp.121-123〈荷人羅馬字番話文獻〉條目，及pp.125-127〈新港文書〉

結語：保存與推廣文字化的「台語羅馬字」

就上面所論有關「台語羅馬字」文字化歷史定位的三個大段落：一、「文字化之歷史發展過程」，二、「社會教育之文字角色」，及三、「促進台灣社會現代化」的探討，已經可以清楚認識它不只是一種台灣語的「音標」而已，應該說是一種具社會教育功能之「簡易文字」（語文）。最具價值者，就是「台語羅馬字」因為易學又實用，因此昔日西方的基督教宣教師為它編輯「字典」，用它來發行月刊及著作書籍。它不但在長老教會內部流通，也被民主運動的知識分子用於社會教育。並且成效十分顯著，長久以來已經是「台灣文化」的一部份。[43] 可惜這一簡易的「台語羅馬字」

條目。

43 就像應用這種「台語羅馬字」（白話字）於「文藝」方面來寫作台灣小說的實例，有：賴仁聲牧師的《Án-niá ê Bak-sái》（阿娘的目屎，1924年）、《Khó-ài ê Siû-jîn》（可愛的仇人，1970年），以及鄭溪泮牧師的《Chhut Sí Sòaⁿ》（出死線，1926年）。二次世界大戰以後以「台語羅馬字」為主所出現的字典與工具書也為數不少，其中比較凸出者有美國天主教台中「馬利諾會」語言中心（Maryknoll Language Service Center）的《Amoy-English Dictionary》（1979）與《English-Amoy Dictionary》（1979），Bernard L.M.Embree的《A Dictionary of Southern Min》（Hong Kong Language Institute, 1973），日本天理教大學教授村上嘉英編著的《現代閩南語辭典》（日本奈良：天理大學出版部，1981年），陳修編著的《台灣話大辭典》（台北：遠流出版社），及胡鑫麟編著的《實用台語小字典》（台北：自立晚報文化出版部，1994年）等等。

自廿世紀七〇年代以後，因國內教育普及，「漢文」讀寫者眾，以致被台灣基督長老教會所摒棄。以為大家都能夠讀寫「漢文」了，何須再使用「台語羅馬字」（白話字）來發行『台灣教會公報』。因此就連以「台語羅馬字」（白話字）起家的『台灣教會公報』也都全版漢字化，委實十分可惜！如此情形，連關心台灣語文的學者都十分無奈與感嘆。就像國立新竹師範大學台語研究所的董忠司教授，便語重的問過筆者：為什麼長老教會的『台灣教會公報』不保留一、兩頁的「台語羅馬字」版面，來維持它原來之精神與特色呢？既然台灣基督長老教會都忽略「台語羅馬字」（白話字）的「文字化」精神，眼見「TLPA」與「通用」音標快要取代它之際，單單有數萬人的「簽名」要去強調其重要性及音標使用之歷史性，到底有什麼用？筆者身為長老教會的一員，面對這類問題也只能啞口與無奈。事實上全國長老教會除了十多族原住民教會尚在積極使用「羅馬字」為文字在他們的母語教學外，其他絕大多數講「福佬話」台語的教會都已經不去推廣，因此能夠看懂「台語羅馬字」（白話字）《新舊約聖經》的信徒已經寥寥無幾。時下為何此一「台語羅馬字」（白話字）會被學界重新提起又再次被台灣社會所重視呢？原因不在於它「文字化」之重要性及歷史性，而是「母語」拼音字母所引發的「音標」問題。這兩年來，台灣國內國民教育已經逐漸走向「本土化」，教育部推廣「鄉土語言」（母語）教學於九年一貫國民教育（國小六年至國中三年）之中。因此「母語」教學的「拼音文字」（音標）紛紛出籠，並且均以「本位主義」立場去強調自己的那一套最好。這種情形大家都看在眼裡，因此也造成母言教師之好惡取捨問題以及教學上之混亂局面。

講到「鄉土語言」（母語）的拼音問題，明顯地非常複雜，而且「台語」（福佬話）之「音標」，甚至多到四十種以上（如前所提及的）。不過兩、三年來出現於國民小學與中學的鄉土語言教學課本，最受普遍接受與應用者有「TLPA」、「通用」，以及「台語羅馬字」等三種音標。目前台灣客家母語之拼音已經正式採用「通用字母」音標，台灣原住民母語教學則多採用「教會羅馬字」（已經文字化）。唯有台灣福老語教學所採用的音標最爲混亂，除了上列三種標音法以外，也應用其他音標（諸如ㄅㄆㄇㄈ注意符號）從事母語教學。然而本文之主旨不在於處理有關「鄉土語言」（母語）教學之「音標」字母使用的問題，而是在於提醒斯土有志於保存「母語」的同道正視「台語羅馬字」（白話字）的歷史定位問題。也就是說，「台語羅馬字」（白話字）不可被貶低爲一種「鄉土語言」（母語）教學的「注音符號」（音標）而已，必須重視它爲一種長久以來從事斯土社會教育的重要「文字」。它既有「字典」及「辭典」之工具書，更是刊物及書籍之「語文」。所以其在歷史上的文化角色，絕非「TLPA音標」、「通用音標」，以及其他的母語音標符號可以相比。爲此，學界的時代使命不僅是保存「台語羅馬字」（白話字）而已，更要有效地將其推廣使用，使它成爲一種社教性文字，使優美的「台灣文化」（因爲「台語羅馬字」已經是台灣文化的一部份）得以永久保存。期待台灣全國的兒童及青少年要開始學習「台語羅馬字」（白話字），使此一與「台灣文化」有關之語文能夠發揚光大。

另外必須在此強調的，就是「台語羅馬字」不但早就與國際社會接軌，也已經在美國知名大學正式成為研究所之重要課程之一。就其與國際社會接軌之事實而論，這一羅馬字拼音的「閩南語文」遠自十九世紀就在菲立賓、馬來亞、新嘉坡、泰國等華人僑居地區流行。尤其是這些地區的基督徒所使用的《新舊約聖經》與禮拜用的《聖詩》歌本，均是這類羅馬字拼音的「閩南語文」，時至今日尚在使用。至於在東北亞地區使用之實例，可見之於日本天理大學教授所編著的：《現代閩南語辭典》（日本奈良：天理大學出版部，1981年）一書。[44] 這本辭典可以說是時下日本人學習台語之重要文獻，所以可凸顯日本學者對於「台語羅馬字」之重視。至於近年來美國知名大學成立「台灣語文研究所」之實例，至少也有下列四所：哈佛大學（Harvard University）、史丹福大學（Stanford University）、賓夕凡尼亞大學（University of Pennsylvania）、及夏威夷大學（Hawaii University）等等。更難能可貴的是：這些知名的美國大學「台灣語文研究所」，都是採用「台語羅馬字」從事教學研究。由此足見「台語羅馬字」在國際學界之重要性，它絕對不是「TLPA」與「通

---

44 參照村上嘉英編著，《現代閩南語辭典》，（日本奈良：天理大學出版部1981年）一書。該書就是以「台語羅馬字」來編輯的。

用」之拼音字母所能夠取代的。因此「台語羅馬字」從歷史定位來看，不管是它的「文字化」事實及對於促進「台灣現代化」之影響，以至已經被國際社會接受這點，都必須致力加以推廣與保存。

2004年1月11日
重新增補於淡水河畔寒宅

Ch.16 復興「教會母語」（白話字）之建言

18 65年「英國長老教會」（English Presbyterian Church）宣教師：馬雅各醫生（Dr. James Laidlaw Maxwell, 1835-1921）來到台灣南部成功建立宣教區之後，就引進能夠使文盲易學易讀又易寫的「教會母語」（台語羅馬字，就是俗稱的"白話字"），藉以協助一般信徒學會"吟聖詩"及"讀聖經"。值得正視者，就是「台語羅馬字」（白話字）不只是一種方言拼音，更是一種文字。因此「台灣基督長老教會」應該珍惜，繼續學習及保存這一可貴的教會遺產。

一、馬雅各醫生之偉大貢獻

馬雅各醫生因為重視此一"拼音文字"的推廣，於1871年回國休假期間，在蘇格蘭監印當代一群駐廈門宣教師翻譯完畢的羅馬字拼音"廈門腔白話字"單行本所輯成的《新約聖經》，1873年終於順利出版。其中的譯者群就是：英國長老教會宣教師倪為霖牧師（Rev. William Macgregor）、宣為霖牧師（Rev. William Sutherland Swanson）、及高休牧師（Rev. Hugh Cowie），美國歸正教會宣教師羅啻牧師（Rev. Elihu Doty, 1809-1864）、打馬字牧師（Rev. John van Nest Talmage, 1819-1897）、及胡理敏牧師（Rev. Alvin Ostrom），英國倫敦會宣教師施約翰牧師（Rev. John Stronach, 1810-1888）等人。由上列三個英、美差會宣教師所完成的《新約聖經》之繙譯，的確大大幫助當代那些不識漢文的基督徒。為此不僅流通於台灣，就連新加坡、馬來西亞、及中國廈門的閩南語地區均大受歡迎，所以稱此一羅馬字拼音文字的"廈門腔"《新約聖經》之文字為「教會母語」（白話字），委實名正言順。有鑑於此，英國「聖經公會」於1882年大量加以刊印，藉以方便使用閩南語教會的信徒閱讀。

（一）完成監印白話字《新舊約聖經》

馬雅各醫生休假返回台灣不到一年，因夫人罹病又不得不回國。之後，持續監督譯述廈門腔《舊約聖經》。1884年第一部廈門腔羅馬字拼音的《舊約聖經》，終於由上列各外國差會宣教師譯述完成。至此，白話字《新舊約聖經》終於整本完成翻譯，並且由英國「聖經公會」出版。1885年英國長老教會、美國歸正教會、倫敦宣道會、及在台灣北部宣教的加拿大長老教會，共同組織一個委員會。先是著手修改於1873年出版的廈門腔《新約聖經》，並且選出馬雅各醫生為執行秘書。參與這次白話字修訂版《新約聖經》的各差會宣教師有下列幾位：倪為霖牧師（Rev. William Macgregor）、打馬字牧師（Rev. John van Nest Talmage）、汲禮蘭牧師（Rev. Leonard William Kip）、麥嘉湖牧師（Rev. John Macgowan, ?-1922）、涂為霖牧師（Rev. William Thow，?-1894）、和甘為霖牧師（Rev. William Campbell, 1841-1921）等人，並且於1889年出版。後來馬雅各醫生因健康問題辭去執行秘書一職，改由巴克禮牧師（Rev. Thomas Barclay, 1849-1935）接任。此一由多個教團合作之譯經委員會，於1893年完成任務後解散。

（二）協助巴克禮牧師創設「聚珍堂」出版社

然而馬雅各醫生始終為台灣宣教區的「教會母語」（白話字）之推廣著想，尤其是關心"教會文字"（白話字）之教學。於是在1880年那年，捐贈一部西式「印刷機」給台灣教會。其中包括羅馬字鉛字和排字架，總共有十一箱印刷設備。它是台灣史上第一部西式印刷機器，所以當年運抵台南府城時，無人能加以使用及運作。1881年巴克禮牧師首次返回英國休假，他利用機會於蘇格蘭格拉斯哥（Glasgow）一家印刷公司（Aird Coglill Co.,）學習撿字排版，經過一段時日終於學成。1884年巴克禮牧師帶一筆英國母會捐款回到台南。隨即著手利用「新樓醫館」北角房間充當印刷機室，拆封十一箱印刷機設備，將「印刷機」順利裝配完成。1884年5月24日〔英國維多利亞女王（Queen Victoria, 1819-1901）之生日〕，台灣首座西式印刷所：「聚珍堂」（出版社）開工。其時大樹腳人蘇沙，只學習三日三暝就會運作羅馬字拼音的白話字排版。其後巴克禮牧師特別派他赴中國汕頭，學習一個月排版印刷技術，因而成為「聚珍堂」之第一位正式技師。1885年7月12日創刊『台灣府城教會報』時，蘇沙就是排版技師之一。只因蘇沙自小就體弱多病，於「聚珍堂」工作三年之後別世，只享年二十五歲。

二、「教會母語」（白話字）之文字化

　　話講回來，廈門腔白話字的《新舊約聖經》以及白話字『台灣府城教會報』之刊行，可以證明羅馬字拼音的“台語白話字”，已經被確立為「教會母語」之文字。後來巴克禮牧師為要使這本“廈門腔白話字”的《新舊約聖經》更為口語化（擺脫漢文“文言文”口氣），從1913年開始加以改譯，一直到1930年才告完成。並於1933年8月4日發行首版。現於教會中流行的羅馬字拼音「白話字聖經」即此一版本。巴克禮牧師也因這本經典之改譯完成，榮獲英國蘇格蘭格拉斯哥大學（Glasgow University）授予“榮譽神學博士”（Doctor of Diviniity，簡稱D.D.,）學位。

（一）關於白話字的發明及字典之著作

　　「教會母語」（白話字）另一個文字化的有力支柱，那就是「字典」及「白話字課本」之編輯。而這些字典及課本之編輯，均為西方基督教宣教師之傑作。1817年英國「倫敦會」（London Missionary Society）派遣宣教師麥都思牧師（Rev. Walter Henry Medherst, 1796-1857）來到馬來西亞的麻六甲（Malacca）與新加坡（Singapore）的華人地區佈教。這兩個地區的華人鄉音，都是中國福建的閩南語（福佬話），又識字者無多。1830年麥都思牧師著手研發一種羅馬字拼音的易學易讀文字：「教會母語」，俗稱"白話字"。又著作《白話字小字彙》，藉以確立其文字化。從此上述地區的基督徒開始學習閱讀"白話字"的「聖經」，吟唱這種新型文字的「聖詩」。後來麥都思牧師發現此一拼音文字（白話字）大大能夠幫助來自西方的遠東宣教師學習本地語言，於是著手編著史上第一部閩南語白話字字典：《福建方言字典》（A Dictionary of the Hok-keen Dialect of the Chinese Language, 1832），多達860頁份量，其中64頁為序言。這部「白話字字典」立足於"漳州腔"發音，應用"十五音音韻"閱讀，計收錄12,000個字。這部字典開啟了「客家話」、「潮洲話」、「福州話」，以至「廣東話方言」，採用羅馬字拼音之範本，其貢獻甚大！就如：美國「公理會」（Congregational Church）的海外宣教師衛三畏牧師（Rev. Samuel Wells Williams, 1812-1884），就應用羅馬字拼音刊行"廣東話白話字"的《拾級大成》（1842年）及《英華音韻撮要》（1856年）兩冊讀本可以為例。衛三畏牧師返國之後受聘為美國「耶魯大學」（Yale University）教授，著有《中國》（The Middle Kingdom）名作一書。

（二）白話字「課本」、「字典」及「刊物」之作者

至於將羅馬字拼音的"廈門腔白話字"，應用於「課本」及「字典」的貢獻者，有下列這幾位牧長：

1. 打馬字牧師（Rev. John van Nest Talmage, 1819-1892）

1852年著作：《唐話番字初學》一書，是西方宣教師學習"唐話"（廈門腔閩南語）及本地基督徒學習"番字"（羅馬字拼音白話字）之入門書。1853年譯有舊約《路得記》（原名「路得的冊」）。1892年別世時留下一冊《廈門音的字典》遺稿，並在1894年於廈門出版。

2. 羅啻牧師（Rev. Elihu Doty, 1809-1864）

羅啻牧師是語言學家，精通「漢文」及「福佬話」。1852年翻譯《約翰福音書》，1853年出版《翻譯英華廈腔語彙》（Anglo-Chinese Manual with Romanized Colloquial in the Amoy Dialect），以作宣教師學習方言之手冊。

3. 杜嘉德牧師（Rev. Carstairs Douglas, 1830-1877）

1873年完成編輯《廈門音漢英大辭典》（Chinese-English Dictionary of the Vernacular or Spoken Language of Amoy: With the Principal Variations of the Chang-chew and Chin-chew Dialects），由英國長老教會於倫敦出版，計612頁。杜嘉德牧師參考麥都思牧師的《漳州方言字典》、盧壹牧師（Rev. John Lloyd, 1813-1848）的《廈門

語字彙》遺稿，打馬字牧師的《唐話番字初學》、羅啻牧師的《翻譯英華廈腔語彙》、及亞力山大施敦力牧師（Rev. Alexander Stronach）的《廈門腔字典》加以編輯，又得力於打馬字牧師和施約翰牧師的協助而成。這部大辭典可以說是當代學習閩南語的西方宣教師、官員、商人、船員、譯員、以至本地牧者及教員的重要工具書。1923年再由巴克禮牧師加以增補出版，其中有台灣中部宣教師梅甘霧牧師（Rev. Campbell N. Moody, 1866-1940）提供的四百多個字彙及片語。

4. 麥嘉湖牧師（Rev. John Macgowan, ?-1922）

1871年作有《英華口才集》（A Manual of the Amoy Colloquial）這本廈門腔閩南語初學指南。1883年出版其611頁的《英廈辭典》（English and Chinese Dictionary of the Amoy Dialects）。其他尚有養為霖牧師（Rev. William Young）及偉亞力（Rev. Alexander Wylie）參與《養心神詩》（當代教會聖詩）之著作。

5. 巴克禮牧師（Rev. Thomas Barclay, 1848-1935）

1885年7月以學自英國的鉛字排版技術刊印『台灣府城教會報』，成為台灣教會史上第一份羅馬字拼音的"台語白話字"文字化定期刊物。這份刊物於日本治台後的1905年改名為『台南教會報』。1913年9月又改為『台灣教會報』。之後，於1932年改稱『台灣教會公報』，一直延用迄今。1942年3月（二次大戰期間）該報被迫以「日文」刊印，又被日本政府停刊。終戰之後於1945年12月復刊。可惜自1970年1月開始改由全版「漢文」出刊，從此抹殺台灣基督長老教會的「教會母語」（白話字）。對此，連非基督徒的新竹師範大學董忠司教授都感到十分惋惜，並且質疑為何該報不保留兩大頁去維護「教會母語」（白話字）之問題。因為它是「教會母語」的文字化刊物，是台灣文化的一部份。

6. 余饒理先生（Mr. George Ede, 1855-1905）

1894年為「長老教中學」（創於1885年，即時下的「長榮中學」，余先生為首任校長）撰寫一本：《「三字經」新撰白話註解》為課本，大膽應用"白話字"註解《三字經》之漢文，委實可說是創舉！1987年有一位愛好台灣文化的日本商人三田裕次先生出資將此書重印350冊，兩年後又重印300冊送給友人。足見此一課本受到重視之程度。筆者曾經以兩尊神像向三田先生換取50本，送給當時在學的台灣神學院學生。

7. 甘為霖牧師（Rev. William Campbell, 1841-1921）

1913年編著：《廈門音新字典》（A Dictionary of the Amoy Vernacular: Spoken Thoughout the Prefectures of Chin-chew , Chiang-chew, and Formosa），而且是非常成功的一本"白話字"與"漢文"對照的字典。這本俗稱"甘字典"的名著，迄今還在台灣教會使用，足見其影響有多大！

此外，1893年偕叡理牧師（Rev. George Leslie Mackay, 1844-1901）也編輯一本自學的《中西字典》，計收錄6,664個以白話字標註的漢字，可惜已經失傳（筆者有一冊影印本）。原版本存於於淡水眞理大學的「牛津學堂」歷史館。

（三）促進台灣現代化的台語白話字名著

二十世紀初期「教會母語」（白話字）已經普遍在教會中流傳。甚至也影響當代社會的知識分子，使他們相信這類簡易文字可以協助社會大眾讀寫，藉以促進台灣社會現代化。下面就挑選出三種代表性作品，來印證此一事實。

1. 戴仁壽博士的《內外科看護學》

1911年來自加拿大的宣教醫師戴仁壽博士（Dr. George Gushue Taylor, 1883-1954），受「英國長老教會」派遣來台接任「台南新樓醫館」爲第四任館長。這位擁有英國皇家外科醫學院士（F.R.C.S.）的醫學博士，爲提昇當代"看護婦"（護士）之水準，用"台語白話字"撰寫：《內外科看護學》（The Principles and Practice of Nursing: Designed for the Use of Nurses Amoy Vernacular Chinese），於1917年出版，內容圖文並茂，厚達675頁。此書可說是台灣史上第一本之學術性「看護婦學」（護理學），嘉惠當代無數護理人員。可惜因文字限制已經失傳，原作現存於台北八里坌的「樂山園」。戴仁壽博士是"台灣痲瘋救濟之父"，一生致力醫治痲瘋病患，建有新莊「樂生院」及八里「樂山園」，並且埋骨於斯土。

2. 蔡培火先生的《十項管見》

蔡培火先生（1889-1893）為1921年（大正10年）10月17日成立的「台灣文化協會」成員，於留日時成為基督徒。回台後眼見台灣社會絕大多數的人"無錢讀冊"，他們因為是文盲以致"頭腦無飽墇"，不知自己是日本帝國殖民之下的"二等國民"。於是於1925年用易學易讀的「教會母語」（白話字）著作《十項管見》一書。他強調：台灣社會那些"無讀冊"（無機會受教育）的人只要學會使用"白話字"，才能夠吸收現代知識去改變自己的命運（見該書「第二項管見」論述）。同時特別強調："台語羅馬字（白話字）需要普及於台灣社會，因為這種拼音文字非常容易學習"。蔡先生為推廣此一拼音文字，曾經編著有：《白話字課本》及《新式台灣白話字課本》。

3. 顏振聲醫生的《南部教會醫療傳道史》

顏振聲醫生（1876-1949）係台南市太平境教會長老，也是「愛育堂診所」名醫。年輕時讀過「台南神學校」，後來跟隨台南「新樓醫館」的金醫生（Dr. William Murray Cairns，1892-1895之間駐台服務）習醫。繼而隨同蘭大闢醫生（D. David Landsborough, 1870-1957）於「彰化醫館」習醫。顏醫生眼見英國母會宣教師遭受日本軍國主義政府之壓迫不得不紛紛離台，為要紀念歷來宣教醫師如何引進台灣社會西醫療法之貢獻，即抱著感恩理念用「教會母語」完成白話字著作：《南部教會醫療傳道史》，從1940年6月至1941年4月刊於『台灣教會公報』，計連載十三期。因它是台灣史上第一部有系統的"西醫學史"，1942年由台南「新樓教會書房」（公報社前身）印成51頁之單行本。高雄醫學院創辦人杜聰明博士（1893-1986）非常重視這部作品，曾經委請台南神學院教授黃主義牧師和張榮宗先生譯成漢文，並且發表於1963年2月出刊的『台灣醫學會雜誌』（Vol.69, No.2）。筆者於2016年將其改譯，又增補一些資料，並且收錄於《宗教與醫療》一書，預定於來年出版。

二、展望「教會母語」（白話字）之復興

前面已經探討馬雅各醫生及一群西方宣教教師對「教會母語」（白話字）之貢獻及其文字化過程，從而可以領會這種以羅馬字拼音（時下社會人士稱它為「台語羅馬字」）的"台語白話字"之重要性。畢竟這種拼音文字不僅是「教會母語」，也是台灣文化一部份。十分可惜的是：如此寶貴的台灣文化遺產——"白話字"，於時下「台灣基督長老教會」對它的不重視已經走向沒落。如今懂得閱讀白話字《新舊約聖經》的基督徒像鳳毛麟角一樣，少之又少！究其原因有二：外來政權的文化同化及政治迫害，再加上台灣基督徒忘恩偷懶不求進取。這兩個主要原因有其歷史背景，所以必須加以探討。

（一）正視外來政權計劃性之文化同化

　　從1895年開始台灣及澎湖脫離支那（China）滿清帝國之殖民統治，成為日本帝國領土。其時因受到“明治維新”之影響，日本帝國的確用心經營台灣。就如：第四任台灣總督兒玉源太郎（1852-1906，陸軍大將、伯爵）所任命的民政長官後藤新平（1857-1929，留德醫學博士、子爵），不但弭平台灣各地抗日活動，又完成土地及戶口調查，台灣西部縱貫鐵路舖設為其重要政績。然而任何一個外來政權對殖民地的統治，就是對當地居民的文化同化。於是日本統治者以“日本人的語言”當做「國語」，強迫台灣人學習。從1896年6月就有「國語傳習所」之設置，此即日後「公學校」的前身。1929年日本「軍國主義」抬頭，1933年台灣總督府即推行「國語」（日語）普及計劃。其時連教會的《聖詩》第192首，就是用日語（國語）吟唱的“日本國歌”（筆者一本1929年版：昭和四年的《聖詩》就有這一首）。所幸日本政府並無消滅「台語」（福佬語及客家話），到了1937年實施「皇民化運動」之時，才有所謂“改姓名”及“國語家庭”之出現。必須一提的是：當時教會信徒尚能夠自由使用羅馬字拼音的「白話字聖經」以及吟唱「白話字聖詩」。至少「教會母語」（白語字）可以在當時被保存下來，不受“日本話”的「國語」所影響。按「國語」一辭，是外表政權污辱「台灣話」之用法。

　　1945年二次世界大戰結束，日本帝國戰敗，日本人悉數回國。當時聯合國遠東戰區大元帥麥克阿瑟（Douglas Mac

Arthur, 1880-1964）下令中國戰區的總司令蔣介石（1887-1975）佔領台灣。其時身為「日本帝國皇民」的台灣人，以為是"祖國"（支那）前來"光復"，台灣人將要"出頭天"（擺脫日本帝國的殖民統治）了，莫不雀躍歡慶。那時的情景，筆者記憶猶新。下面的一首民歌，即可以體會當時台灣人之心情（台語發音）：

"台灣今日慶昇平，享受青天白日情；
六百萬民同快樂，壺醬簞食表歡迎。
哈哈，都真歡迎！哈哈，都真歡迎！
六百萬民同快樂，壺醬簞食表歡迎！"

令人意料不到者，此一來自中國（China 應譯做"支那"才對）的外來政權接收台灣之後，即顯露出其"土匪"真面目。既接收日人留下的一堆財產，又奪取台灣所有資源。剝奪台灣地主的"三七五減租"（這是共產社會主義的"平均地權、節制資本"政策），可以為例。中國政權的惡劣行止（"接收"變成"劫收"），深使台灣人認清彼岸中國人的民族性及道德水平，實在遠遠不及統治斯土台灣五十年的日本人。至此，台灣人所嚮往的"祖國夢"完全破滅。1947年台灣人因抗拒此一外來中國政權的"暴政"，結果反被殘暴的中國人進行"二二八大屠殺"，近兩萬人因此死於非命。吾教會知人士：林茂生博士、張七郎長老一家三人，陳能通校長及蕭朝金牧師，也因此被殺犧牲。從此台灣人精英人士，幾乎被消滅殆盡。然而惡有惡報，1949年蔣介石這位"二二八元凶"被中國共產黨趕出中國，不得不走路來台，以台灣爲「反攻大陸」（中國）基地。可是這個"無根於台灣"的走路政權惟恐再度"官迫民反"，就於1949年宣佈「戒嚴」，進行長達38年的軍事統治，使許多無辜之民冤死於"白色恐怖"之下。就在這段「戒嚴」時期，台灣的語言文化被極端的迫害：各級學生都必須學習"北京語"，也就是所謂"國語"。這是外來殖民政權慣用的同化政策，日本人如此，中國國民黨專制政權也如此。記得筆者就讀小學時代（1945-1948），因違反規定以"台灣話"（母語）和同學交談，就被老師取罰多次。若講了「母語」（Mother tone）就有罪受罰的話，惟有一個汙辱斯土住民的外來殖民政權才做得出來。回顧日本帝國殖民台灣五十年（1895-1945），因其同化政策成功而使台灣人都會說所謂「國語」的"日本話"。中國國民黨走路來台殖民斯土七十三年（1945-2018），其同化政策也相當成功而使時下的台灣人忘了自己的「母語」，從小到老滿口都說"北京語"（所謂「國語」）。因此上自官方下至民間，人人均以所謂的「國語」（北京話）互相溝通。悲哉，台灣人！居住於自己的土地上卻因外來政權的同化政策，竟然將台灣人洗腦到忘掉自己的"父母語"（台灣話）。足見外來政權之同化政策眞是罪大惡極，因爲他們始終圖謀欲砍斷台灣人語言文化之「根」（root）！就是有如此歷史背景之前因，才有今日「教會母語」（白話字）近乎消失之後果，時下斯土斯民完全被"北京語"所奴役。

（二）政治迫害加上台灣基督徒不爭氣

　　前已提及，「教會母語」（白話字）是台灣基督長老教會特有之"文字"，雖然它是由羅馬字拼音而來（有「教會羅馬字」或「台語羅馬字」之稱）。此一文字的基礎文獻，不外於白話字《新舊約聖經》以及白話字《聖詩》。當然也包含早期的『台灣教會公報』。可惜後者這份教團最重要的"消息報"，於1970年1月，即距其發刊的八十五年之後，完全由「漢文」所取代。究其原因，當然是來自中國這個外來政權殖民主義語言同化政策成功所致。再加上台灣基督徒的不爭氣。就歷史觀點言，「台灣基督長老教會」於1865年（南部）及1872年（北部）就根植於台灣。教團並且在滿清帝國時代就促進台灣社會之現代化（諸如醫療、教育、慈善事業等等）。之後又經歷日本帝國及來自支那（China）的中華民國（以「國民黨」為代表）這兩個外來政權的殖民同化及迫害。單就中國國民黨政權於二十世紀七〇年代的迫害言，就會使你見識到其針對長老教會語言壓制之邪惡面。話說1971年12月29日因教團向國際發表「國是聲明」（為中華民國被逐出聯合國所引發之危機而發表），「台灣基督長老教會」從此被視為「台獨」大本營，當局隨即進行各種監控。其中之一就是不准使用白話字「聖經」及「聖詩」。之後，「台灣聖經公會」出版一本新譯台語白話字《新約聖經》，因為它以紅色為封面，外觀酷似中國共產黨的《毛語錄》。為此，這本新譯紅皮的《新約聖經》悉數被政府特務機關沒收，就連傳統的白話字《新舊約聖經》也被禁用，公然從禮拜堂及信徒手中被取走。教團忍無可忍又於1975年9月18日發出「我們的呼籲」聲明，其中一段即強調維護外來中國政權憲法所賦予人民的宗教信仰自由：

> "在自由世界各國的人民都享有充分的信仰自由，尤其每一個人應享有自由使用「自己的語言」去敬拜上帝，以表達個人的宗教信仰。不幸「聖經公會」所印行的地方語言之聖經竟遭查扣取締，此事件發生後震驚海內外。有關當局以「方言聖經」構成違反推行「國語」（北京語）政策為由加以取締。然而一國之政府絕不能抵觸憲法之基本精神。如今雖經數度交涉已發還舊版白話字聖經，然而我們陳情政府為維護憲法上信仰自由，請發還新譯白話字聖經（僅「新約聖經」），並准予繼續出版任何語言之聖經。"（以下數段省略）

這次聲明訴求的內容雖然廣泛多元，重點不外強調"閱讀白話字聖經"的自由。前台南神學院教授鄭兒玉牧師是促進發表此一聲明的幕後功勞者，他一生致力於「教會母語」（白話字）之保存無人能出其右。諷刺的是：時至今日，傳承鄭兒玉牧師保護台語和白語字精神者並非教會界人士，而是「台灣南社」前社長張復聚醫師。那並不是說，時下的教會兄姊不注重講"母語"（台灣話是長老教會牧者講道之特色），而是他們差不多快將「教會母語」（白話字）忘記了。用盡辦法想將其保留的教會，也僅有少數。因為外來政權語言同化教育的成功，使那些年輕一代的教牧在主理禮拜時都不會講"標準的台灣話"，專講一些"脫線台語"（滲雜"北京語"的台語），情形實在可悲！為此，台灣的「聖經公會」不得不成為幫凶，正式出版"漢文台語"的《新舊約聖經》，來協助他們誦讀"台灣話"聖經章節。

（三）檢討「教會母語」（白話字）流失問題

做為「教會母語」的"文字"（白話字）既然於歷史上具有促進台灣社會現代化角色，理應被認同為台灣文化之重要部份才是，為何今日會在教會中流失？外來政權之語言迫害及其推行「國語」（北京語）同化政策固然是其中重要原因，事實上還是教會兄弟姊妹不爭氣（應該是"奴隸性"）所使然。就像1970年「總會」尚未發佈「國是聲明」（1971年12月29日發佈）而被國民黨政權嚴密監控之時，『台灣教會公報』即自我閹割全面改由"漢文"出版，從此扼殺了馬雅各醫生（Dr. James L.Maxwell）及巴克禮博士（Rew. Thomas Barclay, D.D.，）對於"白話字"的貢獻。一個以「教會母語」（白話字）為主的機關報用漢文加以取代，必然使它流失。教團當局居然做此決定，委實令人不解。當時教團決策人士均認為教育已經普及（事實上跟不上日治時代），人人都會閱讀"漢文"。因此，「教會母語」（白話字）可以使它壽終正寢了。這一想法充分凸顯教團忽視"教會傳統文字"（白話字）之無知，夫復何言？可是問題出現了：教會主日禮拜行事均堅持要使用「台語」，"白話字"既然被忽略，於是有人自作聰明創造出兩類似是而非的"台語文"。一種全部使用"漢文台語"，另一種是所謂的"漢羅台語"。按『漢文』容易教人望"文"而生多義，用它套入"漢文台語"實在似通又不通。例如：詩篇十五：1作"是誰會徛起佇你的聖山？"意思是"什麼人能居住在你的聖山？"一見就可發現這句經文留有一些語病。請留意時下台灣社會的"漢文台語"已經更進一步被北京語化，就像"出來講"變作"端共"，"真的"講作"金的"，"當選"說成"凍蒜"。李筱峰教授曾經笑談一則某子攤的廣告，作："很慢的奶雞"，其實是台語的"現挽的荔枝"，實在不倫不類。這不能不說是外來語言同化"台灣話"的悲哀！至於"漢羅台語"（漢文和羅馬字合成）雖然忠實於台語口吻，卻犧牲"全羅台語"（單純羅馬字拼音的白話字）之優越性及其文字價值。這點正是使「教會母語」（白話字）流失的主要原因，當今的教界領袖應該就此虛心來檢討，並設法恢復「教會母語」（白話字）正當性地位。否則不但對不起馬雅各醫生和巴克禮博士，教團也將成為歷史罪人！

（四）復興「教會母語」（白話字）之迫切性

陳水扁前總統執政期間（2000年-2008年），全國各族群的「母語」（福佬話、客話、原住民族語、以至馬祖的福州話）終於自

「國語」（北京話）的奴役中釋放出來。國家教育部於黃榮村部長主導下，不但成立本土教育委員會，更積成國教司推動國中、國小的鄉土語言教學。筆者是教育部本土教育委員之一，受黃部長委託推動全國鄉土語言教學。其時看到國中及國小母語教師使用多種音標（通用拼音、TLPA、教會羅馬字等等較多）從事鄉土語言教學，又私自出版各種教科書。筆者曾經強調長老教會使用超過百年的「教會母語」（他們稱為「教會羅馬字」即“白話字”）最為適用，因它不只是一種“音標”，也是一種“文字”。遺憾始終不被採納，其理由不外困難標音及應用於電腦打字。其實那是推托之辭，上述問題均早已解決。筆者就應用「教會母語」（白話字）的電腦程式打字編寫過《台語「創世記」韻語詩》（2006年）及《台灣神明韻語詩》（2010年）這兩本書，藉以鼓勵有志者參與此一“教會文字”之保存。其實保存及推廣文字化的「教會母語」（白話字），應該講是「台灣基督長老教會」最迫切性的任務。因其在台灣本土流傳迄今已超過150年。留日已故學者王育德博士就強調：語言（台語）是民族之靈魂，失去語言一個民族便會走向滅亡。因此他終其一生均在為台灣人的語言而奮鬥，惟恐它被外來語言的“北京語”（所謂“國語”）所扼殺淹滅，所以他研究台語羅馬字非常盡力。長老教會信徒兄姊於昔日依靠「教會母語」（白話字）從事其信仰生活，如今卻放任它凋零，被“北京語所奴役”，實在忘恩負義對不起前輩。儘管後生一代也為了保存斯土祖先的語言發明所謂的“漢文台語”及“漢羅台語”，大家卻全然忽視「教會母

語」（白話字）是台灣文化（非只是教會文化）的重要部份。如今
「台灣基督長老教會」之要務是復興「教會母語」，使羅馬
字拼音的＂台語白話字＂於教團中再現。值得一提的，就
是這種文字也已經和國際學術機構接軌。1981年日本奈良
「天理教大學」有多位教授合編《現代閩南語辭典》（使用
羅馬字拼音台語白話字），以供日本人學習台語。二十世紀末美
國至少有四所知名大學：「哈佛大學」（Harvard University）、
「史丹福大學」（Stanford University）、「賓州大學」（University
of Pennsylvania）、及「夏威夷大學」（Hawaii University）等所設
置的台灣語文研究所，也都採用此一「教會母語」之拼音文
字，足見它早就被國際學界所肯定。所以說，「教會母語」
（白話字）之保存及推廣使其再次復興，此其時也！

2018年9月25日

第三部
附錄

荷蘭畫家林布蘭（Rembrandt, 1606-1669）這幅「以馬忤斯的晚餐」（The Supper at Emmaus）名畫。大約作於1648年，現收藏於法國巴黎「羅浮宮博物館」（Rijksmuseum）

Ch.17 正視台灣基督教宗派

"你們要提防假先知。他們來到你們面前，外表看來像綿羊，裏面卻是凶狠的豺狼。你們能夠從他們的行為認出他們。荊棘不能結葡萄，蒺藜也不能結無花果。好樹結好果子；壞樹結壞果子。好樹不結壞果子；壞樹也不結好果子。不結好果子的樹都得砍下，扔在火裏。所以從他們的行為，你們能夠認出假先知來。不是每一個稱呼我『主啊，主啊』的人都能進天國；只有實行我天父旨意的才能進去。在末日來臨的時候，許多人要對我說：『主啊，主啊，我們曾奉你的名傳上帝的信息，也曾奉你的名趕許多鬼，行許多奇蹟。』那時候，我要公然地告訴他們：『我從不認識你們；你們這些作惡的，走開吧！』所以，所有聽我這些話而實行的，就像一個聰明人把房子蓋在磐石上；縱使風吹，雨打，水沖，房子也不倒塌，因為它的基礎立在磐石上。可是，那聽見我這些話而不實行的，就像一個愚蠢的人把房子蓋在沙土上，一遭受風吹，雨打，水沖，房子就倒塌了，而且倒塌得多麼慘重！。"

(馬太七：15-27)

台灣（Iliha Formosa）與「基督教」（Christianity）之關係，始自十七世紀時代。1626年「羅馬大公教會」（Roman Catholic Church，即國人所稱之「天主教」）由菲立賓的「道明會」（Dominican Order）傳入台灣北部。1627年荷蘭人殖民台灣三年後，也傳入「荷蘭歸正教會」（Dutch Reformed Church）。前者係俗稱之「舊教」（西方教會），後者叫做「新教」（屬於加爾文主義教團）。及至滿清帝國時代的十九世紀中葉，「長老教會」（Presbyterian Church）分別於1865年（來自英國蘇格蘭）及1872年（來自北美加拿大）傳入台灣南部及北部。日本帝國領台時期（1895-1945），日本國內的基督教教團：「日本基督教團」、「美以美會」（衛理公會）、「聖潔教會」（聖教會）、「組合教會」（公理會）、「安立甘教會」（聖公會）、「七日再臨團」（基督復臨安息日會）、「救世軍」等等，同樣跟隨日本信徒來台立足。1926年來自中國的「真耶穌教會」（方言靈恩教團）也傳入台灣，並且吸收眾多長老教會信徒，造成教會分裂。1936年中國奮興佈道家宋尚節博士訪問台灣，卻帶給「台灣基督長老教會」大大復興及信徒增長奇跡。1950年中國國民黨被共產黨打敗走路，同時近百萬"難民"自中國流亡來台。其時中國各地基督教宗派及差會，也開始立足於台灣。從此，台灣基督教宗派變得複雜又混亂，時下已經超過一百個宗派以上。問題在於台灣基督徒如何正視眾多的基督教宗派，以便建立自己健全的基督教信仰這點。

一、耶穌教人提防假先知

　　昔日耶穌於「山上寶訓」（馬太福音書五章至七章）的結論，語重心長的教導人"提防假先知"之迷惑（見：馬太七：15-23）。耶穌更以建築房子爲喻，教人要將"信仰之屋"建於石磐根基之上。因爲建在沙土上的"信仰之屋"經不起風吹、雨打、水沖，就倒塌了（見：馬太七：24-27）。

（一）提防假先知之要領（七：15-20）

　　任何宗教信仰，很容易被假冒僞善的"神棍"及"教棍"所誤導。他們外表看來如同綿羊，內在卻是披著羊皮的凶惡豺狼，因他們曲解原來的宗教精神，這是耶穌對"假先知"（神棍及教棍）之評語（馬太七：15）。那麼如何提防"假先知"呢？耶穌的教導是：從"假先知"之行爲入手。因爲"假先知"如同果樹之種類一樣，尤其是他們言行舉止所結之果實（見：馬太七：16-18）：

　　"你們能夠從他們的行爲認出他們眞面目。因爲荊棘不能結成葡萄，蒺藜也不能結成無花果。好樹結好果子，壞樹結壞果子。好樹不結壞果子，壞樹也不結好果子。"

這就是從"假先知"（神棍及教棍）曲解宗教精神而種下惡果的行為，可以認出他們所結成的"壞果子"及其眞面目。對耶穌來說，那些不結好果子的果樹（假先知），都要砍下來扔進火裡使其消滅，以免為害其他的好果樹及其所結的好果子（馬太七：19-20）。

（二）實踐天父旨意的正確信仰 （七：21-23）

耶穌教導人要從"果子"去認識果樹之好壞之後，即進一步儆告門人，勿被那些信口開河，而且口才伶俐，可以將"死龜講做活鼈"的"假先知"（神棍及教棍）所迷惑。為的是這類"假先知"於宣教及祈禱之時，滿口都是"主啊，主啊"的喊叫，教人誤認他們之虔誠。事實上，他們"能說不能行"，根本忽略實踐天父上主的旨意。所以耶穌才斷言：他們進不了「天國」（見：七：21）：

> "凡那些稱呼我「主啊，主啊」的人，並不能都進天國，只有實踐我天父旨意的人才進得去！"

接著耶穌再一次說了重話，指出那些曾經擅自"奉主的名"去傳教、趕鬼、醫病行神跡的"神棍"及"教棍"，都是"喫宗教飯"的偽君子及作惡者。至終他們都將被摒棄於「天國」的門外。畢竟天父上主，根本不認得他們（見：馬太七：22-23）：

"在末日（歷史終末之時）來臨時候，許多人要對我說：「主啊，主啊，我們曾經奉你的名傳上主信息，也曾經奉你的名趕許多鬼，行了許多神跡奇事！」那時候我要對他們說：「我從來不認識你們。你們這些作惡的，走開吧！」"

（三）信仰基礎至為重要（七：24-27）

為此，耶穌以建築房子的基礎為喻，來提醒那些追求「天國」福音的人。人人都要將其信仰基礎建造於堅固的磐石之上，唯有如此才經得起風吹、雨打、水沖之各種內外在的苦難及誘惑。至於那些愚蠢者，其信仰根基正如同一座房屋建造於沙土之上，一旦遭受風吹、雨打、水沖的人生苦難考驗，信仰基礎就崩塌也損失慘重！

時下於探討台灣基督教宗派問題時，上述之經文的確給大家相當重要之啟示。為此，台灣全體基督徒必須面對，進而從事客觀之探討。

二、認識基督教宗派

「基督教」（Christianity）立足於人類歷史上，已經接近兩千年。從使徒彼得（Peter）在當代猶太人首府耶路撒冷（Jerusalem）建立第一個基督教會開始（見：使徒行傳二：43-47），「基督教」從此傳開。加上這個新宗教之出現，遭受「猶太教」（Judaism）及「羅馬帝國」（Roman Empire）極端迫害，使徒和信眾因此流亡地中海沿岸各地，「基督教」也從此國際化。任何一個「宗教」（religion）一旦出現於人類歷史舞台，經過不同地域、文化及人為因素，又有長期之演變，均會分宗立派。當初立教精神及信仰內涵，也會因此而走樣。成書於主後80年至90年之間的《馬太福音書》（七：15-23）這段經文，就吐露基督教會出現"假先知"之問題。第二代使徒保羅（Paul）於《哥林多前書》（一：10-13，三：1-4）就明指哥林多教會（Church of Corinth）分裂成"保羅派"、"亞波羅派"、"彼得派"及"基督派"之事實。值得留意的是：「基督教」於1054年分裂為「東方正統教會」（Eastern Orthodox Church）及「羅馬大公教會」（Roman Catholic Church，即「天主教」）。十六世紀宗教改革運動（Reformation）又分裂出「改革教會」（Reformed Church）多個教團，時下眾多的基督教宗派由其衍生而出。上一世紀二次世界大戰結束之後，普世基督教會有力人士鑑於基督教宗派林立問題，即發起「教會合一運動」（Ecumenical Movement），從而出現「普世教協」（World Council of Churches，簡稱"WCC"），藉以促進普世基督教宗派間之和解、合一、及合作。「台灣基督長老教會」也是其中的成員之一。

認識台灣基督教宗派之入門，最簡單的方法必須從「宗教社會學」（Sociology of Religion）之分類著手。下面將以

「教制基督教」、「教派基督教」、「急進基督教」、及「類似基督教」四大類，來探討這個重要論題。

（一）教制基督教（Institutional Christianity）

這類教團的基本特徵是：歷史悠久，奉行正統基督教教義。以《新舊約聖經》（The Holy Bible）為經典。接納「使徒信經」（Apostles' Creed）及「尼西亞信經」（Nicene Creed）為信仰準則，同時也有自訂之「信條」。這類教團之組織健全，有「主教制」、「代議制」、「會眾制」。具國際性教團組織，以及跨國際影響力。因此強調基督教各宗派之間的合作，認同「普世教會合一運動」（Ecumenical Movement）。他們注重神學教育，因而設置「神學院」（Theological Seminary），重視神職人員之培養及一般信徒的宗教教育。在台灣社會，這類代表性教團（依入台次序）有：

1. 羅馬大公教會（Roman Catholic Church，即「天主教」）
2. 台灣基督長老教會（Presbyterian Church in Taiwan）
3. 聖公會（Episcopal Church, or Anglican Church）
4. 信義會（Lutheran Church）
5. 門諾會（Mennonite Church）
6. 東方正統教會（Eastern Orthodox Church）

上列的「羅馬大公教會」（天主教）及「東方正統教會」（希臘正教），均為古來就已經存在的基督教教團。「長老教會」、「聖公會」、「信義會」及「門諾會」，係十六世紀

「宗教改革」（Reformation）時代所出現的基督教教團，也即一般人所稱的“新教”（Protestanitism）教團。

（二）教派基督教（Sectarian Christianity）

這類教團的特徵即：由恩賜性人物領導脫離原有所屬「教制基督教」教團，從而自創一個基督教教派（Christian Sect）。絕大多數的這類教團，係衍生自十六世紀宗教改革運動所出現的“福音主義”（Evangelism）。因而強調《新舊約聖經》的字義解釋（逐字靈感說），標榜信徒的聖潔生活。嚮往靈恩運動（說方言、靈醫治病，聖靈充滿的各種恩賜），強調世界末日耶穌再來。他們對內熱衷於奮興會（培靈會）、祈禱會，對外強調領人歸主的佈道活動。多數採取“浸禮”儀式，信徒宣教活動十分積極。注重保守的神學教育，因此有「神學院」之設置，也強調教派之間的合作。同時也有其國際組織及影響力，因此具備普世基督教合一精神（Ecumenism），參與「普世教協」（World Council of Churches）也不後人。時下台灣社會類屬這一分類的代表性教團有：

1. 台灣聖教會（Holiness Church in Taiwan）
2. 衛理公會（Methodist Church，又稱「美以美會」）
3. 循理會（Free Methodist Church）
4. 浸信會（Baptist Church）
5. 貴格會（Friends Church）
6. 救世軍（Salvation Army）

7. 拿撒勒人會（Church of Nazarener）

8. 神召會（Taiwan Assemblies of God）

　　這類教團係台灣基督教宗派之冠，上列八個僅可以說是其中的代表者而已。雖然這類教團於教會體制及聖禮觀點有些差異，然而能夠在"一主、一信、一洗"的信仰告白之下合作無間、互相接納。

（三）急進基督教（Radical Christianity）

　　舉凡「教派基督教」之一切特徵，這類教團都有。也可以說，這類教團係由「教制基督教」及「教派基督教」衍生而出（從這兩類教團出走）。尤其是他們的恩賜性領導人物均自稱："使徒"（或"使女"）、"先知"、"神人"。甚至宣稱自己的教團才是眞眞正正的基督教會，"得救"是他們的專利。因此否定自己以外的教會團體（本位主義強烈），所以非要"拆毀宗派"不可。爲此，他們公然於各基督教宗派之間吸引信徒，也即俗稱的"偷牽羊"。他們往往以標新立異之宣教行止吸引人入信。禮拜聚會狂熱（如敬拜讚美）、追求說方言、作預言之靈恩，感動時大喊"哈利路耶"、"阿們"。有些教會以猶太教的「安息日」（拜六）做禮拜。他們也有自己所屬的「聖禮觀」，"聖餐"說做"擘餅"，施行"洗禮"浸沒於水中，或在活水溪流中施行。僅"奉主耶穌的名"而非"奉父、子、聖靈的名"施洗。有的甚至主張「錫安山」在高雄的甲仙者。就是因爲有這些特徵，所以被規範於「急進基督教」（或「極端基督教」）教團之中。台灣社會屬於這種類型的代表性教團有：

1. 眞耶穌教會（Church of True Jesus）
2. 教會聚會所（召會，Christian Assembly Church），又衍生「靈糧堂」教團
3. 新約教會（New Covenant Church）
4. 基督復臨安息日會（Seventh Day Adventist Church）

上面四個教團，以方言運動積極的「眞耶穌教會」最早來台，於1926年就立足於台灣。因此本土色彩濃厚，戰後也贏得東部眾多的原住民信徒。「教會聚會所」於近年改稱「召會」，其"平信徒運動"積極又成功，因此衍生許多教派，其中以「靈糧堂」教團最爲成功。「新約教會」以台灣南部高雄甲仙的「錫安山」爲總部，受"東方先知"洪以利亞之領導，無懼於國民黨政權的壓制，因此經歷過許多政治迫害。「基督復臨安息日會」以猶太教的"安息日"聚會禮拜，相信末日已近、基督快再臨。其訓練中心位於日月潭附近的魚池鄉，也有一座頗具規模的「台安醫院」於台北市。

（四）類似基督教（Quasi Christianity）

「類似基督教」即正統基督教所排斥的所謂"異端教團"（heresy），也即「基督教旁門」（Christian Deviation）或「僞基督教」（Pseudo Christianity）類屬之教團。嚴格來說，這類教團有「基督教」之名，卻無「基督教」之實。因爲他

們除了接納「基督教」的經典：《新舊約聖經》以外，又有自己的"經典"（像「摩門教」有《摩門經》，「統一教」有《原理講論》，「家庭國際聯會」有《Mo Letters》等等）。又信仰耶穌基督以外，他們的創始人均自稱為"先知"、"救世主"（彌賽亞）。他們的教導完全遠離正統基督教教義，因而自成一個系統。宣教雖然熱情，卻以本位主義立場吸收其他宗派的基督徒為信徒（俗稱的"偷牽羊"行為）。也就是說，上列「急進基督教」的宣教作風，他們有過之無不及。台灣社會這類代表性教團有下列四個：

1. 耶穌基督後期聖徒教會（Jesus Christ Later-Day Saints，「摩門教」）。
2. 耶和華見證人（Jehovah's Witnesses，「守望台」）。
3. 世界基督教統一神靈協會（World Christian Spirit Unity Association，「統一教」）。
4. 家庭國際聯會（The Family International），性開放教團。

上列四個「急進基督教」之出處，其中三個出自美國（United States of America），他們的簡稱即：「摩門教」、「耶和華見證人」、「家庭聯會」。一個出自南韓（South Korea）者，即「統一教」。而且他們均具國際影響力。因此正統基督教宗派不能只以"異端"作評語去忽略他們，應該公正的態度認識他們，而後再做論斷。「基督教」經歷兩千年來的歷史演變，加上不同種族的基督教徒立足於自己文化及地域這些"人文要素"去接受基督教信仰，詮釋基督教神學，其分宗立派必然不可避免。何況對於主導基督教信仰的教職人員及一般基督徒，對於信仰對象"耶穌基督"之認識十分分歧。再者，對於《新舊約聖經》之解釋又不同，難免出現對於「教會體制」及「基督教教義」之反動，以至脫離原有教團而自立一個"宗派"。這些事實終於使「基督教」走向複雜又多元，其分宗立派因此也不意外（不僅「基督教」如此，「佛教」與「伊斯蘭教」這兩個國際性宗教也一樣）。所以說，基督教信仰不是："我敢說，你敢信"就能夠成立的，應當就所見所聞用"理性"去批判其「聖經觀」及「教會觀」。惟有如此，才能夠建立健全的基督教信仰。

　　「基督教」（Christianity）畢竟是一個宗派多元統合的名辭，其含義既複雜又籠統。為此需要加以分門別類，才能夠分辨其宗派多元之組織體制，以及認識其正統與非正統之教義。當然普世基督徒應該有個共識，那就是：呼籲人勿信仰制度化的"基督教宗派"，而是引導人去信仰"耶穌基督"。因為拯救人類者是"絕對的耶穌基督"，而不是相對多元的"基督教宗派"（制度化的「基督教」）。普世基督教會所宣揚者是"宇宙基督"（Cosmic Christ），並不是"基督教基督"（Chtistian Christ）。因為真正救拔人類靈魂者是"宇宙基督"這位天父上主「真道」（Logos）之化身（見：約翰三：1-18），不是被局限於宗派中的"基督教基督"。為此，「基督教」各宗派的至終目標，應該是"合一於基督"，這點正是基督徒推動「普世教會合一運動」（Ecumenical Movement）所努力的目標。

三、提防基督教旁門

　　時下「台灣基督長老教會」係斯土基督教眾多宗派中最大的教團，其強調宗派間之"合一"（union）及"合作"（cooperation），所以和上列之「教制基督教」、「教派基督教」及「急進基督教」等各個教團有所來往，也有合作關係。至於「類似基督教」係基督教旁門（Christian Deviation），即俗稱的"異端"（heresy）教門，他們喜愛"偷牽羊"（吸收其他宗派信徒）因而被排拒。目前台灣的基督教宗派已超過百個以上，筆者曾經做過統計，收錄於拙著：《台灣宗教大觀》（台北市前衛出版社，2008年），454-460頁之中，可做參考。問題是：在這麼多立足於台灣社會中的基督教團體，他們的宣教內容非常分歧，各傳各的所謂之「福音」，令教會外人士莫名其妙，想接近教會"聽道理、信耶穌"都怕怕。曾經有學界友人提出質問：為什麼你們「基督教」都在傳佈那些"大災難快臨到"及"末日近了"的「禍音」？原來他看到許多寫著一列紅字宣傳口號的乳白色箱型車，在全台各地趴趴走之故，使我必須費一番口舌來加以解釋。一次有位未信者被帶到「真耶穌教會」做禮拜，期待他也能夠接近福音信主。可惜該教會"說方言"之狂然氣氛使他嚇住。因為在他的印象中："基督徒都在說「童乩話」，實在聽不懂真正的道理。"時下許多長老教會的老信徒對於「敬拜讚美」的禮拜方式很是反感。因為他們覺得"老骨頭"實在跟不上

"做秀式"之音樂節奏，因其已經抹殺傳統禮拜經驗。難道耶穌也要跟著大家去跳舞及瘋狂嗎？這是他們的質疑。這樣看來，長老教會南、北兩神學院的「禮拜學」，實在需要回歸到「加爾文主義」（Calvinism）的傳統精神了！

的確，耶穌基督救世福音絕對不可受"假先知"去操弄及扭曲，可是偏偏就於近世出現了許多旁門左道。妖言惑眾者有之，其製造人間之恐怖悲劇更令世人震驚。下面就提出幾個實例，以做吾輩基督信徒之警惕，並提防"假先知"以及基督教旁門之誘惑。

（一）一九九五年之末日騙局

1993年有一位僑居美國的中國人余奕榮來到台灣。他自稱曾經受神擊殺，死了六小時之後復活，並且得到「中共」（中華人民共和國）將於1995年中攻台滅台之重要啟示。余奕榮來台之後，就有楊秦郁、葉榮照、田承基等人跟隨，稍後也有孫大程之響應。進而成立一所宣揚："神將審判台灣，台灣末日到了"的野雞神學學店：「哈利路亞神學院」。從楊秦郁所作的：《1995年上帝要刑罰台灣？》（1994年）小冊子見之，指出台灣教會犯下七條罪狀，所以必受滅亡之審判及刑罰：

1. 指斥台灣教會反對神論1995年滅亡台灣之預言。
2. 來自台灣的紀福讚牧師於美國加州用斧頭砍殺余信德醫師之重罪（懷疑其妻與死者有染）。

3. 淡水馬偕醫院院牧部阻擋一位姊妹傳揚末日「中共」滅台之道理。

4. 台北縣長尤清逢廟必拜，屏東縣長候選人蘇貞昌要求另一候選人伍澤元前往廟裡發誓之罪。

5. 台北市長黃大洲允許在市內公園立觀音像之罪。

6. 台灣省主席宋楚瑜說：台灣四十年的繁榮是媽祖庇佑（見：1994年6月28日「台視新聞」）之罪。

7. 基督徒總統李登輝也逢廟必拜之罪。

既然上列罪狀使上帝審判台灣，藉「中共」滅亡台灣，那麼有沒有逃難的路呢？又要逃到那裡？想不到他們竟然教人移民去中南美洲的貝里斯（Belize），說那裡是一處"流奶與蜜之地"的世外桃源。楊秦郁並且作有：《大終結：預知公元二千年世界末日大事》乙書去恐嚇人。令人不解的是：如此這般之"末日騙局"，竟然也取信於「耕耘會」的保力達財團老板陳傳黃，使他甘心樂意捐出大批金錢購買一批乳白色箱型車，免費贈送給那些願意宣傳"末日災難論"的教會及傳教者。想不到當時的「台灣神學院」也被贈送一輛（已故前董事長周英一牧師爭取的）。因為這輛車的兩邊車門噴有"台灣神學院"一列小紅字，另外兩邊噴有"末日近了"、及"大災難快臨到"的大紅字，車頭前也有"信耶穌得永生"之紅色字樣。此車一到神學院，即時引起全體師生不安。理由無他，為的是從車門及兩邊左右讀起來就是：

"台灣神學院，末日近了！

　大災難快臨到，台灣神學院！"

　　更有進者，「哈利路亞神學院」公然派人到神學院宣傳"末日騙局"，實在十分諷刺。如此"阿斗教導秀才"之作為，等於是對長老教會神學教育機構之公然侮辱。於是筆者挺身而出公開反對，寫了一篇：〈「福音」或「禍音」？正視基督教末世論教團引發的社會不安〉之文章加以駁斥。對方隨即在他們的刊物做了一段回應：

　　"台灣神學院的教務主任董芳苑，曾在某大報紙 (指「基督教論壇報」) 批評有些基督徒不傳「福音」，只傳「禍音」。"

　　反觀當時此一假先知之"末日騙局"實在害人不淺，許多偷生怕死又自私的基督徒，因此也傾家蕩產籌備資金，真的移民到中南美洲的「貝里斯」。結果不但「中共」於1995年沒有滅台，末日也沒有降臨。許多移民也因此敗興而空手返回台灣故鄉，畢竟「貝里斯」此一黑人國家不是真正的"流奶及蜜之地"。這一事件難免教筆者懷疑那是對岸「中共」之"宗教統戰"所引發。因為楊秦郁是極端統派之「新黨」黨員，主事者均在吹捧「中共」的武力強大。又指責台灣人的「民進黨」是"魔鬼政黨"，妨礙中共統一台灣。歷史證明，一九九五年上帝必審判台灣以及「中共」必亡台之預言，是那些"假先知"之大騙局。如此歷史教訓，台灣基督徒務必時時警醒！

（二）記取歷史教訓

　　對「基督教」的"末日信仰"而言，《新舊約聖經》均有記載。只是「舊約」強調"耶和華的日子"（見：以賽亞書二：2，阿摩司書九：11，撒迦利亞書十四：1以下）。「新約」則指"基督復臨"（見：帖撒羅尼迦後書二：1-2，提摩太前書六：14，提多二：13）之兆頭及審判（見：馬太二十四：3-37，啟示錄全書）。問題是："主的時間"不是一年"365又4分之1日"的「太陽曆時間」。何況主看"一日如千年，千年如一日"（見：彼得後書三：8），凡人根本無法預測（見：馬太二十五：1-13）。據此而論，那些自稱可以"看異像，預言世界末日"的假先知，相等於"神棍"與"教棍"之輩了。下面三個近代歷史事件及其引發之悲劇，可引以為鑑。

1. 1978年的蓋亞那悲劇

　　話說1977年美國有一位強調基督教末世論的教棍：鍾士（Jimmy Jones），他自稱是「人民廟堂」（Peoples Temple）教團的牧師。此人因為口才好，因而成功吸引上千信徒集體移民於南美洲的蓋亞那（Guyana）。又在該地建立「鍾士鎮」（Jones Town），全體信徒在那裡等待世界末日之到來。這個教主鍾士行為怪異，不但有武裝衛士保護他，又以武力防備的信徒逃跑。並且強姦婦女及吸毒，可謂無惡不作。結果有逃跑信徒返回美國向政府當局舉發，要求派人救援。於是參議員雷安（Ryan）和多位政府官員，在1978年11月14日乘坐小型飛機抵達該地展開調查。11月17日一行人於「鍾士鎮」調查後，發現事態嚴重。其時這位狂人鍾士發覺事機敗露，就下令殺手於雷安議員及其隨員將要飛離「鍾士鎮」時將他們悉數槍殺，當場格斃十四人。隔日（18日）狂人鍾士向信徒宣佈"末日已到"，下令他們飲毒藥集體自殺。結果毒死信徒及自己計909人，其中三分之一是無辜的兒童。這就是史上所稱的蓋亞那之歷史悲劇。邪教殺人莫甚於此！

2. 1992年之韓國首都鬧劇

韓國首都漢城（首爾）有一位相信"末世論"的極端教派牧師，向信徒大膽預言1992年10月28日將是"世界末日"。耶穌基督會將於這一天，再臨漢城（首爾）。熱心和怕死的信徒因信以為眞，紛紛變賣產業捐獻教會，從而肥了這位教棍。該會全體信徒也於一個月中聚集於教會，舉行"敬拜讚美，禁食禱告"，預備迎接基督再臨。不久，1992年10月28日終於到來，全體信徒聚集於教會癡癡的一直等到29日的零時，都不見耶穌基督再臨。其時全體信徒才恍然大悟，知道受騙。即由失望轉爲憤怒，出手毆打這個"假先知"教棍。結果政府當局也以妖言惑眾罪名加以拘捕，將他繩之以法而結束此一鬧劇。

3. 美國「大衛教團」之下場

1993年4月美國德州（Texas）的「瓦可鎮」（Vaco），一個從「基督復臨安息日會」（Seventh-Day Adventism）衍生出來的極端末世論組織：「大衛教團」（Branch Davidian），因以武力抗拒政府當局受到調查。其總部累次抵抗美國聯邦調查局（FBI）之搜查，當局只好以民兵裝甲車加以攻堅。1993年4月10日政府民團以武力強行進攻其總部，領導者及信徒始終堅持不投降。繼而引發大火，信徒集體自焚，包括主事者在內計燒死87人，因而震驚國內。此一基督教旁門教團所引發之悲劇，如同在南美洲發生的蓋亞那慘事一樣均轟動國際社會，使一向宣揚博愛與公義的基督教精神受到外人誤解。這點不得不令普世基督徒去深深省思！

話說回來，"世界末日"與"基督再臨"的教導，絕對不是一種"人類歷史絕望論"。這類「信仰語言」（languages of faith）不外是象徵性警語，目的在於教導基督徒勇敢面對歷史上之種種苦難。政治性宗教迫害、人類邪惡之戰爭、及大自然之災害，都能導致人類生命及國家之毀滅，這正好象徵上主的審判及世界末日。只是災難結束之背後，"新天新地"（新秩序）將會出現，此即基督福音之真義（見：啟示錄二十一：1-5）。所以現代基督徒必須提防"假先知"之騙局及邪教之誘惑，認清"上帝的時間"不同於人間的"歷史時間"，將信仰建立於穩固根基之上，才經得起各種內外在危機之考驗。如前所提者，基督徒理當引導人信仰

「耶穌基督」，不是教人去相信多元宗派的「基督教」。畢竟"耶穌是主"，是絕對之信仰對象。「基督教」是個攏統名稱，其宗派多元，組織也複雜，所以無法拯救人類及改造人性。「福音」源頭是「耶穌基督」，不是制度化的「基督教」，此一認知十分重要。

2019年5月1日

Ch.18 「天使」的認識

　　"到了第六個月，天使加百列奉　上主的差遣，往加利利的一座城去。這城名叫拿撒勒，到一個童女那裏，是已經許配大衛家的一個人，名叫約瑟，童女的名字叫馬利亞。天使進去，對他說，蒙大恩的女子，我問你安，主和你同在了。馬利亞因這話就很驚慌，又反復思想這樣問安是甚麼意思。天使對他說，馬利亞，不要怕，你在　上主面前已經蒙恩了。你要懷孕生子，可以給他起名叫耶穌。他要為大，稱為至高者的兒子，天父上主要把他祖大衛的位給他，他要作雅各家的王，直到永遠，他的國也沒有窮盡。馬利亞對天使說，我沒有出嫁，怎麼有這事呢。天使回答說，聖神要臨到你身上，至高者的能力要蔭庇你，因此所要生的聖者，必稱為上主的兒子（或作所要生的必稱為聖神的兒子）。況且你的親戚以利沙伯，在年老的時候，也懷了男胎，就是那素來稱為不生育的，現在有孕六個月了。因為出於上主的話，沒有一句不帶能力的。馬利亞說，我是主的使女，情願照你的話成就在我身上。天使就離開他去了。"

（路加一：26～38）

「天使」（Angels）這種想像中長著翅膀的人形使者，在天上人間自由翱翔的超自然大小角色，不但於《新舊約聖經》的許多地方提及，也時常在西洋聖畫中看到他們。這種"靈界的使者"的造型是：西方人的體材，背上長了翅膀，有大人與小孩。但男女不分，沒有性別。他們的主要任務是傳達上主的啟示給人類，傳達的方式是「托夢」與「異象」。另外的工作就是：「守護」上主的子民，以及在天上侍候上主，故有「天使」之美名。

世界各個宗教都有「天使」的信仰，只是名稱不同而已。就像「波斯教」（Zoreastrianism）的「天使」有階級之分別，有完美的組織，著名的天使長有米加勒（Michael）、加百列（Gabriel）等。在《舊約聖經》中，後期的「猶太教」（Judaism）頗受其影響。這兩個天使長的名字，「基督教」（Chrstianity）也接納過來，因此出現於《新約聖經》中。伊斯蘭教（Islam）稱「天使」叫「天仙」，這一信仰也源自「猶太教」與「基督教」。印度教（Hinduism）的天使叫「阿修羅」（Asura），是六道（天道、人道、阿修羅道、畜生道、餓息道、地獄道）之中輪迴出來的。「佛教」（Buddhism）根據阿修羅道的信仰，也有它的天使叫做「飛仙」。中國「道教」的天使稱做「仙」或「眞人」，他們都是由人類修道而成的。因爲"道行"深，既不會死亡，又能騰雲駕霧，呼風喚雨。也許「道教」所謂「三十六天罡、七十二地煞」的天兵神將觀念，更接近《舊約聖經》所說的「天軍」、「聖使」，他們是天神的兵馬，能守護地方與人類。中國古典小說《水滸傳》中「梁山泊」一○八條好漢，據傳就是「三十六天罡星」與「七十二地煞星」的投胎轉世，他們即"中國天使"的後裔。由此可見，「天使」的信仰是十分普遍的，因為世上各個宗教均有類似的說法。

《路加福音》（一：26～38）記載：耶穌（Jesus）出生的前奏，就有天使長加百列（Gabriel）到加利利（Galilee）的拿撒勒（Nazareth）小城向童女馬利亞（Mary）傳話的故事。加百列聲言，馬利亞即將懷孕。馬利亞（Mary）自己也感到不可思議，因她尚未出嫁。其中天使與人之間的對話十分生動：

> 天使：『願你平安！上主跟你同在，大大地降福給你。』
>
> 馬利亞：（十分驚惶不安，反覆思索這話的含意）。
>
> 天使：『馬利亞，不要害怕，因為上主施恩給你。你要懷孕生一個兒子，要給他取名耶穌（Jesus）。——』
>
> 馬利亞：『我是一個還沒有出嫁的閨女，這樣的事怎麼能發生呢？』
>
> 天使：『聖神要降臨到你身上，上主的權能要庇蔭你。因此那將誕生的聖嬰要被稱為上主的兒子。——因為沒有一件事是上主做不到的。』
>
> 馬利亞：『我是主的婢女，願你的話成就在我身上』。

這則經文代表著初代教會的「天使觀」，以及他們對「天使」的信仰。其他《新約聖經》經文也提到「天使」之事：耶穌受魔鬼試探之後，『「天使」就來伺候他』（馬太四：11，馬可一：13，路加四：10）。基督（Christ）從死裡復活的時候，「天使」出現向人傳話（太廿八：1～7，路廿四：1～7）。此外有關記述「天使」活動的經文，也散見於《新約聖經》各處。

問題是：現代人注重理智與事實之"合理主義"（rationalism），雖然《新舊約聖經》言及「天使」的存在，但人卻看不見他們。因此「天使」的觀念，不管是對基督徒以至現代人都是一種信仰上的挑戰。今日許多人對於「天使」的印象，只有從西洋畫家筆下所描述的形狀去揣摩，如同"長著翅膀的人形使者"。問題是「天使」真的存在嗎？基督徒如何去認識「天使」？這些都是大家所要處理的問題。

一、聖經的天使觀

「天使」這個名稱，《舊約聖經》希伯來文（Hebrew）是指「使者」的意思；《新約聖經》希臘文（Greek）做"αγγελοs"，也是指「上主的使者」而言。在古代近東世界的君王與主人所派遣的使者。也即「傳達消息的信使」。但在《新舊約聖經》中的用法，乃專指超自然的「天上使者」，是上主派遣向人間宣示聖旨的角色，因而叫做「天使」。這麼說，漢文的「天使」一詞實在不能夠完全表達他們的使命與功能，只能指出一種單純的意義：超然的「天上使者」而已。

（一）天使的來源

《新舊約聖經》雖然沒有明言「天使」來源的問題，但是從《詩篇》（148篇2節與5節）的話：『他的眾天使啊，你們要頌讚祂！他的眾天軍啊，你們要頌讚祂！』，以及『願萬象都頌讚上主的名，祂一命令，一切便被造成』的話所暗示，「天使」與「天軍」也是屬於上主的被造物之一類。

（二）天使的形狀

《新舊約聖經》所描述的「天使」，有「人形」的使者，有人類與禽獸綜合體的「基路伯」（Cherubim）、有人首蛇身及禽翅又有火炎綜合體之「撒拉弗」（Seraphim）、也有千千萬萬「天軍」（Angelic Army or the Host of Heaven）。

1. 「人形使者」——《創世記》（十八：26）言及：亞伯拉罕（Abraham）款待過「天使」與上主，他們都取人的形狀（擬人化描述）。這類"人形的天使"也曾經從天上喊叫亞伯拉罕不要下手傷害他的獨子以撒（創世紀廿二：11以下）。波斯（Persia）、希臘（Greece）、羅馬

（Rome），也都有人形天使。

2. 「基路伯」——《創世記》（三：24）言及這類守
   護者看守通往「伊甸園」（Eden）的路，那麼他的
   形狀如何？傳統的造型是：人首、鷹翅、右側獅
   身、左牛身之"成雙成對"守護使者。先知以西結
   （Ezekiel）描述的他們卻有四張臉（牛臉、人臉、獅臉、鷹
   臉）與四隻翅膀（以西結書十：14～22）。其主要職責是
   「守護」（以賽亞書卅七：16，出埃及記廿五：18～20）。關
   於「基路伯」（Cherubim）這一名詞為複數之原因，乃
   是這類守護物都是"成雙成對"的：立於右邊者的
   造型即"獅身、人首、也長一對大翅膀，立於左邊
   者，是牛身、人首、也長一對大翅膀。原因不外：
   能夠守護上主的天界（或樂園）使者，必須有強壯身
   體（以獅與牛為造型），有人類的智慧（用人首為造型），
   又能飛上天庭及降落地面（以鷹為造型）。為此將強壯
   的獅身及牛身做為基礎，裝上人首及一對老鷹的大
   翅膀，從而成為「基路伯」來侍候天神及守護地上
   樂園（伊甸園）。

3. 「撒拉弗」——《舊約聖經》中只有在《以賽亞
   書》（六：2～6），提及「撒拉弗」為上主的守護天
   使之一。論及他的形狀是：人首、蛇身，有六支翅
   膀（三對翼）在飛，全身有火焰包圍，因此是一種與
   《民數記》（廿一：6～8）記述的「銅蛇」平行的「火
   蛇」（fiery serpent）之形狀。根據《以賽亞書》（Isaiah）

的描述指出，「撒拉弗」即侍立在上主座位的天使，是聖潔上主寶座的守護者。

4. 「天軍」——上主左右有千千萬萬的「天軍」(武裝天使) 跟隨著 (見：申命記三十三：2，詩篇八十九：7～8)，上主本身也是千千萬萬「天軍」的統帥 (撒迦利亞書一：2，12)。他們是天庭的守護者，是能夠飛翔於天地之間的人形天兵天將。

(三) 天使的階級

《新舊約聖經》言及「天使」的社會是有階級性的，因此有人格化「天使長」的名字與職稱。其中《新舊約聖經》所提人形天使長的名字只有兩位，即「米加勒」(Michael，但以理書十：13,21：十二：1) 與「加百列」(Gabriel，但以理書八：16，九：21，路加一：26)。有些《新舊約聖經》的外典，更列出天使長「拉非利」(Raphael) 與「烏列」(Uriel) 的名字 (Tob.三：17，Enoch 九：1)，而這些天使長的名字均與「波斯教」有關。由此可見這一"天使階級"的觀念，係來自「波斯教」的影響。

(四) 天使的工作

由上述的討論顯示，「天使」的主要使命是伺候上主，守護上主「寶座」與「約櫃」，「伊甸園」與「天庭」。同時也受命「傳達上主命令」，諸如：夢中啓示雅各（創世紀廿八：12，卅一：11），向亞伯拉罕說明上主降災毀滅所多馬與俄摩拉（Sodom and Gormorrah）的理由（創世紀十八：16～33）。「天使」在傳達上主使命時，其交通工具就是「風」（但以理書九：21）與一對能飛的「翅膀」（以西結書十：15，以賽亞書六：2）。

（五）犯罪的天使

在《彼得後書》（二：4）言及：上主不寬容犯罪的「天使」，祂要把他們丟進地獄，囚禁在黑暗中等候審判。《猶大書》（6節）也同樣言及：那些不守本份擅離職守的天使們，將被永遠解不開的鎖鍊困在黑暗的深淵裡。上主把他們囚禁在那裡，等待審判的大日子來臨。這麼說，犯罪的「天使」與犯罪的人類一樣，均要受審判及刑罰。《啓示錄》（十二：7以下）提到："良善的天使"將由天使長米迦勒領導，對"邪惡的天使"「尾龍」（老蛇）作戰。結果邪惡的天使群不得住在天上，被摔下來成爲迷惑人的魔鬼「撒旦」（Satan），也就是保羅於《歌林多後書》（六：15）言及的"敵基督者"彼列（Belial）。這就是魔鬼被基督徒視爲「墮落的天使」的理由所在。值得留意的，這裡所指的「撒旦」不同於台灣人相信的「魔鬼」是由人類的"亡靈"變化而來的，而是犯罪"墮落的天使"之化身，是誘惑人作惡之邪靈。

二、天使在信仰上的理解

　　在此分爲《舊約聖經》的天使信仰，與《新約聖經》的天使信仰，來加以簡要分別討論。

（一）《舊約聖經》的天使信仰

1. 《舊約聖經》相信「天使」即「耶和華的使者」（Angel of Jehovah）或「主的使者」（Angel of the Lord），他們有時是指「上主本身」成爲「人類形狀」的一種具體顯現（創世紀十六：7～14，廿二：11～15，出埃及記三：2）。「天使」與上主是分不開的，爲要實現對亞伯拉罕的諾言而顯現（創世紀十八：16以下）。

2. 「天使」在上主的左右陪伴祂，但是他們與上主有別，僅能夠上下天梯傳達上主的啓示（創世紀廿八：12，卅二：1）。這種信仰旨在不將上主看做一個孤獨的個體，所以才有「天使」做祂的使者，並且與祂相伴。

3. 在上主寶座專司"守護的天使"即「基路伯」與「撒拉弗」，但守護天庭社會者，則是大群（千千萬萬）的「天軍」，上主本身就是他們的統帥（創世記三：24，十：14以下，以賽亞書六：2以下，撒迦利亞書一：2）。這樣的信仰乃是假定：上主也有「撒旦」（魔

鬼）做為對抗者，所以天界也需要有武裝天使之守
護。

4. 「天使」是人與上主之間的中保（以西結書四〇：3），
他們為人人向上主代求（約伯記五：1）。他們也是
"安慰者"與"幫助者"（創世紀十六：7～15），更是
"上主命令的傳達者"（創世紀廿八：12）。有時候，
「天使」也能夠祝福人（何西阿書十二：4）。這類信
仰，使人放膽去接近「天使」，渴望「天使」的協
助。並且期待他們向上主代求，來解救信靠祂的僕
人（但以理書三：28，撒迦利亞書一：12，詩篇九十一：11）。

無論如何，《舊約聖經》相信「天使」的出現相等於
上主的顯現，又相信"神"（上主）可以成為"人的樣式"
顯現。為什麼呢？因為「人」是上主的「形像」（創世紀一：
27）、上主的「氣息」（創世記二：7）、與「神靈」（傳道書
十二：7）的組合。為此「人類」可以被上主的神靈侵入，因
而成為「天使」的樣式出現去傳達上主旨意。

(二)《新約聖經》的天使信仰

《新約聖經》時代的基督徒也普遍相信「天使」，其
實他們的「天使觀」與《舊約聖經》者類同。但是頗受希臘
與羅馬的"人形天使"信仰所影響。

1. 「天使」的數目相當多，而且不可計數（馬太廿六：
53）。

2.「天使」加百列曾經向施洗約翰（John the Baptist）與耶穌的父母啟示上主聖旨（路加一：19, 26～38）。「天使」也將"大喜的訊息"傳達給野地牧人知道（路加二：8以下）。「天使」更是"正義之使者"，其指示約瑟（Joseph）與馬利亞（Mary）帶著嬰兒耶穌逃避暴君希律王（Herod）之追殺（馬太二：13-15）。

3.「天使」也伺候耶穌（馬太四：11，馬可一：13），並且是耶穌基督的侍從（馬太一六：27）。「天使」也侍立在天父上主面前（馬太一八：10）。

4.「天使」是守護者，陪伴者，是鼓勵者與安慰者（路加廿二：43，使徒行傳十二：7～10，希伯來書一：14）。

5.「天使」移開基督的墓門（馬太廿八：2），向婦女們宣告基督復活的訊息（馬太廿八：5，路加廿四：4～7）。

6. 然而在新約時代有個不相信「天使」存在的集團，他們就是撒都該人（Sadducees）。他們係貴族與祭司階級，與法利賽人（Pharisses）的信仰唱反調（參照：馬太廿二：23～33，使徒行傳廿三：8）。

三、天使信仰之批判

嚴格來說，舊約時代的"天使觀念"受「波斯教」（Zoroastrianism）的影響甚大，就如《舊約聖經》的《但以理書》（Daniel）所言有關「天使」的階級觀念，可在「波斯教」經典《阿維斯塔》（Avesta）的〈加塔斯讚歌〉（Gathas）中發現。其他如《以西結書》（Ezekiel）與《撒迦利亞書》（Zechariah）所描述的天使，也與「波斯教」的天使觀有平行的地方。然而猶太人使用「波斯教」的天使觀自有他們的另一套神學，因為他們相信「天使」乃是上主（耶和華）的使者，而非其崇拜對象「馬自拉神」（Ahura Mazda）的使者。

（一）「天使」信仰來自靈界力量的擬人化

「天使」雖然不同於上主，但卻是 "上主力量" 被擬人化之象徵。上主自我分化為人形的顯現，旨在表現上主的威嚴及無所不在。如果地上的君王有侍衛長，那麼「天上君王」之上主也有更偉大的「基路伯」與「撒拉弗」為侍衛。地上的君王有欽差大臣，那麼 "萬王之王、萬主之主" 耶和華一定也有「天使」來傳達祂的命令。倘若地上君王是大軍之統帥，則天上的至高統帥上主也統領著千千萬萬的「天軍」與靈界惡勢力對抗。古代宗教人就是使用「天使」、「天軍」、「基路伯」、與「撒拉弗」這些信仰語言（languages of faith）之具體化角色來經驗他們的信仰生活，描述上主的威嚴、偉大、榮耀、與權柄，以及祂無比的大能與慈愛。當然，全能上主實在不需要像地上君王一樣，需要「天使」與「天軍」的侍候與守護，他們不過是上主威嚴及無所不在之象徵而已。為此，保羅（Paul）與約翰（John）文學的作者便少言「天使」，而多言天使中的 "真正天使"：耶穌基督。

(二)「天使」的信仰與現代世界

　　「天使」的信仰之於現代世界而言，已經需要重新加以詮釋。因爲現代人將他們當做藝術題材或神話對象來處理，不相信他們的存在。一來是沒有人看見過「天使」，二來是宇宙觀已經改變：「天上」、「地上」、「地底下」的"三層式宇宙觀"已經不爲現代人所接納。地球上面的「天」是物質世界的「太空」，不是「上主的居所」（天庭）或「天使」的活動空間。這麼說，「天使」有沒有存在呢？他們住在那裡？基督徒勿將「天使的信仰」複雜化，如果我們將「天使」定義爲「上主的使者」或「基督的欽差」而言，「天使」不是別人，正是所有的普世基督徒。因爲「基督徒」正是上主的使者，耶穌基督的欽差大臣。如果「天使」是"啓示的人格化"之角色，那麼基督徒更具有十足"天使資格"的象徵了。因爲每一位基督徒，都是"傳達上主眞理（福音）"給世人的重要角色。

結語：

　　這樣看來，基督徒對於「天使」是否存在的問題，倒無關緊要。最重要的，就是今日的「基督徒」在人格上能不能代表「基督」，做「基督的天使」（耶穌基督的欽差大臣）這點。現代的「基督聖使」已經不住在遙遠的太空中活動，而是住在這個地球上的基督徒，他們的一舉一動都是耶穌基督的代表。爲了傳揚基督拯救的福音，要做「世上的光」與「地上的鹽」（見：馬太五：13-14，馬可九：50，路加十四：34-35。）基督徒在人間的守護工作是「社會正義」，「人性尊嚴」與「上主的博愛」。所以現代基督徒應該以代表上主「天使」的職責爲榮，來貢獻他們的恩賜給現代的教會與社會。使徒保羅（Paul）也教導腓立比教會的信徒兄姊說："你們要在世人當中發光，像星星照耀大地一樣"（見：腓立比書二：15）。也就是說，使保羅強調的「天使精神」，也即耶穌所教導人的生活本份是"只有榮光上主"（Soli Deo gloria）。這點正是「長老教會」強調的"生活信條"（參照：馬太五：16）。

2008年2月初稿
2022年6月22日重修

Ch.19 認識「馬利亞崇拜」

"馬利亞說,我心尊主為大,我靈以 神我的救主為樂。因為他顧念他使女的卑微,從今以後,萬代要稱我有福。那有權能的為我成就了大事,他的名為聖。他憐憫敬畏他的人,直到世世代代。他用膀臂施展大能,那狂傲的人,正心裏想,就被他趕散了。他叫有權柄的失位,叫卑賤的升高,叫飢餓的得飽美食,叫富足的空手回去。他扶助了他的僕人以色列,為要記念亞伯拉罕和他的後裔,施憐憫,直到永遠,正如從前對我們列祖所說的話。"

(路加一:46~55)

「羅馬大公教會」(Roman Catholic Church,俗稱「天主教」)有一種特殊的信仰,就是崇拜「聖母馬利亞」。也許基督徒會提出這樣的質問:「天主教」崇拜聖母馬利亞,為什麼咱「改革教會」(新教)基督徒沒有呢?的確,在這個普世基督教會強調「合一運動」(Ecumenical Movement)的時代,這是一個需要認真去認識與思考的問題,藉以排除天主教徒與改革教會信徒之間的彼此誤解。

《路加福音》（一：39～45）係馬利亞（Mary）受聖神感孕之後，前往猶太省份一個城鎮探訪表姊夫撒迦利亞（Zacharias，耶路撒冷聖殿祭司）與表姊以利沙伯（Elisabeth）的故事。《新約聖經》言及：兩位婦人一見面，子宮裡的胎兒即時「胎動」表示興奮，似乎一見如故的樣子。以利沙伯因受聖神感動，便稱頌馬利亞為眾婦人之中最有福份的人。並且口裡稱頌道："我主的母親到我這裡來"（路加一：43）。這句話表明：以利沙伯洞察馬利亞這個表妹已經懷有上主之聖子，是「聖子的母親」。怪不得以利沙伯所懷的胎〔胎兒是早耶穌（Jesus）半年誕生的施洗約翰（John the Baptist）〕，會那樣在母親胎內歡喜跳動（路加一：44）。

　　至於本段經文（路加一：46～55）係著名的『馬利亞頌』，是馬利亞稱頌上主偉大作為的感恩之歌。這首『馬利亞頌』係模倣『哈拿的歌』（撒母耳上二：1～10）而作成的，內容取材於《詩篇》與《先知書》。而其內容即稱頌上主奇妙的作為，如何成就於一位婦女身上。上主使謙卑的人高昇，並因上主記念以色列（Israel），施恩於亞伯拉罕（Abraham）的後裔，這就是『馬利亞頌』的主要內容。

　　現在咱就根據這一段經文來討論「天主教」的「馬利亞崇拜」，使基督徒能夠明白其來龍去脈（原因）。

一、做為「約瑟未婚妻」的馬利亞

根據《馬太福音》（一：8以下）記載：馬利亞（Mary）和義人約瑟（Joseph）訂婚不久，便從「聖神」懷了孕，肚子一天天大了起來。約瑟這位忠厚的義人擬暗中毀掉這門親事，但上主的使者在異像中出現指示這事的緣由。於是約瑟勇敢地娶了馬利亞為妻，就是不與他的新婚夫人同房（履行夫妻義務）。如果約瑟不娶馬利亞過門，馬利亞的麻煩可就大了。因為按照猶太律法，未婚女子因淫亂私通懷孕，是要用石頭打死的。馬利亞未婚而懷有身孕，約瑟娶了她，等於是救了她一命。

（一）馬利亞未婚懷孕

馬利亞與約瑟訂婚時大約十七、八歲，她與一般猶太人一樣，也欣慕一位救世主彌賽亞（Messiah）的降臨。然而她怎樣也想不到，自己竟然成為這位彌賽亞（真命天子）之母。又這位彌賽亞的誕生方式又是如此超然，教這位未婚有孕的年青婦女又苦悶、又羞慚！如非未婚夫約瑟與表姊以利沙伯瞭解她，真要在當代的猶太社會無法容身呢！

（二）馬利亞以信心接受

　　對於發生在自己身上的「神跡」——未婚而感孕，只有用對上主之「信心」來接受。她說："我是主的使女，願照著你的話成就在我身上"（路加一：38）。又告白說："我的心尊主爲大"（路一：46）。這顯示出馬利亞是一位謙卑、誠懇，而有堅忍之心的年輕婦人，眞命天子彌賽亞堪得由這樣有才德的女子而出。總之，馬利亞"未婚感孕"的神跡，在於強調耶穌基督（Jesus Christ）非由肉慾而出的純潔性，這是宗教學上所謂：「感生神話」的基本意義。因爲宗教學上所稱的「感生神話」是一種「信仰語言」（Languages of faith），深具重要之象徵與意義。

二、做爲「基督之母」的馬利亞

　　因《四福音書》（馬太、馬可、路加、約翰）記載耶穌和他的母親馬利亞的關係時，往往在言談中異於常人，似乎有很不禮貌的口吻。這是因爲作者心目中的耶穌已經是"信仰的基督"，而非歷史的耶穌基督，是"救世主的角色"，而非凡人。因此耶穌對其母親的言談就帶有權威性——近乎長輩口吻的權威。然而馬利亞尚能有知子之心，這點十分可貴。

　1. 《路加福音》（二：50）記載：耶穌十二歲時隨著父母上耶路撒冷（Jerusalem）聖殿赴節期。節期過後耶穌留在殿裡與文士學者談道因而脫隊，以致父母又回去找他。當馬利亞找到他質問爲何脫隊時，耶穌回答：他以「天父之事」重於「親子之情」。

2. 《約翰福音》（二：4）提及：耶穌偕母親赴迦拿（Cana）參加婚筵，親戚家的喜酒已經用完，其母求助於耶穌。耶穌的回答是："母親，我與你有什麼相干？我的時候還沒有到"。最後耶穌還是顧全了母親的面子，用水變成"XO美酒"招待親友。

3. 《路加福音》（八：20～21）言及：耶穌在加利利省（Galilee）傳道時，馬利亞帶著他的弟妹們訪問他。其時，耶穌竟然無視親情的做出回答："聽了上主的道而遵行的人，就是我的母親及我的弟兄了"。

4. 馬利亞是一位關懷耶穌的偉大母親，《約翰福音》（十九：26～27）言及耶穌被釘十字架時，其時在刑場的馬利亞心碎了。因爲她親自看到其子的痛苦，又撇下她而死去。但耶穌在斷氣前一刻也關心其母親，吩咐門人約翰（John）要關照其母馬利亞以後的生活。

無論如何，馬利亞懷孕耶穌時便"尊主爲大"，因爲她知道自己所懷的是「聖胎」，是救世主耶穌。正因如此，所以馬利亞十分瞭解耶穌的言談與口氣。儘管這般，馬利亞在當代的社會是受尊敬的。記得一次有個婦人就在人群中大聲叫著："懷你胎的和乳養你的人（母親）有福了！"（路加十一：27）。正因爲這樣，馬利亞在歷史上始終都受尊敬，因爲相信救世主耶穌基督由她而出。

三、被「神化」了的馬利亞

　　雖然咱在《新約聖經》中找不到馬利亞爲「神」的證據（無疑的她是一位聖徒），可是在教會歷史上，馬利亞確實被尊爲「聖母」而被崇拜著。西方「羅馬大公教會」（天主教）就有崇拜馬利亞的傳統，並且是一種牢不可破的教義及信仰。

　　主後第四世紀以前，馬利亞只是被奉爲"聖徒中的聖徒"，或是用「聖像」來紀念她而已，沒有被膜拜的跡象。然而當「基督教」（Christianity）被奉爲羅馬帝國的國家宗教（主後313年）以後，因受西方女神崇拜異教影響，馬利亞的地位日漸被提升，甚至被視同"女神"一樣的偉大，而且超過了耶穌的地位。其實有關「聖母馬利亞」的地位，在教會史上也有論爭與不同之見解。

（一）馬利亞角色之論爭

　　歷史上第一次關於"馬利亞角色"的論爭，係發生於主後431年。當時東羅馬帝國屬下教會，即「東方正統教會」（Eastern Orthodox Church）的教長：涅斯多留斯（Nestorius）就認爲馬利亞只是「基督之母」（Christo-Tokos）。然而西方的「羅馬大公教會」（天主教）卻主張，馬利亞是「上主之母」（Theo-Tokos）。而對於涅斯多留斯之說法提出激烈反對者，爲亞力山大主教：區利羅（Cyril）。最後區利羅的主張勝利，涅斯多留斯的主張被判爲異端。馬利亞因此被西方的「羅馬大公教會」（天主教）視爲「上主之母」，而被崇拜起來。按：涅斯多留斯派下的宣教師曾將基督福音傳到中國，中國人稱它做「大秦景教」，並且留下一面：大秦景教流行中國碑。因其碑文的十字架由一朵象徵「佛教」的蓮花襯托著，就被日本學者收錄於《大正新修大藏經》之中。

（二）馬利亞受西方教會崇拜

從此以後，西方「羅馬大公教會」（天主教）不但崇拜馬利亞爲「上主之母」（Theo·Tokos），也視她爲基督與世人之間可爲人代禱的中保。原來中世紀基督徒視"榮耀的基督"罪人難以接近，慈悲的「聖母馬利亞」則愛護世人。因此罪人求得基督的恩典，就需要馬利亞做中保。

（三）馬利亞無原罪懷胎

由於西方的「羅馬大公教會」（天主教）長久以來有禮拜馬利亞的傳統，因此於1854年教宗庇護九世（Pius，IX）終於發表『馬利亞無原罪懷胎』的教義。其目的在於強調：原無罪的耶穌基督，一定是由"無原罪的馬利亞"生下才算合理，因為有罪的婦人那能生下一位「上主」呢？顯然的，這樣的教義，乃是一種神學邏輯推演而來的結論，毫無任何有力之經典做依據。

（四）馬利亞肉體昇天

到了1950年，教宗庇護十二世（Pius，XII）再次根據前者所發佈的教義，又頒佈了荒誕的『馬利亞肉體昇天教諭』，將它制訂爲教義。此一奇特的教義及信仰，同樣是來自神學邏輯的推理結果。因爲「聖母馬利亞」既然沒有原罪，又是「上主之母」，就不可能與凡人一樣有死亡，唯一的可能性就是「昇天」。這樣的教義當然沒有聖經的根據。賴因天主教有「教宗無謬說」的傳統信仰，終使教宗所宣佈的教諭成爲一種教義，這是改革教會所沒有的。

歸根究底，「羅馬大公教會」（天主教）崇拜「聖母馬利亞」的神學根據是：「教會傳統」與「教宗無謬說」的認定，而非以《新舊約聖經》爲依據。因此「馬利亞崇拜」的根據就有下列內容：

1. 耶穌由"童貞女馬利亞"所生。馬利亞名義上是約瑟的妻子，但生下耶穌之後，並沒有嫁給他，以持守永遠童貞。「天主教」的神父與修女，便是據此一理由而主張"守貞"與"獨身"（福音書則說，耶穌也有弟妹）。

2. 馬利亞因爲"沒有原罪"，才可能會有「童女感孕」。因此才有可能生下耶穌而成爲「上主之母」。

3. 馬利亞因無「原罪」而死後復活，又肉身昇天。因此與"榮耀的基督"一樣同受敬拜。

4. 馬利亞爲信徒祈禱的對象，與基督同爲罪人的「中保者」與「救贖者」，因爲信徒容易親近。

「天主教」的這類"馬利亞信仰"，可以說是「新教」（改革教會）所沒有而被拒絕的。因爲這一信仰不爲「聖經」的教訓所支持，僅是「羅馬大公教會」（天主教）的牢不可破之信仰傳統而已。

結語：

一個事實是：凡是基督徒均尊敬耶穌的母親馬利亞的人格及她的偉大，但總不會神化她爲祈禱的對象，或相信她無罪懷胎，肉體昇天等等事跡。因爲馬利亞僅是一位"歷史中的完人"，是「基督之母」而非「上主之母」。因此咱不能認同她爲"神格"來崇拜她。質言之，馬利亞之於基督徒真實的意義是：

1. 她是「聖經」中偉大的模範婦女，是普世母性之式範，值得世人的敬愛。「基督教」始終尊敬她，但非以神格化地位去崇拜她。

2. 她是"第二夏娃"的預表：第一個夏娃採摘禁果令

世人墮落，第二個夏娃生了聖子耶穌基督，叫世人
因她而得福。

　　以上所列述者，爲「改革教會」（新教）基督徒的正統
信仰，也是咱對「羅馬大公教會」（天主教）有關「馬利亞崇
拜」的正確態度與批判。對「改革教會」而言，「馬利亞崇
拜」也是"宗教改革"的內容之一。如此認知十分重要。

　　　　　　　　　　　　　　　　　1999年完稿
　　　　　　　　　　　　　　　　　2022年修改

Ch.20 人為財死

"有一個人，名叫亞拿尼亞，同他的妻子撒非喇賣了田產，把價銀私自留下幾分，他的妻子也知道，其餘的幾分拿來放在使徒腳前。彼得說：「亞拿尼亞！為甚麼撒旦充滿了你的心，叫你欺哄聖靈，把田地的價銀私自留下幾分呢？田地還沒有賣，不是你自己的嗎？既賣了，價銀不是你作主嗎？你怎麼心裏起這意念呢？你不是欺哄人，是欺哄上主了。」亞拿尼亞聽見這話，就仆倒，斷了氣；聽見的人都甚懼怕。有些少年人起來，把他包裹，抬出去埋葬了。約過了三小時，他的妻子進來，還不知道這事。彼得對她說：「你告訴我，你們賣田地的價銀就是這些嗎？」她說：「就是這些。」彼得說：「你們為甚麼同心試探主的靈呢？埋葬你丈夫之人的腳已到門口，他們也要把你抬出去。」婦人立刻仆倒在彼得腳前，斷了氣。那些少年人進來，見她已經死了，就抬出去，埋在她丈夫旁邊。全教會和聽見這事的人都甚懼怕。"

(使徒行傳五：1-11)

2018年11月「中國國民黨」派韓國瑜競選高雄市長成功，他所喊出的競選口號就是："高雄發大財！"（全句："貨出去、人進來，高雄發大財"）。用"發財"為政治口號，居然使阿斗草包可以當選台灣院轄市市長，這不僅是二十一世紀的"台灣奇蹟"，也足以看出"台灣人是如此貪財！"不過高雄人的"貪財夢"一旦破滅，阿斗草包就必須付出自欺欺人的代價。2020年6月6日自覺被騙的憤怒高雄人，以近94萬的選票將韓國瑜罷免。從而成為史無前例之首位被罷免解職的台灣院轄市市長，這就是："政治是高明騙術"之結局。台灣民間有一句時常掛在長輩口中的俗語："人為財死，鳥為食亡"，竟然成為當今台灣社會之真言。「自由時報」（2020年7月24日）頭版報導：台北市建築工程處助理工務員曾華崇浮屍於「南湖大橋」下，他於7月15日剛因電梯檢查收賄弊案交保（交保費60萬）而輕生。另有一句遠自滿清時代（1683-1895）留下來的台灣俗語："三年官，兩年滿"。即指出：清代派駐台灣的官員一任三年。只因為"台灣錢淹腳目"，官員來台撈兩年（接受賄賂）的錢也差不多了，就會用金錢想盡辦法調回中土。何況台灣多瘟疫，有錢多駐在台灣一年，生病沒命就倒大霉。自古以來，中國官員貪污可說是一種"中國功夫"。「自由時報」（2020年8月2）頭版新聞，報導國會立法院有前立委陳唐山，現任立委蘇震清、廖國棟、陳超明、徐永明、趙正宇等六人涉賄，為李恆隆的「SOGO條款案」關說貪污。難怪已故「台南神學院」教授鄭兒玉牧師時常提醒神學生，勿因"女色、權力、金錢〞這三項誘惑而身敗名裂，其中以「金錢」的誘惑最為常見。下面就以「人為財死」為題，來提醒基督徒務必克服金錢之誘惑。

一、亞拿尼亞夫妻貪財

新約聖經中的《使徒行傳》是一本珍貴的初代教會歷史，其中言及「基督教會」如何於使徒彼得（Peter the Apostle）之領導下，從「猶太教」（Judaism）重鎮耶路撒冷（Jerusalem）開始建立。最初的「教會」都以家庭為中心，又實行〝消費共享〞的生活（見：使徒行傳四：32-35）：

> 〝這群信徒同心合意，沒有人說他的財物是自己的。所有的東西大家公用。眾使徒大有能力見證耶穌的復活。上主大大祝福他們每一個人。在他們中間，沒有人缺乏什麼。那些擁有田產房屋者都賣了，又將賣產業的錢悉數交給使徒，按照各人的需要分給各人。〞

其時有一位塞浦路斯（Cyprus）的猶太僑民，亦是富商的約瑟（Joseph），使徒習慣稱呼他巴拿巴（Barnabas）。他將賣掉田地的錢全數交給使徒做為公用，因而得到好評（見：使徒行傳四：36-37）。這位〝鼓勵者〞（Barnabas之意）也是鼓勵及陪同保羅（Paul）從事國際宣教的人（見：使徒行傳十三：1-3）。

《使徒行傳》（五：1-11）卻記載：初期教會有一對夫妻名叫亞拿尼亞（Ananias）與撒非喇（Sapphira）賣了一些田地。按照規定，他們必須將所賣錢項全數交給使徒（因初代教會實施收入與消費共享生活）。夫妻兩人因私心為自己留下大部份的錢，僅將剩下的交給使徒。當使徒領袖彼得（Peter）得悉此事時，即公開指責亞拿尼亞的私心是 "欺騙聖神"。理由是：田地不賣出之前屬於他，賣了以後錢也是他自己的。既然有心公開聲言全數捐出，卻又很不誠實暗地裡留下大部份的金錢。如此貪心之行為不是在欺騙人，而是欺騙上主。亞拿尼亞聽完彼得的斥責，即時倒地不起，死了！過了三小時，其妻撒非喇回家還不知其夫猝死。使徒彼得問她有關賣田產之事，也和亞拿尼亞做同樣不誠實的回應。彼得立即斥責她存心欺騙上主，她就仆倒在他的腳前死亡。這件事使全體信徒感到害怕，深刻明白欺騙上主聖神的嚴重性，以及不誠實貪財之後果。

《使徒行傳》這本初代教會史冊特別記載此事之目的，不外提醒當代基督徒不可貪財。為何眾使徒（尤其是彼得）如此痛恨貪財又欺騙上主之事？原因無他，因為耶穌十二位門徒之一的猶大（Judas）曾經因貪財而收取耶路撒冷祭司頭人的三十塊銀兩出賣耶穌（見：馬太二十六：14-16，馬可十四：10-11，路加二十二：3-6）。既然前車可鑑，亞拿尼亞夫妻卻犯了貪財之錯誤，所以因此猝死。至於貪財的猶大，其結局也很慘。《使徒行傳》（一：18-19）就記下這一筆：

"猶大用他作惡得來的錢買了一塊地皮，他在那裡（自殺）仆倒，五臟崩裂，腸子都流出來，死了。住在耶路撒冷的人都聽見這件事。所以用他們的語言稱那塊地「亞革代馬」（Akeldama），意思就是「血園」。"

由此可見，貪慾能污染人性，使人墮落死亡。所以耶穌曾經用「無知的財主」這個故事（路加十二：13-21），教導人躲避各種的貪婪誘惑。因為一個人怎樣富有，他的生命價值與他富有的財產無關。

二、貪財是萬惡根源

亞拿尼亞與撒非喇夫妻兩人因貪財（隱瞞獻金總額）又欺騙初代教會猝死，即發生在第一代使徒（以彼得為首）領導基督教教團時期。這件事在教會歷史上影響很大，因此第二代使徒保羅（Paul）從事海外宣教之際，也特別關心當代傳教師之操守。當時有一位保羅重用的青年傳教師提摩太（Timothy，其父希臘人，其母猶太人，也是保羅的義子），牧會於小亞細亞（Asia Minor）重鎮以弗所（Ephesus）時，特別寫信提醒他勿受錢財誘惑。人有得吃、有得穿，就該知足，因為貪財是萬惡根源（見：提摩太前書六：6-10）：

"人若有知足,敬虔可以使他富有。因為我們沒有帶什麼到世上來,也不能帶什麼回去。只要有衣有食,就當知足。那些想發財的人是掉在誘惑裡,被許多無知和有害的慾望抓住,終於沉沒在敗壞中滅亡了。貪財是萬惡根源,有些人因貪戀錢財,就被引誘離開信仰的道路,用許多愁苦將自己網住。"

使徒保羅寄送《提摩太前書》時,是他被控"叛國罪"(宣揚「基督教」這個新興宗教影響羅馬帝國統治)首次於「羅馬監獄」出獄候審期間。因為保羅是小亞細亞大數城(Tarsus)的羅馬公民,才有資格被引渡到羅馬城(Rome)受審。保羅在兩年的候審期間,仍然關心小亞細亞(Asia Minor)、希臘(Greece)、馬其頓(Macedonia)等歐亞地區基督教會的發展。特別是他的義子提摩太的牧會事工,其關懷之情表現於《提摩太前書》及《提摩太後書》這兩部「牧會書信」之中。當時提摩太在小亞細亞的以弗所這個當代聲色之都牧養教會,金錢的誘惑相當大。所以保羅才會說出:"貪財是萬惡根源"的話加以警告,要求提摩太及教會成員潔身自保,能夠得勝金錢的誘惑。

(一) 貪財敗壞人性

錢財的誘惑敗壞人性,自古及今沒有兩樣。貪財是

萬惡根源，也是千古不變事實。舊約聖經的《約書亞記》
（七：1-26）記載：亞干（Achan）因貪心私藏戰利品，使以色
列人進攻艾城（Ai）失敗。上主發怒，亞干也因此被處死。
新約聖經的《彼得後書》（二：15-16）提到古代「先見」巴蘭
貪財的故事（見：民數記二十二：1～二十四：25），作者的評語如
下：

> "他們（指假先知們）離開正路，走入岐途，跟比珥
> （Beor）的兒子巴蘭（Balaam）走同一條路。巴蘭貪愛
> 不義的錢財，因自己所犯的罪受譴責，那頭不會
> 說人話的驢竟發出人的聲音，阻止了先知巴蘭的妄
> 為。"

　　就上列的一段話，即可明白初代教會發展之困境，不
外出現"貪財"的"假先知"（教棍）。也就是說，連宣揚
基督福音的傳教師，因經不起金錢之誘惑都會墮落成為"假
先知"（教棍）、大大影響的教會進展。
　　反觀「台灣基督長老教會」屬下的北部教團，也曾經
於二次世界大戰期間留下不可告人強佔「加拿大長老教會」
在台「教士會」（Mission Council）產業事件。當1939年日本帝
國在台灣實施「皇民化運動」之後，北部一群親日的牧師與
長老，贊同日本政府將敵國：英國（南部教區）及加拿大（北
部教區）的宣教師驅逐出境。因此於1940年年底，南北長老
教會的外國宣教師均悉數離開台灣。是年這群親日的牧師與

長老主導成立「北部大會」（1940年5月29日於「台北神學校」召開成立），將加拿大長老教會「教士會」屬下的「馬偕病院」侵佔，加害當時院長陳文贊醫師（三峽教會長老）。不但叫他下台，又向當局誣告，使他以"英國及加拿大間諜"罪名被捕入獄。當時被以同一罪名被捕下獄者，尚有艋舺教會陳清義牧師（馬偕博士長婿）及三峽教會駱先春牧師。又有淡水「安樂家」（教士會為孤寡婦女創辦的收容機構）的兩位看護：李幫助（戰後成為女牧師）及吳吟子女士，同樣冠以通敵罪名被捕下獄。這群加害者就是以「北部大會」名義侵佔加拿大「教士會」財產的鄭進丁（長老）、陳溪圳、鄭蒼國、吳清鎰（三位是牧師）。以上所指，有一份已經流出的解密文件可以做證，也是貪財敗壞人性之案例。

（二）北部教產被變賣

　　1941年3月10日，「北部大會」在台北神學校（現為台北市中山北路的台灣水泥公司大樓）召開臨時會議，正式接收加拿大母會留下的「馬偕病院」經營權，並且由非醫生出身的鄭進丁（其子孫有七位牧師）擔任院長。由於受制於日本政府當局，1943年10月25日「馬偕病院」就被總督府衛生課徵用做為「博愛會病院」，這座北部教會病院因此關門。至於北部教產首次被變賣，係出於被迫。當二十世紀三〇年代日本帝國在台實施「皇民化運動」時，由偕叡廉牧師（Rev. Dr. George William Mackay, 1882-1963，馬偕博士獨子）創於1914年的「私立淡水中學」及金仁理校長（Miss Jane Kinney, 1905-1928駐台）領導的「私立淡水女學院」（其前身即1883年創設之「女學堂」），被台北州長今川淵以違反日本教育政策為由強行接管變賣，其代價只有台灣銀行券九萬日圓（當時的實價是台灣銀行券四十萬圓）。此即加拿大「教士會」於日本政府壓迫之下，賤賣教產唯一事件。其時北部教會牧長因為親日，既不敢反對，也只有配合。他們同時喊出"自治、自養、自傳"口號，表示與日本帝國為敵的英國及加拿大切割。最令人不齒的是：這一群在日治時代親日的牧長，於二次世界大戰終戰以後，又成為「中國國民黨」這個外來政權之幫兇，抵制「台灣基督長老教會」加入"WCC"（World Council of Churches，普世教協）為會員。原來加拿大「教士會」留下的教產（在中山北路二段之黃金地段），也被這些牧長分做三批變賣掉。首批是鄰近「雙連教會」拼排地段以合建方式處分掉，「北部大會」僅分得一小部份又被獨吞。時下的「中國主日學協會」建物，即其中之一。其次是變賣「雙連教會」隔鄰由吳威廉牧師（Rev. Dr. William Gauld, 1861-1923）設計及建造的「台北神學校」（1918年落成）這座美侖美奐的西式建物，如今已經成為「台灣水泥公司」大樓。原座落於「馬偕紀念病院」隔鄰，同樣是吳威廉牧師所設計及建造的「姑娘樓」（宣教師及護理人員宿舍），也被變賣成為今日的「嘉新水泥公司」大樓。後者兩座寶貴的歷史性建物被「北部大會」有力的當權牧長賤賣，目的在於賺取優厚的"仲介費"（牽猴仔料）行貪財之實，真正使"耶穌也搖頭！"難怪台灣大學地質學系知名教授林朝綮博士（1910-1985，台灣地質第四紀之父）生前親自向筆者指出：這群「北部大會」有力教牧，不該以教團沒有錢為由就去變賣教產，應該以身作則捐獻及向信徒勸募才合宜。其實他們變賣教產之真正目的是"從中取利"。如果這些教產能夠留存到今天，更會成為榮神益人之古蹟傑作。肺腑之言，令「北部大會」那些嗜財如命的教牧汗顏！又「七星中會」汐止教會，也因為教產被一位鄭姓長老侵占，使得「教會正門」不得不面向巷內，委實令人遺憾。

三、耶穌教導人"積財於天"

《馬太福音書》（六：19-21）耶穌論及"天上的財富"時，教導人要"積聚財寶於天上"，才可以避免被蟲咬損、被賊人偷盜。何況財寶在哪裡，人心也在哪裡（參照：路加十二：33-34也有同樣之記述）：

> "不要為自己在地上積蓄財寶。地上有蟲子咬，能
> 鏽壞，也有盜賊挖洞來偷。要在天上積蓄財寶。天
> 上沒有蟲子咬，不會鏽壞，也沒有盜賊挖洞來偷。
> 因為你的財寶在那裡，你的心也在那裡。"

傳統上，猶太人均認為：用其在地上的財富做"善事"關心窮人，相等於積聚財寶於天上。耶穌的教導，不

外指出：慷慨的用金錢做施捨於窮苦人家，就是積聚天上的財寶。後世基督教會也根據此一原則，以愛心關懷窮人、病患、孤兒寡婦。蘇格蘭聖經學者巴克萊（Prof. William Barclay），在其《馬太福音註釋》上冊（The Daily Study Bible: Gospel of Mattew, Vol. I. 1969）解釋這段經文時提及一個故事：當羅馬皇帝德修（Decius, 249-251在位）迫害基督教會時，曾經命令官員沒收教產。當時有一位教會執事勞倫修斯（Laurentius）對羅馬官員說：接受教會救濟的窮人、病患、孤兒、寡婦這些弱勢人群，就是教會的真正財寶。耶穌又提到：一個人的財寶在那裡，他的心也在那裡。問題是：人在地上的真正財寶，死後是帶不走的。西班牙有句俗語就說："在壽衣裡沒有口袋"。縱然「壽衣」有口袋，也帶不走金銀財寶。為此耶穌才強調：有錢人不要貪財，務要"積財於天"才是永久。如果人人懂得"積財於天"的善舉，"人心"當然嚮往天上之福祉。畢竟"善款"捐在那裡，人的"仁心"也在那裡，這就是"積財於天"之大道理。

（一）積功德非積財於天

　　台灣人的「慈善觀」因受佛教（Buddhism）"積功德"可上西天極樂世界，也可以庇蔭子孫這類功德觀之影響，因此人人熱衷於捐錢做善事積功德以求圖報。可是「基督教」（Christianity）並無"做善事求圖報"之功德觀。上主是天父，人類都是兄弟姊妹。富有人家幫助貧窮人群，應該是一種不求圖報之義務。耶穌就教導他的跟隨者如何"做善事"的原則（見：馬太六：2-4）：

> "所以你施捨（做善事）的時候，不可叫人在你前面吹號（引人注意），像那些假冒偽善的人在會堂裡和街道上所做的，故意要得到人的稱讚。我實在告訴你們，他們已經得了他們的賞賜。你施捨的時候，不要讓左手知道右手所做的，好使你在暗中施捨，你天父也在暗中察看，並且必然報答你。"

這段經文指出：人做善事時，要在暗中為之（右手所做的別使左手知道），否則前功盡棄。只是天父上主，也會在暗中報答施主。這點顯然和「佛教」強調的"種瓜得瓜，種豆得豆"的行為功德報答觀點不同。也就是說，佛家的"積功德"是與個人的「因果業報」（Law of karma）有關。而基督徒的"積財於天"是不求果報之暗中行善，由天父上主於暗中加以報答。所以說，佛教的"積功德"不同於基督徒暗中行善的"積財於天"，因為後者是不求果報的。

（二）施捨窮人就是積財於天

「共觀福音書」（馬太福音書、馬可福音書、路加福音書三卷之合稱）都記載一位青年財主求見耶穌，目的為要尋求"永生"（見：馬太十九：16-22，馬可十：17-31，路加十八：18-30）。這位青年財主的問題是：該做什麼善事才能得到永生？耶穌的回應是：持守猶太教（Judaism）的摩西「十誡」。青年回應耶穌，他都始終持守。又反問耶穌：那還缺少什麼應該去做？於是耶穌鄭重回應他（見：馬太十九：21）：

> "耶穌說：「你若願意做個完全的人，就去變賣你所擁有的分給窮人，就必有財寶在天上，然後來跟從我。」"

可惜這位青年財主聽見耶穌的教導，卻面帶憂愁地走了，因爲他的財物及產業太多的緣故（馬太十九：22）。這個故事明顯指出：施捨窮人之善事，就是"積財於天"。只是財主要進入"天國"很難，要追求"永生"更難，因爲捨不得積財於天！所以耶穌才告訴門人："駱駝穿過針眼（城門中的偏門），比財主進入上主的國度還容易呢！"（馬太十九：24）。

另面，耶穌也指出：人在暗中不求圖報默默地做善事，施捨窮苦人家，天父上主也會報答他們（見：馬太六：3-4）。那麼天父上主的報答（賞賜）是什麼？那當然不是物質上的好處，而是於苦難中有"平安"、在逆境中有"堅強"與"樂觀"。也就是擁有"苦得起"的人生觀，以及有"善用生命、與主同工"的志向。這些超物質之信德，是人邁向"永生"的天父上主寶貴之報答。有愛的地方就有天父上主同在，用愛心無條件施捨金錢給窮人，就是耶穌對於"積財

於天 ” 之定義。

結語

　　就「人為財死」這個論題，分做三大段來加以討論，即一、亞拿尼亞夫妻貪財；二、貪財是萬惡根源；以及三：耶穌教導人 “ 積財於天 ” 這些討論，足以省思基督徒的理財態度之是與非。「金錢」是人見人愛之通貨物質，也是誘惑 “ 人性 ” 的大魔鬼。2013年4月20日有一個貪圖大筆保險金而殺害兩位妻子，三個親生兒子及一位同居女子六個人的殺人魔王陳瑞欽伏法死刑，就是 “ 人為財死 ” 之警世實例。人容易被金錢奴役而墮落，早期教會的領袖亞拿尼亞夫妻為此而死值得警惕。“ 貪財是萬惡根源 ”，這是使徒保羅對義子提摩太之提醒。可惜二十世紀六〇年代台灣基督長老教會的「北部大會」一群有力牧長，卻犯了 “ 變賣教產 ”，貪圖大筆仲介費（牽猴仔料）之歷史性錯誤。2020年10月25日，台灣重要電視台報導：台南市玉井「加利利祈禱院」的陳坤生牧師，將一位阿嬤（陳許笑老姊妹）捐給「希望之家」（台南市西華南街120巷10號獨棟四樓）的一棟不動產佔為己有之事，實在有辱教會名譽（當事人辯稱是買賣）。所以台灣基督徒必須擺脫 “ 貪財 ” 之誘惑及 “ 嗜財如命 ” 之劣根性，為教會聖工之發展、弱勢人群之關懷、孤寡窮困之救濟多加關心，才是善用資源積財於天之榮神益人作為。使徒保羅達《提摩太前書》

（六：17-19）的這段經文，可做爲當今富有基督徒的有力勸言：

> "對於那些今世富足的人，你（指提摩太）要警戒他們不可驕傲。不要把希望寄託在不可靠的財物上面，要倚靠那賞賜萬物給我們享受的上主。又吩咐他們行善，在好事上富足，甘心施捨，樂意分享，爲自己積財於天，爲將來打下美好的根基，好使他們能充分把握，那眞正的生命。"

2020年10月2日

Ch.21 從「聖別禮拜」講起

"耶和華啊，榮耀不要歸與我們，不要歸與我們；要因你的慈愛和信實歸在你的名下！為何讓列國說「他們的上主在哪裏」呢？但是，我們的上主在天上，萬事都隨自己的旨意而行。他們的偶像是金的，是銀的，是人手所造的，有口卻不能言，有眼卻不能看，有耳卻不能聽，有鼻卻不能聞，有手卻不能摸，有腳卻不能走，有喉卻不能說話。造它們的要像它們一樣，凡靠它們的也必如此。"

（詩篇一一五：1-8）

　　十九世紀中葉「基督教」（Christianity）分別由「英國長老教會」宣教師馬雅各醫師（Dr. James Maxwell, 1835-1921）於1865年及「加拿大長老教會」宣教師偕叡理牧師（Rev. George Leslie Mackay, 1844-1901）於1872年傳入台灣的南部與北部。其時入信的信徒均被要求"除偶像"，其手續就是「聖別禮拜」。早期的「聖別禮拜」都是宣教師及本地傳教者主持。此一由未信者改宗為基督徒之正式儀禮，於時下「台灣基督長老教會」信仰及教制委員會所編訂的《教會的禮拜及聖禮典》手冊（1992年版），都有列入。其中的「聖別禮拜」（又稱「除偶像」）條例，開宗明義就指出：

> "若有未信者決意欲慕道，又經過家族全體之同意，教會可定時間，再唱給會友知，來舉行「聖別禮拜」，除偶像。"（台語白話文）

接著列出「聖別禮拜」順序，就是：

1. 宣佈：向信徒兄姊宣佈為某人（某家庭）舉行「聖別禮拜」。
2. 吟詩：吟"我信全能上帝"（舊詩55首）或"願主上帝掌權，減無邪術異端"（舊詩60首）。
3. 祈禱：感謝上帝使救恩臨到這人（這家）。
4. 讀聖經：出埃及記二十：1-17（十條誡命）
   約翰一：18
   羅馬書十二：1-2
   約翰一書五：18-21
5. 證道：強調基督教信仰獨一真神之特色及意義，以及耶穌基督之救恩。
6. 祈禱：（1）決志者的入信祈禱（主禮人念給入信者跟隨）。（2）聖別的代禱（主禮人為入信者代禱，強化他們的信心）。
7. 除偶像：主禮人由長執協助除去正廳供奉的家神偶像及神主牌位。（清除偶像時，參與的信徒可合唱聖詩壯膽）。

8. 宣佈：主禮人奉三位一體“父、子、聖神”上主聖
   名，宣佈這人（或家庭）已經分別爲聖，做天父上主
   兒女。同時可掛上「十條誡」替代原偶像之位置，
   並將公媽牌位的資料抄寫於「家庭族譜」之內。

9. 頌榮：“榮光歸聖父上帝”（舊詩513首）。

10. 祝禱：主禮牧者之祝福

　　關於所除之偶像及公媽牌位之處置，不可於眾人面前
焚毀，以免使當事人傷感。最好是由教會長執帶回教會處
置，或由博物館收藏。

一、人造偶像不是眞神

　　舊約聖經《詩篇》（一一五：1-8）這段經文，明白指出異
教的「偶像」不是眞神。理由不外：異教的「偶像」神明是
人手的雕塑品，是用金、銀所鑄造。它們有嘴巴卻不能說
話，有眼睛卻不能觀看，有耳朵卻不能聽，有鼻子卻不能
聞。它們有手卻不能觸摸，有腳卻不能行走，有口也不能出
聲。爲此凡那些造偶像信神明的人，都和他們所造的「偶
像」一樣愚笨！以上的言論，即《詩篇》作者：一位「猶太
教」信徒（也可說是“一神論者”）的批判，因其強調：人造的
「偶像」絕對不是“眞神”。

（一）摩西「十誡」禁止拜偶像

昔日摩西（Moses）為以色列人制訂「十誡」約法（Covenant Law），其中的第二誡命就明訂：不可為自己造作偶像敬拜（見：出埃及記二十：4-6）：

> "不可為自己雕刻偶像，也不可作任何形像，彷彿天上、地上、地底下、水中百物。不可跪拜那些形像，也不可事奉他們。因為我耶和華你的上主是忌邪之神。……愛我守我誡命者，我必向他們施行慈愛直到千代。"

由此足見，不敬拜「偶像」對以色列人（猶太人）而言，是一條附帶應許的重要誡命，從此以色列人代代持守。值得留意的是：「十誡」所指出的「偶像」具有古埃及宗教之文化背景。因為以色列人曾經在古埃及被法老（Pharaoh，古埃及王）奴役450年，習慣於敬拜古埃及的"人身動物頭偶像"。就如：造物神克嫩（Khnum）羊頭人身，土地神結布（Geb）鵝頭人身，木乃伊守護神阿奴比斯（Anubis）狼頭人身，尼羅河神素貝克（Sobek）鱷魚頭人身，月神托特（Thoth）朱鷺頭（或狒狒頭）人身，天空女神哈托爾（Hathor）有母牛頭兩角托著太陽的人身。而古埃及王法老也是太陽神的化身等等，不勝枚舉。為何出埃及的以色列人在曠野流浪時眼見摩西不在（在西乃山上），即要求亞倫（Aaron）為他們造一隻金牛犢膜拜，顯然與古埃及的宗教背景有關。摩西看出古埃及宗教的偶像及皇帝崇拜的「多神主義」（polytheism），正是奴役以色列同胞450年之久的元凶。因此才強調列祖（亞伯拉罕、以撒、雅各）所信奉「一神主義」（monotheism）的「耶和華宗教」（猶太教）之重要性，藉此改變以色列同胞的牢不可破之"奴性"，恢復民族之自尊心，使他們懂得嚮往人權及自由。這點正是摩西制訂「十誡」第二誡："勿敬拜偶像"之主要原因。日後當以色列人進入巴勒斯坦（Palestine，即迦南地）居住，更面對許多異教諸神之誘惑。為此上至君王，下至百姓，也都跟著去崇拜：摩洛（Moloch或Milcom）、巴力（Baal）、亞斯他錄（Ashtaroth）、亞舍拉（Asherah）、基抹（Chemosh）、大袞（Dagon）、臨門（Rimmon）、搭模斯（Tammuz）等等大小偶像。而且它們的祭典均與廟妓（神女）和男信徒雜交的淫亂有關，為猶太先知所反對（見：何西阿書四：11-19）。關於以色列社會如何陷入"拜偶像"之墮落狀況，也有所記載（見：列王紀下十七：7-20）。

（二）使徒保羅抗拒偶像崇拜

主後一世紀「基督教」（Christianity）出現於猶太社會之時，同樣接受摩西「十誡」第二條誡命："不可敬拜偶像"之教條。及至使徒保羅（Paul the Apostle）進行國際性宣教活動，因面對小亞細亞（Asia Minor）及希臘（Greece）、羅馬（Rome）的多神主義偶像崇拜現象，就不得不表達「基督教」反對偶像崇拜之立場。關於這點，保羅所寫的《羅馬書》（一：20-23）有如下之記述：

"自從造天地以來，上主的永能和神性是明明可知道的。雖然眼不能見，但藉著被造之物就可曉得，叫人無可推諉。因為他們雖然知道上主存在，卻不以上主榮耀祂，感謝祂。他們的心思變為虛妄，無知的心從此變暗。自以為聰明，反成了愚拙。將永不朽壞之上主榮耀變為「偶像」，彷彿有限必朽的人物、和飛禽走獸昆蟲之樣式。"

保羅充分認識希臘文化中的偶像崇拜，摻雜著坐廟神女（廟妓）和男性香客行淫之制度，所以提出嚴厲之批判（見：羅馬書一：24-25）：

"為此上主任憑他們逞內心之情慾，行污穢的事，以致彼此沾辱自己的身體。他們將上主之真實變為虛謊，去敬拜服事被造之物，不去敬奉造物之上主。上主是可稱頌的，直到永遠，阿們！"

就保羅所批判的希臘與羅馬的多神主義偶像崇拜，到底是指那些？茲列舉其中十位如下：

1. 丟斯（Zeus，羅馬人稱Jupiter）——天神之首。
2. 希拉（Hera，羅馬人稱Juno）——天后。

3. 亞略（Ares，羅馬人稱Mars）——戰神。

4. 阿波羅（Apollo，羅馬人稱Phoebus）——太陽神。

5. 波塞頓（Poseidon，羅馬人稱Neptune）——海神。

6. 赫密斯（Hermes，羅馬人稱Mercury）——風雨神及傳令神。

7. 雅典娜（Athena，羅馬人稱Minerva）——雷電神。

8. 亞底米（Athemis，羅馬人稱Diana）——月神。

9. 阿弗羅戴特（Aphrodite，羅馬人稱Venus）——愛情女神。

10. 黑斯底亞（Hestia，羅馬人稱Vesta）——爐灶神。

由此可見，「舊約時代」的偶像與「新約時代」的偶像是不同的，因爲時間、地域、及人文差異的關係。但均屬於多神信仰的偶像崇拜，是「猶太教」及「基督教」所抗拒之對象。當然也和下列所欲探討台灣民間的偶像崇拜不同，所以必須有所分別。

二、「聖別禮拜」是信耶穌的入門

傳統上，台灣人的宗教文化是多神主義。他們信奉三教（儒、道、佛）合參的「民間信仰」（folk beliefs），所以人人都是偶像崇拜者。台灣人雕塑「偶像」的材質有木頭、陶瓷、金、玉、銅。「偶像」被膜拜之前都要經過道士（司公）、法師的"點眼開光"。「偶像」的分類有：天神、地祇、人鬼、物神。其中重要的天神有：天公（道教人鬼，稱「玉皇上帝」）、三界公（三官大帝）、玄天上帝（上帝公）、文昌帝君（文昌星）、風神、雨師、雷公、電母。地界神類有：城隍爺（都、府、州、縣、及霞海城隍）、土地公（地基主、境主公、護土）、山神、岳帝爺（東嶽大帝）、動物崇拜（虎爺、牛、馬、豬、狗、猴、龍、鳳、獅）、植物崇拜（榕樹、茄苳、樟樹、龍眼、鳳鳳木）、石頭公等等。人鬼神類有：大道公（保生大帝）、媽祖婆（天上聖母）、王爺公（有三十六進士及三百六十進士枉死被帝王敕封"代天巡狩、血食四方，遊野吃縣、遊府吃府"之瘟神），關公（武聖）、孔子（文聖）、開漳聖王、廣澤尊王、保儀尊王、保儀大夫、義民爺、有應公（萬善同歸）。傳說神之種類有：神農大帝、盤古、伏羲、女媧、太子爺、孫悟空、豬八戒、濟公等等。其他尚有「道教」之三清道祖、斗姥元君、東華帝君、王母娘娘、八仙、灶君，及佛教的釋迦佛、觀世音菩薩、地藏王、阿彌陀佛、十八羅漢等等，實在使台灣人拜不完！

（一）不拜偶像之理由

「基督教」是信奉"一神主義"（monotheism）的宗教，這和台灣人傳統宗教的「民間信仰」敬拜眾多偶像的"多神主義"（polytheism）顯然不同。而「基督教」的唯一神信仰（信奉"聖父、聖子、聖神"的「三位一體」上主），理所當然不會接受多神信仰之台灣社會的偶像崇拜。人要成為基督徒

（Christian），被教會當局要求不再敬拜眾多的偶像，也是名正言順。昔日使徒保羅寫給小亞細亞加拉太地區（Galatia）信徒的書信，就特別提醒他們："拜偶像"的行為是一種肉體私慾的果子，是被禁止的（見：加拉太書五：20）。因為加拉太地區受希臘偶像崇拜的影響，其盛大祭典均有廟妓與信徒雜交的淫亂行為才這麼說。台灣人的偶像崇拜雖然沒有"情慾"成分在其中（時下也有"脫衣舞花車表演"），但各地大型廟宇多數被黑道角頭把持，陣頭成員也摻雜許多"少年仔中輟生"，這是眾所周知之事實。另外也有三個重要理由，是台灣基督徒拒絕"拜偶像"之依據：

1.「偶像」是人造物神

台灣民間任何一尊「偶像」均非單純之藝術品，它們都必須經過道士或法師的"點眼開光"（入神）手續，才能夠被信眾膜拜。所以說「偶像」是造神巫術產生的人造物神，一點也不過份。如前所提，台灣人膜拜的「偶像」有：天神、地祇、人鬼、物神。然而均以"擬人化"（anthropomorphism）之形像出現，所以才有"帝、王、公、媽、娘"之稱號，也有迷你化宮殿（廟宇）可住。更有"三牲、五牲、茱碗"可喫，又有"金銀紙錢"可用。台灣人是"造神"天才，民間時時可見舊神明之復興，及新神格之出現。敬拜它們的目標無他，"求平安、添福壽、發大財"而已。台灣社會之功利主義，與此有關。

2.「偶像」具十足的中國化

台灣民間的「偶像」與「廟宇」，其角色及造型均具十足的"中國化"。就「偶像」之角色言，在台灣本土出現的「偶像」為數甚少，僅有北部的廖添丁（八里「廖添丁廟」）、阿善司（西螺「阿善司祠」）、吳鳳（嘉義「吳鳳廟」）、三姓公（虎尾「三姓公祠」，供奉"二二八事件"之烈士）。至於李勇（竹山「李勇廟」），係由小說《嘉慶君遊台灣》虛構而出。而媽祖婆、大道公、王爺公（有一百姓以上）、廣澤尊王、開漳聖王、三山國王、水仙尊王、保儀尊王、保佅大夫、關帝爺、孔子公等等這些人鬼神明，均悉數來自中國。加上中國國民黨長期以來那種"中國與台灣血濃於水"的外來政權愚民政策同化教育，致使台灣人的"中國臍帶"很難割斷。從此使台灣人熱衷帶著"中國神明"前往祖廟進香謁祖，長期受無神主義的中國共產黨進行"宗教統戰"也不自知。其實"台灣、中國，一邊一國"，那些早期來自中國的"中國神明"，如今都已經"台灣化"了。也就是說，同一尊媽祖婆，台灣和中國是不同的：前者反共，後者親共。台灣人要獨立建國，非切斷這些中國神類之中國臍帶不可！

3.「偶像」被台灣人愚弄

台灣人是現實主義者，以自私的功利排第一。表面上、敬畏「偶像」神明很熱心，每逢地方祭典的排場也熱鬧異常，目的不外"求平安、添福壽、發大財"。從而養成一種追求「偶像」神明有否"靈聖"的「交替神主義」
（kathenotheism）迷信風氣。也就是說，同樣一尊媽祖婆，可
能北港、新港、大甲等地者較為"靈聖"（靈驗），因此這
些廟宇的進香客特別多，香火特別鼎盛。其他大道公、王爺
公、上帝公的廟宇，信眾皆以"靈驗與否"加以取捨。如此
一來，自然出現：王爺不靈驗就改拜媽祖，媽祖不靈驗又去
拜大道公，大道公不靈驗就上帝公、土地公、有應公、石頭
公，都會交換敬拜，一直拜到自己以為靈驗時為止。這就是
宗教學上所說的「交替神主義」，眾多的神明也因此被信眾
所愚弄。時下台灣民間出現許多所謂："落難神公"與"落
難神媽"，它們就是不靈驗就被遺棄的「偶像」。"人是
主，神明是僕"，可以任人利用驅使及遺棄。如此宗教行
止，是很不健全的。反觀普世基督徒的信仰態度始終尊奉唯
一神"天父上主"為大，不敢任意驅使。畢竟基督徒和天
父上主的關係是"我與你"（I-Thou）的父子倫理關係（Martin
Buber, 1878-1965年，名言），不是"物與我"（I-it）可以任意欣
賞好惡及取捨之利用關係。對於基督徒而言，誰敢愚弄天父
上主？何況台灣民間的「偶像」角色，迄今尤停留於封建
帝制時代，所以男性神格稱「帝」稱「王」，女性神格稱
「娘」稱「媽」。為此影響男女信眾於心態上永遠無法接受
"民主、人權、公義"的政治潮流。所以說，人人敬拜這些
落伍時代的「偶像」，必然阻礙現代社會進步。

(二)「聖別禮拜」之重要性

　　一個人從傳統信仰的偶像崇拜家庭欲改宗基督教信仰，不但內心有許多掙扎，家族親友也難以容忍。以往如此，現在也一樣。經過這一關之後，從慕道到決志信主耶穌，還要經過牧者（或長老）主持的「聖別禮拜」儀式，才可以正式成爲基督信徒。「聖別禮拜」旨在協助信徒棄舊迎新、離假就眞，敬拜獨一眞神天父上主。然而問題來了：「眞神上主」人人看不見，如何去敬拜祂、向祂獻祭？這兩個問題，《約翰福音書》的作者及使徒保羅，均爲基督徒做了肯定的回答。

1. 耶穌彰顯天父上主本相

　　「基督教」相信天父上主"無形、無像"，但是上主"無所不在、無所不知、無所不能"，祂的存在人類肉眼看不見。人類要認識這位全能全在的天父上主，唯一的途徑是認識耶穌基督。爲此，昔日施洗約翰（John the Baptist）作了下列之證言（見：約翰一：17-18）：

> "「律法」（猶太教誡律）本是藉著摩西傳授，「恩典」和「眞理」（基督教福音）都是來自耶穌基督。從來沒有人看見上主，只有在天父懷裡的獨生子（耶穌）將祂表明出來。"

這段經文明白指出：耶穌"表明上主本相"。為此，人類要認識不可見的真神上主，唯有相信主耶穌及接受其引導才可以達成。耶穌的門人腓力（Philip）曾經求其師將天父本相顯給門人看。耶穌的回應是（見：約翰十四：9-10）：

> "耶穌對他說：腓力，我與你同在這樣長久，你還不認識我嗎？人看見了我，就是看見天父，你怎麼說，將父顯給我們看呢？我在父裡面，父在我裡面，你不信嗎？"

其實耶穌也對門人多馬（Thomas）明說，他就是引導人人通往天父那裡的"道路"，他也是"真理"與"生命"本身（見：約翰十四：6）。所以人若認識耶穌，就是認識看不見的天父（約翰十四：7）。

2. 基督徒當獻上自己為活祭

"獻祭"是宗教人求神贖罪（猶太教），或取悅神明（台灣民間信仰）的儀式行為。「基督教」指出：耶穌在十字架上的犧牲，是如同"上主的羊羔"，為要擔當世人罪債之祭品。這是施洗約翰之證言（見：約翰一：29、36）：

> "次日，約翰看見耶穌來到他那裡，就說：看哪，上主的羊羔，是除去世人罪孽的。"

上主聖子為世上的罪人成為祭品，目的為要拯救有罪的世界（約翰三：16-17）。天父上主的大愛在此顯明。那麼基督徒做何回應？台灣基督徒不像敬拜「偶像」神明的同胞一樣，於家中或廟內獻上「三牲」、「五牲」及六素六葷的「十二菜碗」去求平安、添福壽，或取悅神明及鬼神。使徒保羅教導基督徒應當獻上自己為"活祭"，也就是以善良人品為真正祭品（見：羅馬書十二：1-2）：

　　　"所以弟兄們，我以上主的慈悲，勸你們將身體獻上當做「活祭」，是聖潔的，是上主所喜悅的。你們如此事奉，是真實的敬拜，也是理所當然的。"

　　所以說，真實的獻祭（敬拜），是基督徒"好人品"之表達，其內容見之於《羅馬書》（十二：3-21）。總而言之，經過「聖別禮拜」正式成為基督徒，就是從信靠耶穌去認識上主。進而於日常生活上做"活祭"，來歸榮光於天父上主（見：馬太五：16）。

結語：

　　就上面的討論，可以明白「聖別禮拜」是人人進入基督教會成為信徒之重要入門。筆者至少也有幾次主持「聖別禮拜」的經驗，其中一次是為台灣著名老歌王：洪一峰先生的家庭除偶像，因為他在病中經過羅玉執事（洪榮宏母親）引介決志信主。其時所面對的問題是"公媽神位"（神主牌位，也即祖先崇拜）之撤除。到底"公媽神位"（神主牌或公媽龕）是否為「偶像」要不要除去？因為台灣人不敬拜公媽（祖先崇拜）是"大不孝"之行為，也是斷絕"香爐耳"（無公無媽）之家族罪人。退休牧師盧俊義曾經於2019年10月7日「台灣教會公報」（第3528期）投稿一篇題為：〈神子牌仔並不是偶像〉的文章。筆者也回應一篇：〈正視「神子牌仔」的宗教本質〉，藉以喚起台灣基督徒留意這個問題，避免受其似是而非的論點所誤導。「基督教」因為和「台灣民間信仰」的"神觀"及"靈魂信仰"不同，所以才會不敬拜「公媽」。然而強調採用「追思禮拜」以便年年紀念公媽先人，期使祖德留芳並榮耀上主。當然也強調持守「十誡」第五條誡命："當孝敬父母"之聖訓（見：出埃及記二十：12）來提醒兒孫重視"生之孝"之家庭倫理。至於祖先牌位（神主牌仔）因為曾經受道士（司公）的"點主"（開光儀式）才"合爐"於「公媽龕」之中，所以是「偶像」之一類。為此，一旦進行「聖別禮拜」（除偶像），就得加以撤除。但「公媽龕」中所存放的"故人資料木片"，因為記載故人祖籍、名字、生年月日及去世時間，必須予以保存。最好是登載於「家庭族譜」之中，藉以永久保存及紀念。

2020年9月8日

Ch.22 正視「神主牌仔」的宗教本質

去年退休牧師盧俊義於「台灣教會公報」第3528期（2019年10月7日）14頁，投稿一篇題爲：〈神主牌仔並不是偶像〉的文章。其內容讀起來似是而非，因此必須進一步加以批判及正視，才不至於誤導主內兄姊。此一論題，誠如標題所謂"心靈的戰場：一場信仰的拔河"之教會公報特別企畫，委實提醒台灣基督徒如何面對民間信眾敬拜"公媽"（供奉「神主牌位」及「公媽龕」）的問題，需要認眞探討。若以一般常識言，「基督教」（Christianity）與「台灣民間信仰」（Taiwanese Folk Beliefs）根本是兩類完全不同的宗教現象。前者信奉「一神主義」（monotheism），強調"神人分隔論"：造物上主只有一位，人類是被造物及上主安排管理被造萬物之同工。所以反對將自然萬物神格化，當做偶像去敬拜。後者信奉「多神主義」（polytheism），主張自然界萬物均由「太極」（宇宙第一因）所化生。因而相信"神我一體"或"物我一體"。從此一切自然萬物容易被神格化，又雕刻偶像加以敬拜。十九世紀中葉來台佈教的英國和加拿大長老教會宣教師，因爲明白其中差別之故，才會力主人人於改宗「基督教」成為信徒的必然條件，即放棄傳統的"拜偶像"（就是敬拜眾神及敬拜公媽靈位）之習慣，因此才會有「除偶像」之聖別禮拜出現。至於該文所指：「神主牌仔」不是"偶像"之問題，則有待商榷及澄清。

按照該文伸論內容，重點放在早期來台的英加宣教師要求人一旦信耶穌就必須先"除偶像"。因為在他們的認知之中，祖先牌位（「神主牌仔」及「公媽龕」）也是一種"偶像"。所以欲信仰耶穌就非除掉它不可。尤其是有些人於"除偶像"之後，往往拿柴刀將偶像神明及祖先牌位（神主牌仔）劈成兩半，繼而丟進火堆焚毀，所以非常殘忍。如此做法，的確使親友和左鄰右舍見之非常傷感，難以接受。當然"劈神主牌"之舉止損傷人心，這點無可否認，你我均有同感。其實早期駐台灣的宣教師並非如此不近人情去任所欲為，就像加拿長老教會宣教師偕叡理牧師（Rev. George L. Mackay, 1844-1901，即馬偕博士），習慣於為改宗者"除偶像"結束後，將偶像和公媽牌位帶回「牛津學堂」（Oxford College）收藏，做為學生認識台灣民間信仰之教材。偕牧師對於「神主牌仔」是否為偶像的問題，也有所交代。（請參閱其大作：《From Far Formosa》（1896）p.131所載：

"他們真正的宗教是敬拜他們的祖先，他們真正的偶像是祖先牌位（ancestral tablet）。"

據此而論，欲強調「神主牌仔」不是偶像之主張，基督徒非正視不可。

一、有關「偶像」之認知

　　台灣人為了"求平安，添福壽"而崇拜眾多神類，其中不管是自然神祇（就如：風神、雨師、雷公、電母、土地公、四海龍王等等）或人物神祇（就像：媽祖、王爺、關公、大道公、廖添丁、阿善司等等），都必須加以雕刻偶像，以做敬拜對象。這正是台灣人於習慣上"寧可信其有，不可信其無"之具體表達。也就是說，惟有「擬人化」（anthropomorphicsm）的「偶像」，才能夠成為人人的膜拜對象。所以「偶像」不但有「王、公、祖、爺」之稱謂，也有迷爾化「宮殿式廟宇」可以容身接受信眾供奉。問題在於「偶像」之形成，是要經過一道繁雜的"點眼開光"巫術儀式，才可以被信眾膜拜的。如果沒有這一道手續，「偶像」之雕塑再怎樣精美，也不過是一類藝術品而已，可以任人隨意收藏。談到「偶像」的"開光點眼"巫術儀式，均必須由專業的道士（天師道「正一派」）或紅頭法師在廟內設壇進行。備用道具有：白公雞一隻、毛筆及硃砂（紅墨）、七星劍、小明鏡、入神活物（鎮殿雕像用五色鳥，一般偶像用虎頭蜂、金蠅等昆蟲）。開光儀式進行時，必先由道士或法師口誦"勑語"咒文才可行事。茲引用"勑金雞"（白色公雞）咒文一則為例，做為讀者參考：

"祖師為吾勅金雞，本師為吾勅金雞，合壇官將為吾勅金雞。金雞不是凡間雞，是玉皇大帝天庭的叫更雞。金雞叫天、天晴，叫地、地靈，叫人、人長生，叫起妖魔鬼怪盡走不敢停！吾奉玄天上帝（主神）勅，神兵急急如律令。"

主事者念咒勅畢，即手持七星劍取白色公雞的雞冠血，用新毛筆沾血和以硃砂（紅墨），口念"開光點眼咒"進行勅點開光。咒文內容如下：

"點眼光明通天竅，吉日良辰開光大發彩。舉手先行來點「眼」，左眼是太陽知天機，右眼是太陰識地理，日月兩眼照光明。其次來點「耳」，左耳能聽萬人言，右耳監察萬人語。三光星斗則點「鼻」，戒、定、慧，三學解脫。東西南北四方來點「口」，開口判定善惡及吉凶。口內中央要點「舌」，食物知味表誠意。再來是點「面」，頭上額上有靈氣，威嚇邪魔走雖離。威風凜凜殺氣騰騰，鎮宅光明。五官七竅都點完，則點「心背」在中關。心通則靈，背受天命，腹背通達顯威靈。再點「兩手」，左手持劍，右手執令。點起「兩足」踏風雲，降龍伏虎鬼神驚。點起「三十六骨節」都端正，五臟六腑齊精明，神通廣大顯威靈，庇佑人民萬事興。點完則請跳躍，神安、人安、合境平安"。

　　先前已進行"入神"（置入活物）手續，開光已畢造神儀式就大功告成，開始被人供奉膜拜。由此足見，台灣民間受人供奉的「偶像」並非單純被工匠雕塑之藝術品，而是來自"造神儀式"之產物。也即藉著"開光點眼"巫術，才可以大顯神威。至於「神主牌仔」是否為「偶像」的問題，將於下個段落討論。

二、「神主牌位」是物神

　　傳統上，台灣民間家家戶戶都供奉「神主牌位」（神主牌仔及公媽龕）。此一俗稱的"拜公媽"（即「祖先崇拜」）習俗，古來就牢不可破。就民間之理解言，所謂「神主牌仔」者，指的是供奉單一的亡靈。多位先人合祀在一起者，叫做「公媽龕」（公媽牌位）。單一供奉的「神主牌仔」通常於百日"除靈"之後，就"合爐"於「公媽龕」之中，安置於正廳供棹右旁（上方書有：「祖德留芳」四字）接受子孫供奉。為何稱「神主牌位」是具有靈魂存在之「偶像」神物？這點要從台灣人相信"三魂七魄"的「靈魂觀」說起。台灣民間信仰因深受「道教」（天師道）之影響，相信一個人身上擁有「三魂」及「七魄」。而且"三魂七魄"各有歸宿。

(一)「三魂」之歸宿

　　俗信人一旦死亡，"三魂"的歸宿是：第一魂即依據死者生前行為之善惡"因果業報"，接受十殿「閻羅王」(即，一殿秦廣王、二殿梵江王、三殿宋帝王、四殿五官王、五殿閻羅王、六殿卞城王、七殿泰山王、八殿平等王、九殿都市王、十殿轉輪王) 之審判。之後於孟婆亭飲一杯"孟婆茶"將生前功過記憶全數忘掉，才依其因果業報 (Law of karma) 轉世於「六道」(天道、人道、阿修羅道、畜生道、餓鬼道、地獄道) 之中。可見這一條靈魂，係受到「佛教」(Buddhism) 輪迴說 (samsara) 之影響，因此必須為死者的靈魂"做功德"超渡，將功補罪往生於極樂西天。第二條靈魂將移民於「陰間」地府，因此要為亡靈"糊紙厝"，做為陰間居宅。並且提供"庫錢"(陰間銀行支票) 及"銀紙"(陰間錢幣) 備用。也要辦理移民手續，那就是"做旬"(由道士做七七四十九日儀式)。這條靈魂顯然是受到「道教」(Religious Taoism) 之影響。至於第三條靈魂則要於埋葬之日"點主"於木牌之上，口念："點「王」為「主」長供奉，保佑子孫永留芳"。後由道士引魂回家「豎靈」供奉，一直到"除靈"時"合爐"於公媽牌位 (公媽龕) 為止。這明顯受到「儒教」(Religious Confucianism) 孝道觀的影響，因其具有慎終追遠及報本之意義。因為「神主牌位」有死者靈魂附著，昔日如有人撿到被遺棄的"神主牌位"，也會被人當作「有應公」(媽) 加以供奉。

(二)「七魄」之去處

　　「三魂」之歸宿既然有所交代，那麼「七魄」有何去處？《道藏》（道教經典）收錄的《雲笈七籤》指出：「七魄」是人身之濁（污）鬼：

> "人身有七魄，一名司狗、二名伏矢、三名雀陰、四名容賊、五名非毒、六名除穢、七名臭肺。此七魄者，身中之濁鬼也。"

　　「七魄」既然是身中之濁鬼（污鬼），人一亡故，就必須入土為安（土葬）。從此衍生了「掃墓」（屍骨崇拜）之習俗。傳統上，均於春季的「清明」前後十日為之。一旦墳墓被後代子孫遺忘，墳地又被政府徵收為公路或公園，被挖出來的骸骨就成為"無主孤魂"。之後收入於「黃金甕」中，又被放置於小廟裡接受有心人士供奉。倘若被認為有所靈驗，即獻上一面「有求必應」的紅布條，此即「有應公」（媽）之由來。其他的「萬善同歸」、「金斗公」（媽）、「百姓公」（媽）、「普渡公」（媽）、「男女共同」、「十八王公」（包含一條忠犬）、「三十人公」等，均為這類"孤骨崇拜"之別稱。此即「七魄」衍生之宗教現象。時下社會流行"火葬"，因此「七魄」也煙消雲散，省下"孤骨崇拜"之麻煩。

(三)「神主牌位」入神禮儀

　　曾經提及「三魂」之另一條靈魂因受「儒教」之影響，必須引回家中供奉。藉以慎終追遠延續家族的 "香爐耳"（拜公媽的俗稱），表示家族血脈永遠相傳。而「神主牌位」之供奉（因有一條靈魂在其中），就是保持家族血脈，使故人 "永生" 之手段。爲此不敬拜 "公媽"（供奉其「神主牌位」）者，就會斷絕 "公媽"（祖先）之永生，是爲人子女者大不孝之行爲。所謂「神主牌位」是 "物神"（fetish）之說辭，是因爲「神主牌位」不是一件普普通通的象徵物（或紀念品）而已，而是要經過一道 "點主"（入魂或入神）禮儀才能夠形成的。傳統上，台灣民間有人亡故，就得爲死者「豎靈」（用厚紙板製作高一尺寬三寸的劍狀「魂帛」臨時牌位）。就是在正廳一角放置「靈棹」，供奉死者之「魂帛」。而這類儀式均由「正一派」（天師道）的道士主時，因其延生兼渡死。值得留意的是：「魂帛」只是臨時性神主牌位，在「魂帛」後方另放有一塊（或一片）寫上故人姓名及出生年月日與死亡年月日的木牌，以備 "點主" 及 "合爐" 之用。通常木牌（或木片）於「除靈」之前要由道士 "點主"（昔日由德高望重的讀書人勅點），之後才成爲正式「神主牌位」。木片經 "點主" 後 "合爐" 於「公媽龕」〔據傳係日治時代受日本「神道教」（Shintuism）所影響〕之中合祀。所謂 "點主" 者，就是引回家中那條靈魂，經過道士之巫術儀式加以 "入神"，也就是造作 "物神"（fetish）之手續。其 "點主咒語" 如下：

"祖師為吾勅朱筆，合壇神明賜吾文昌筆。朱筆指向天、地、人。朱筆點天、天清，點地、地靈，點人、人長生。「點主」主人安，子孫得昌盛。五穀豐登，家道繁榮！"

禮成，就將"點主"入神之木牌（木片）合爐於「公媽龕」之中，和已逝公媽合祀。因此「公媽龕」即廣義的「神主牌位」，它是典型人為造作的"物神崇拜"（fetishism）現象。台灣人的傳統房屋均有祖廳設置，除在祖廳（正廳）供奉媽祖、關公、觀音媽、土地公外，右邊的「祖德留芳」位置就有供奉「公媽龕」的神主牌位。由此足見，所謂"神主牌仔並不是偶像"之說法，對基督徒而言是一種誤導。因此說它是具有"物神"之偶像特徵，基督徒斷然不可忽視！至於長老教會的"永恆十字架"（蘇格蘭式十字架中央有個象徵永恆的圓圈）或羅馬大公教會（天主教）的"苦像十字架"（十字架中掛有被釘死的耶穌），因為不經過開光勅點的巫術手續，它們當然僅是信仰象徵物或藝術品而已，不可被視為「偶像」而加以膜拜。

2020年5月30日

國家圖書館出版品預行編目資料

耶穌：上主聖國的政治家/董芳苑著.
-- 初版. -- 臺北市 ： 前衛出版社, 2023.11
　　400 面；15×21公分

　　ISBN 978-626-7325-58-2（平裝）

　　1. CST: 耶穌(Jesus Christ)　2.CST: 基督教　3.CST: 政治

240.1657　　　　　　　　　　　　　　　112016460

耶穌：上主聖國的政治家

作　　　者　董芳苑
執行編輯　張笠
封面設計　兒日設計
美術編輯　宸遠彩藝

出 版 者　前衛出版社
　　　　　　地址：104056 台北市中山區農安街153號4樓之3
　　　　　　電話：02-25865708｜傳真：02-25863758
　　　　　　郵撥帳號：05625551
　　　　　　購書‧業務信箱：a4791@ms15.hinet.net
　　　　　　投稿‧代理信箱：avanguardbook@gmail.com
　　　　　　官方網站：http://www.avanguard.com.tw
出版總監　林文欽
法律顧問　陽光百合律師事務所
總 經 銷　紅螞蟻圖書有限公司
　　　　　　地址：114066台北市內湖區舊宗路二段121巷19號
　　　　　　電話：02-27953656｜傳真：02-27954100
出版日期　2023年11月初版一刷
定價　　新台幣600元

ISBN：978-626-7325-58-2（平裝）
　　　　978-626-7325-60-5（PDF）
　　　　978-626-7325-59-9（EPUB）

＊請上『前衛出版社』臉書專頁按讚，獲得更多書籍、活動資訊
　https://www.facebook.com/AVANGUARDTaiwan